Sebastian Engelhardt
Michael K. Hageböck

Literatur im Deutschunterricht

Deutungen aus christlichen Sicht

Sebastian Engelhardt
Michael K. Hageböck

Literatur
im Deutschunterricht

Deutungen aus christlicher Sicht

VEBS
Verband Evangelischer Bekenntnisschulen e.V.

Über die Autoren:

Sebastian Engelhardt (se), Jg. 1983, verheiratet, vier Kinder, ist Abteilungsleiter Kommunikation und Gymnasiallehrer an der Freien Evangelischen Schule Lörrach; Mitarbeit im VEBS-Arbeitskreis Deutsch-Literatur.

Michael K. Hageböck (mkh), Jg. 1969, verheiratet, sieben Kinder, ist Schulleiter an der Freien Christlichen Schule in Freiburg; seit 2004 Mitarbeit im VEBS-Arbeitskreis Deutsch-Literatur (Unterrichtshilfen, Vorträge), Jury-Mitglied im Schüler-Schreibwettbewerb von VEBS und Idea-Spektrum, zahlreiche Beiträge in diversen Publikationen, u. a. in Buchbeiträgen über christliche Literatur (insbesondere über J. R. R. Tolkien).

Impressum

Sebastian Engelhardt, Michael K. Hageböck
Literatur im Deutschunterricht
Deutungen aus christlicher Sicht

1. Auflage 2014
Christliche Verlagsgesellschaft, www.cv-dillenburg.de
VEBS (Verband Evangelischer Bekenntnisschulen), www.vebs-online.de

ISBN 978-3-89436-957-6

www.cv-dillenburg.de
Satz und Umschlag: CV Dillenburg
Coverfoto: © Maxx-Studio/Shutterstock.com
Weitere Bildnachweise: siehe Seite 309
Druck und Bindung: Basse Druck, Hagen
Printed in Hungary

Inhalt

Vorwort

Welche Ganzschrift soll ich mit meiner Klasse lesen? Das ist die mit am häufigsten gestellte Frage von Deutschlehrerinnen und -lehrern. Natürlich gibt es so etwas wie einen Bildungskanon. Dazu führen die einzelnen Bundesländer einen Rahmen von Ganzschriften auf, aus dem die Deutschlehrkräfte schöpfen können oder müssen. Aber eine christliche Lehrkraft fragt nach mehr als einem wie auch immer zustande gekommenen Bildungskanon, sie fragt nach dem Mehrwert von Literatur, die sie im Unterricht behandelt. Worin liegt dieser Mehrwert für meine Schülerinnen und Schüler? Sind wertorientierende Anknüpfungspunkte vorhanden, die zur tieferen Auseinandersetzung und zur persönlichen Orientierungshilfe dienen?

Spätestens seit der Gründungswelle evangelischer Bekenntnisschulen in den 90er-.Jahren des vergangenen Jahrhunderts fragen Lehrerinnen und Lehrer nach einem Kanon, der eine Unterstützung für ihren Literaturunterricht darstellen könnte. Der Arbeitskreis für Literatur im Deutschunterricht innerhalb des Verbands der evangelischen Bekenntnisschulen (VEBS) hat sich schon vor mehr als zehn Jahren dieser Frage gewidmet. Doch bald wurde klar, dass die Aufgabe zu anspruchsvoll und zu umfangreich ist, um in ehrenamtlicher Arbeit geleistet zu werden. So gilt unser besonderer Dank den beiden Autoren dieser Handreichung, Michael Hageböck und Sebastian Engelhardt. Sie haben mit hoher Fachkompetenz und gewaltigem Engagement ein Werk erarbeitet, das in der theoretischen Grundlegung und der praktischen Hilfestellung sicher von vielen Lehrkräften, die ihren Unterricht auf christlicher Basis gestalten wollen, sehr willkommen geheißen werden wird. Und unser besonderer Dank gilt Klaus Rudolf Berger für seine umfangreiche Arbeit in der ersten Projektphase.

Im christlichen Deutschunterricht sollen Bildungsinhalte reflektiert und bewertet werden und somit Sinnstiftung auf Grundlage eines christlichen Welt- und Menschenbildes generieren. Dabei ist Literatur, gemeinsam mit der Kunst, ein Weg, um Bildung zu kanalisieren. Sie spiegelt Welt- und Menschenbilder wider und präsentiert Lebensentwürfe – es geht um das menschliche Sein. Da christliche Schule gehalten ist, Bildungsinhalte vom christlichen Weltbild her einzuordnen und zu deuten, bildet der Literaturunterricht einen besonderen

Schwerpunkt und ist insofern neben dem Religionsunterricht ein Säulenfach, das in seiner Sinn- und Seinsreflexion einer fachlich und geistlich kompetenten Begleitung durch die Unterrichtenden bedarf.

Dem Herausgeberkreis war es bei der Beauftragung der Arbeit ein Anliegen, keine „Black- und Whitelist“ unerwünschter und erwünschter Literatur vorzulegen. Hier wäre kaum ein Konsens zu finden gewesen. Auch war es klar, dass die aufgeführten Werke in keinem Fall den Anspruch auf Vollständigkeit erheben können. Vielmehr sollte ein repräsentativer Querschnitt lesenswerter Werke im christlichen Deutschunterricht als Auswahlangebot an die Hand gegeben werden.

Bislang fehlt leider, trotz einer stark wachsenden Bekenntnisschulbewegung, eine bibelorientierte Schultheorie. An vielen Schulen wird hervorragende Arbeit geleistet, dennoch fehlt in weiten Bereichen der theoretische Unterbau. Diesem Mangel setzen die beiden Autoren in einem ersten Teil den Versuch entgegen, Ansätze einer christlichen Literaturtheorie zu formulieren.

Im Hauptteil des vorliegenden Werkes werden Ganzschriften vorgestellt und einem Bewertungsraster unterzogen. Hier soll Lehrkräften und Schülern allerdings nicht die Reflexionsarbeit abgenommen werden – im Gegenteil. Es ist erklärtes Ziel, Lehrkräfte und Schüler/innen kompetent zu machen, um zu einem eigenen Urteil vorliegender Literatur zu gelangen und sie von einem christlichen Weltbild her eigenständig zu bewerten. Dazu bedarf es Kriterien, die die Autoren dem Leser an die Hand geben und kurz vorstellen. Auf dieser Basis können Bildungsinhalte reflektiert und Kompetenzförderung betrieben werden.

Schließlich soll das vorliegende Werk eine ganz praktische Hilfestellung für Lehrkräfte sein, die einen Literaturunterricht auf Basis des christlichen Glaubens im Schulalltag machen möchten, unabhängig davon, ob sie im staatlichen oder im Bekenntnisschulbereich tätig sind. Komprimiert werden lesenswerte Ganzschriften kurz vorgestellt, so dass sich die Lehrkraft einen schnellen Überblick verschaffen kann, ohne einzelne Werke schon in vollem Umfang gelesen zu haben. Inhalt, Biographie des Autors sowie dessen weltanschauliche Orientierung können abrissartig erfasst werden. Hinzu kommen jeweils eine wertorientierte Beurteilung sowie Tipps für den Literaturunterricht. Abgerundet wird der Kurzüberblick durch konkrete Hinweise auf Unterrichtshilfen sowie eine Bewertungsskala zu den Aspekten Bedeutung, Attraktivität und Wertigkeit des besprochenen Werkes.

In einem Register am Ende des Buches findet der Leser Vorschläge für den Einsatz verschiedener Werke im Blick auf verschiedene Schulformen und Jahrgänge.

Wir wünschen diesem wichtigen Werk eine weite Verbreitung, seinen Lesern konkrete Hilfestellung für ihren beruflichen Alltag sowie den Schülerinnen und Schülern das Schärfen einer biblisch orientierten Urteilsfähigkeit. Auf diese Weise kann Literaturunterricht zweifellos zu einem großen persönlichen Gewinn werden.

Karlsruhe im Juli 2014

Berthold Meier
Generalsekretär des Verbandes Evangelischer Bekenntnisschulen e.V. (VEBS)

Reinhard Wurster
Leiter des Arbeitskreises Literatur im Deutschunterricht des VEBS

Einleitung

1. Vision eines christlichen Unterrichts

Lehrer zu sein bedeutet mehr als einer Erwerbstätigkeit nachzugehen. Wir haben es mit einem Beruf zu tun, nicht nur mit einem Job. Der Lehrer bildet die künftige Generation; er ist ein Vorbild, nach dem die Jugend geformt wird. Seine Arbeit ist von größter Wichtigkeit. Um Lehrer sein zu können, gingen Lehrer selbst einmal zur Schule; mit diesem Ziel absolvierten sie ihr Studium, in diese Tätigkeit investieren sie die meiste Zeit ihres Lebens.

Als Christen müssen wir unseren Beruf als Berufung durch Gott verstehen, der uns an eben jener Stelle sehen möchte, an der wir stehen, zum Dienst am Nächsten, also den jungen Menschen, und damit an der Gesellschaft. Für uns alle gilt abgeleitet, was der Herr zu seinem Volk Israel sagte: „Ich habe dich beim Namen gerufen. Du bist mein!“ (Jes 43,1). Wir sind nicht zufällig in diese Welt geworfen, sondern haben eine Bestimmung und sind mit Gaben und Talenten ausgestattet. Diese sind uns Auftrag und Verpflichtung zugleich (Mt 25): Wir müssen sie nutzen, mit ihnen wuchern – wir selber sollen Frucht bringen (Joh 15,8). Indem wir unseren Beruf gewissenhaft ausüben, verwirklichen wir den Willen Gottes, seinen Plan mit unserem Leben.

Die Lehrtätigkeit ist ein besonderer Beruf, denn unser Herr Jesus Christus übte sie selbst aus. Er griff die Texte des Alten Testaments auf und legte sie aus; er erzählte Gleichnisse und deutete sie. Oft entlehnte er seine Beispiele dem Alltag, seine Lehre knüpfte an der vertrauten Lebenswelt an. Das Wort Gottes ist Fleisch geworden, um uns Menschen in der von ihm geschaffenen Welt anzusprechen und die Dinge um uns herum transparent auf Gott zu machen. In der Schöpfung (Röm 1,18) und im Nächsten (Mt 25,35-45), in unserem Gewissen (Röm 2,14) und unserem Sehnen (Röm 8,19) können wir dem Schöpfer begegnen.

Als Deutsch-Lehrer haben wir das Privileg, gemeinsam mit unseren Schülern Texte zu lesen und zu besprechen. Das ist mehr als nur Training der Lesekompetenz. Bücher reflektieren die Welt, bewerten sie, deuten sie. Dieser Reflektion muss sich christlicher Deutschunterricht stellen und seinerseits Anregung zu Bewertung und Deutung geben. Dabei haben wir Lehrer eine große Verantwortung: Die Auswahl der Texte obliegt uns ebenso wie die Art und Weise, wie wir sie thematisieren und welche Früchte wir daraus ziehen wollen. Genau davon will dieses Buch handeln: vom reflektierten Umgang mit Literatur im christlichen Unterricht.

Was ist ein christlicher Lehrer? Christen heißen wir (Apg 11,26), weil wir unser Leben auf Jesus Christus hin ausrichten, uns von ihm unterweisen lassen, ihm nachfolgen (Lk 9,23). Er ist unser Heiland – er macht uns heil: Er rettet, was verloren war (Lk 19,10). Jesus wurde geboren zur Sühne für unsere Sünden (1Jo 4,10), um uns zu erlösen (1Jo 4,14), und damit die Liebe Gottes offenbar werde (1Jo 4,9). Alles in unserem Leben wäre vergebens, insofern wir diese Liebe zurückwiesen (2Kor 6,1) – umgekehrt erhält jede Kleinigkeit einen Sinn, wenn wir Gott erkennen und ihn bekennen, wenn wir ihn lieben und versuchen in allen Angelegenheiten seinen Willen zu erfüllen (Mt 12,50; Jak 2,14-26).

Auch wer sein Leben an Jesus übergeben hat, muss sich kritisch prüfen, ob Jesus wirklich Herr seines ganzen Lebens ist: Bildet er den Anfang, den Mittelpunkt und das Ziel unseres Denkens, unseres Entscheidens, unseres Handelns (Mt 10,37)? Oder gibt es Bereiche, wo wir den Glauben ausklammern? Wo es uns mehr um menschliche Anerkennung geht als um die Liebe zu Gott (Gal 6,12)? Wo wir aus Bequemlichkeit auf den common sense vertrauen statt auf den sensus fidei? Wo wir einen konfliktfreien Weg suchen oder schlichtweg die Annehmlichkeit? Kurz: Handeln wir ebenso wie alle anderen oder lassen wir es zu, dass Jesus uns auch als Lehrer umwandelt? Steht der alte Adam (1Kor 15,22) vor den Schülern oder eine neue Schöpfung (2Kor 5,17; Offb 21,5)?

Wenn Christus in unserem Herzen wohnt (Joh 14,23; Ps 139,5; Gal 2,20), dann lässt er sich nicht in einer Gebetsecke verstecken, sondern drängt darauf, verkündet zu werden. Gehen wir tatsächlich als Christen in den Unterricht – oder lassen wir den Glauben daheim am Kleiderhaken hängen? Wenn Jesus das ganze Weltall (Hebr 1,3) erfüllt, dann muss er auch im Klassenzimmer einen Platz haben. Oder wir nehmen die Sache nicht wirklich ernst. Wie meinen wir, Schülern etwas Wichtiges beibringen zu können, wenn wir das Wichtigste ausklammern (Offb 22,13; Mt 6,21)?

In einem doppelten Sinn sollte man christlicher Lehrer sein: durch das Vorbild, also das Zeugnis des gelebten Glaubens einerseits, indem wir überzeugend Christus nachfolgen – andererseits auch durch die Reflexion der Fächer vom Glauben her. Hier geht es um Personalkompetenz, um

Authentizität – dort um Fachkompetenz, um die Durchdringung und Aufarbeitung des Stoffs aus der Perspektive dessen, der Angelpunkt unseres Verstehens sein sollte: Jesus Christus, „durch den und auf den hin alles geschaffen" (Kol 1,16) ist, ohne den die Fülle der Wirklichkeit folglich gar nicht adäquat erfasst werden kann. Wir sprechen von glaubwürdiger Jesusnachfolge und biblischer Integration. Beide Aspekte wurzeln im Glauben und sind Indiz für ihn, sie ergänzen einander. Biblische Integration für den Deutsch-Unterricht bedeutet, die Lektüre im biblischen Kontext zu verstehen. Unser Interpretationsschlüssel ist der christliche Glaube.

Ebenso wie seinen Lebenswandel muss der Christ sein Denken bekehren. Unser Herr Jesus will der Fels sein (auf dem mein Gedankengebäude steht; Mt 7,24f.), der Eckstein (der es zusammenhält; Apg 4,11), das Licht (in dem ich die Dinge recht sehe; Joh 12,46). Für den Deutschlehrer – dessen Unterricht nichts anderes als eine Anleitung zum Denken ist, zur Logik sprachlicher Struktur, zur Aufnahme fremder Gedanken und zur Strukturierung der eigenen – ist es unabdingbar, seine Tätigkeit von Jesus her zu verstehen, will man nicht Verrat an ihm begehen. Man kann Literatur als Sozialist begreifen, aus der Gender-Perspektive, aus Sicht eines Psychologen. Dies wird von den Universitäten vorgegeben. Um einen christlichen Unterricht muss man ringen.

„Wer nicht für mich ist, ist gegen mich" (Lk 11,23). Nirgends existiert ein neutraler Raum – vor allem nicht, wenn es um Geisteswissenschaften geht. Entweder gebrauchen wir das Fach Deutsch, um Denken zu schulen, also es in Übereinstimmung mit der Wirklichkeit zu bringen. Dabei hilft uns das Licht des Glaubens (Joh 12,36). Oder wir lassen uns von dem bestimmen, was von der Lektüre dargeboten wird: im Extremfall Indoktrination, Verächtlichmachung, Schamlosigkeit. Dann sehen wir den Glauben im Licht der Welt (Mt 18,7) und tun so, als läge der Bereich zwischen zwei Buchdeckeln außerhalb Gottes Herrschaftsgebiet. Aber Kunst bietet keine General-Amnesie für Blasphemie und Apostasie.

Ein christlicher Lehrer sollte sich bemühen, seinen Unterricht vom Glauben her zu gestalten. Er denkt an den Heiland, wenn er mit seiner Klasse die Lektüre aufschlägt und fragt sich, was Jesus tun würde, stünde er statt seiner vor den Schülern (Joh 13,34). Dies sollten zentrale Überlegungen aller Lehrer sein, die an einer christlichen Bekenntnisschule unterrichten. Der Glaube stellt nämlich keine Verfälschung des Bildungsplans dar, sondern ist gemäß dem Bundesverwaltungsgericht notwendige Voraussetzung und eigentümliches Merkmal aller Bekenntnisschulen in der Bundesrepublik Deutschland. Staatlicherseits wird verlangt, dass das Bekenntnis, auf dessen Grundlage die Schule genehmigt ist, den gesamten Unterricht prägt.

Paulus sagt: „Wir verkündigen nämlich nicht uns selbst, sondern Jesus Christus als den Herrn“ (2Kor 4,5). Wir stehen nicht als Privatpersonen vor den Schülern, sondern als Lehrer (Jak 3,1). Mag sein, dass wir in unserem menschlichen Miteinander vorbildliche Christen sind. Christliche Lehrer sind wir nur dann, wenn auch unser Unterricht christlich ist, wenn wir unser Fach auf der Grundlage unseres Glaubens begreifen – eben weil der Glaube nicht unvernünftig ist, sondern übervernünftig, denn die Offenbarung übersteigt jede natürliche Erkenntnisquelle.

Während der Materialist sich allein an die sichtbaren Dinge hält und permanent versucht, ihre eigentliche Ursache und ihren tiefsten Zweck durch Wiegen, Messen und Zählen wegzuerklären, wissen wir Christen, dass alles Fassbare lediglich ein Schatten des Unfassbaren ist und was wir jetzt sehen ein Nichts im Vergleich zu dem, wenn wir den Herrn schauen von Angesicht zu Angesicht (1Kor 13,12).

Die Umkehr zu Jesus Christus erfordert eine Wende von der materiellen Welt zur geistigen Wirklichkeit. Glaube ist nicht weniger, sondern mehr als Wissen. Die Bibel definiert ihn als „das Überzeugtsein von Dingen, die man nicht sieht“ (Hebr 11,1). Damit können wir ihn als Komplementär zur Kunst verstehen: „Die Kunst ist nicht dazu da, das Sichtbare wiederzugeben, sondern das Unsichtbare sichtbar zu machen“ (Paul Klee). Tatsächlich vermag die Bildende Kunst, die Musik, die Architektur, der Film, aber in besonderer Weise auch die Literatur den Glauben erfahrbar zu machen, veranschaulicht ihn, ist Kommunikationsform, durch die das Geistliche in sinnlich Wahrnehmbares transformiert wird. Wir begegnen in der Literatur jener Art der Vermittlung, welcher sich auch unser Herr Jesus Christus bediente, denn er erzählte Gleichnisse, statt wissenschaftliche Abhandlungen zu verfassen.

Leider dürfen wir uns nicht darauf verlassen, dass Kunst die physischen und moralischen Baugesetze Gottes, die in der Welt wirken, anerkennt. Kunst mag mitunter ein goldenes Kalb sein (2Mo 32,19ff.). Jene unsichtbare Wirklichkeit, welche die Literatur darstellt, können tückische Gedanken beinhalten, Rechtfertigungen der Sünde, Schmähungen Gottes, Verdrehungen seiner Gebote. Deshalb ist die Frage notwendig, welche Werke des bundesrepublikanischen Literaturkanons lediglich einem humanistischen Ideal von Bildung verpflichtet sind und welche taugen, die Welt aus biblischer Perspektive zu verstehen, sowohl in ihrer sichtbaren wie auch in ihrer unsichtbaren Dimension.

Literatur selbst bietet keinen Referenzpunkt zu ihrer Beurteilung. Auch die Pädagogik schafft ihre Prämissen nicht selbst. Sowohl die Literaturwissenschaft wie auch die Didaktik übernimmt ihre Voraussetzungen aus philosophischen Systemen. Um einen christlichen Deutschunterricht erteilen zu können, muss ein Lehrer den Mut aufbringen, Abstand von dem zu nehmen, was er in den Vorlesungen hörte, muss umdenken und vom Glauben her neu denken. Ebenso wie Petrus muss er der Macht der Gewohnheit entsagen, die von allen geteilte Sichtweise als Vorurteil begreifen und darauf fest vertrauen, dass das Wasser trägt und der scheinbar feste Boden verlassen werden muss, um zu Jesus zu gelangen (Mt 14,28ff.).

Diese Vision liegt unserem Buch zu Grunde. Denn warum brauchen wir einen eigenen Kanon, wo es doch offizielle Lektüre-Listen gibt? Prüfstein für unser Leben, unsere Arbeit, unseren Unterricht und seine Lektüre kann nicht nur die Vorgabe der Welt sein, sondern Christus, der Sohn Gottes.

2. Wozu Literatur im christlichen Deutschunterricht?

Bevor man sich den Fragen zuwendet, welche Literatur aus welchen Gründen im christlichen Deutschunterricht gelesen werden soll, ist es sinnvoll, einen Schritt zurückzugehen und zu fragen, warum christlicher Unterricht sich überhaupt mit Literatur befasst bzw. was Literatur dem Christ zu bieten hat. Wie bei einem großen Landschaftsgemälde schweift so der Blick über das Panorama, das Ganze und Grundsätzliche, bevor er sich diesen oder jenen Farbnuancen nähert. Durch so einen „Rückschritt" fällt es leichter, den Platz des Einzelnen im Gesamtkunstwerk zu verstehen und – auf dieses Werk bezogen – Nutzen, Sinn und Ziel von Literatur im Leben des Gläubigen zu erkennen. Wir können uns nicht mit faden Argumenten dieses Rechtfertigungsdrucks entledigen. Etwa damit, Literatur „gehöre eben zur Bildung dazu". Oder mit dem Verweis auf den Lehrplan. „Prüfet alles", schreibt Paulus, „und das Gute behaltet" (1Thes 5,21).

Ist Literatur nun überflüssig? Warum beschränkt sich christlicher Literaturunterricht nicht einfach auf das Lesen von Erbauungsbüchern oder Predigttexten? Warum muss es gerade ein schwieriger (und langer) Dostojewski, Bergengruen oder Shakespeare sein?

Zur Errettung hat uns Gott sein Wort geschenkt (in Fleisch und Schrift) sowie den Glauben als Mittel und die Gnade als Antrieb. Das genügt. Und Literatur scheint in diesem Zusammenhang überflüssig. Zur Heiligung befähigt uns sein Heiliger Geist, der in den einzelnen Gliedern und im gesamten Leib der Kirche an uns wirksam ist, auch ohne Literatur. Auch pragmatische Gründe scheiden aus: Sprache kann man mit jeglichen Texten erlernen, Schöne Literatur ist dazu nicht notwendig. Außerdem kann Wissen – ob geistlich oder säkular – aus Sachbüchern, Predigttexten oder Erbauungsbüchlein gewonnen werden. Warum sich mit Dichtung befassen? Vielleicht aufgrund des Unterhaltungswertes? Schwerlich wird sich dieser tatsächlich in allen Werken finden lassen (was übrigens nicht zwangsläufig am Buch, sondern auch am Leser liegen kann).

Viele gute Gründe sprechen für die Beschäftigung mit Dichtung. Doch nicht jeder Leser, Zuschauer, Rezipient schätzt Literatur ihres Wesens wegen: Prestigedenken und kultureller Snobismus können auch Gründe sein, sich Literatur zu widmen. Sie bewegen etwa einen Theaterbesucher ein Stück zu sehen, nicht weil es ihm gefällt, sondern weil es „in" ist. Auf den Deutschunterricht bezogen findet sich diese Art des Snobismus dort, wo Werke ausgewählt werden, weil man sie „gelesen haben muss" oder weil man einen Schüler nicht aus dem Gymnasium entlassen könne, ohne dass er „wenigstens" den Faust einmal kennengelernt habe. In beiden Fällen geht es nicht um das Werk als *Kunst*werk, um seinen Gehalt oder seine Form, sondern um ein Statussymbol bezogen auf die Zugehörigkeit zu einem bestimmten Milieu der Gesellschaft. Es gibt viele gute Gründe, den Faust einmal gelesen zu haben, aber nicht, weil er zum Inventar eines Schulabschlusses „dazugehört". Literatur in diesem Sinne ist wenig mehr als der goldene Buchrücken im Mahagoni-Regal.

Damit verwandt ist ein weiterer Grund, Literatur zu rezipieren, welcher sich als unreflektiertes Pflichtgefühl einem fiktiven BRD-Kanon gegenüber beschreiben lässt. Auch hier stehen Werke im Vordergrund, die man „gelesen haben muss", doch nicht um sich über die graue Masse zu erheben, sondern um ein berechtigtes Mitglied in ihr zu werden. Die Frage nach dem Warum und Wozu wird an die zuständigen Ministerien und den Mainstream abgegeben. Mündige Christen können diese Frage aber nicht „outsourcen", wenn unser ganzes Leben auf Gott hin ausgerichtet (Röm 11,36) und vom Glauben durchdrungen (Röm 14,23) sein soll.

Warum also soll ein Christ sich mit Literatur beschäftigen? Zu was taugt Lesen oder handelt es sich hierbei um vergeudete Lebenszeit (Eph 5,16)? Der Vorgang des Lesens stellt eine Form der Kommunikation dar:

Er ist Teilhabe an den Gedanken unserer Vorfahren und Teilnahme an einer Konversation, die seit Beginn unserer Kultur im Gange ist. Wer die Literatur des Abendlandes nicht kennt, steht seiner eigenen Geschichte als Fremder gegenüber, vermag viele Metaphern und intertextuelle Andeutungen nicht zu verstehen. Ihm sagen die Personen der Weltliteratur wenig. Ein solcher Mensch weiß nicht, wovon gesprochen wird, übersieht Verweise, ihm entgehen Tiefe und Fülle. Man könnte ihn als Heimatlosen bezeichnen oder als Taubstummen. Auf jeden Fall ist er ein Enterbter, ein Mensch ohne Wurzeln. Wessen Horizont vom Zeitgeist begrenzt wird, vermag die Schwächen seiner Epoche nur mühsam zu erkennen, ihm fehlt die Weite der Jahrhunderte, er ist ein Gefangener der augenblicklichen Mode.

Literatur befreit uns aus dem Kerker des eigenen Ichs. Es wäre vermessen zu glauben, man könnte allen Dingen alleine auf den Grund gehen. Bücher speichern das Wissen und die Erfahrungen anderer Menschen; durch sie haben wir das Privileg, nicht selber das Rad erfinden zu müssen – vielmehr dürfen wir Wege beschreiten, die andere bereits gebahnt haben. Dabei geht es nicht nur um den Inhalt, sondern auch um die Perspektive. C. S. Lewis bemerkte: „Literatur gestattet uns Erfahrungen, die nicht unsere eigenen sind. [...] Es mag das Typische sein (und wir sagen: ‚Wie wahr!') oder das Anormale (und wir sagen: ‚Wie merkwürdig!'); es kann das Schöne, das Schreckliche, das Ehrfurchteinflößende, das Erheiternde, das Pathetische, das Komische oder das bloß Pikante sein. Die Literatur öffnet den Zugang zu allen."[1] In dem Wunsch, das eigene Sein auszuweiten, sieht Lewis den Grund dafür, eine andere Sichtweise einnehmen zu wollen: „Wir wollen mit andern Augen sehen, uns etwas mit andern Vorstellungen vorstellen, mit andern Herzen fühlen, genau so wie mit unsern eigenen. Wir sind nicht damit zufrieden, Leibnizsche Monaden zu sein. Wir verlangen Fenster, Literatur als Logos ist eine Reihe von Fenstern, ja von Türen. Eins der Dinge, die wir nach dem Lesen eines großen Werks fühlen, ist: ‚Ich bin herausgekommen.' Oder unter einem andern Blickwinkel: ‚Ich bin hineingekommen', ich habe die Schale einer andern Monade durchbohrt und entdeckt, wie es darin aussieht."[2]

---

[1] C.S. Lewis, Über das Lesen von Büchern (An Experiment in Critisism), Freiburg 1966, S. 125

[2] C.S. Lewis, Über das Lesen von Büchern (An Experiment in Critisism), Freiburg 1966, S. 123

Theologisch gesehen ist der Perspektivenwechsel aus mindestens zwei Gründen interessant. Zunächst können uns Protagonisten durch ihr Vorbild (1 Kor 11,1) zu Christus führen. Außerdem helfen sie, dass wir uns selbst mit anderen Augen sehen. Charaktere aus Geschichten können unsere Schwächen spiegeln und damit sichtbar machen. In diesem Zusammenhang steht die Rede Jesu vom Splitter im Auge des anderen, an dem wir uns stören, während wir den Balken im eigenen Auge übersehen (Mt 7,3ff.). Der Herr konfrontiert uns in seinen Gleichnissen mit verschiedenen Personen, deren Handeln wir verurteilen, damit wir unser eigenes Tun korrigieren. Bei allem, was wir machen, streben wir nämlich ein subjektiv Gutes an, was objektiv gesehen aber schlecht sein kann. Der Perspektivenwechsel befähigt uns, die eigene Blindheit zu überwinden. Auf dieser Erkenntnis gründet die goldene Regel: „Alles, was ihr also von anderen erwartet, das tut auch ihnen!" (Mt 7,12). Insofern schärft auch Literatur die Wahrnehmung dafür, was recht ist. Gute Bücher können ein Augenöffner sein und zur Herzensbildung beitragen.

Literatur gestattet uns die Auseinandersetzung mit den Emotionen, dem Denken und Handeln anderer Menschen. Indem wir über fiktive Figuren sprechen, reflektieren wir unsere eigene Erfahrung von Welt. Wir lernen damit auch ihre Vielschichtigkeit kennen. Eben darum geht es Prof. Hans-Dieter Gelfert[3], wenn er Kriterien auflistet, um die Wertigkeit von Literatur zu beurteilen: Bietet sie „Welthaltigkeit", also ein breit angelegtes Gesellschaftspanorama mit ihrem Geistes- und Gefühlsleben, eingebettet in einen historischen Kontext? Wirkt dies glaubhaft und stimmig? Wie lebendig und intensiv ist der Ausdruck? Behandelt das Buch Allgemeingültiges, etwa Tragik oder Komik des Menschlichen? Ist es fesselnd, konfliktreich, nach Lösung verlangend; ist seine Erzählweise labyrinthisch und komplex; bereitet es ein intellektuelles Vergnügen? Literatur muss für Gelfert rätselhaft und spannend sein; er fordert das Ungewohnte und Unerwartete; freut sich an Mehrdeutigkeit und an symbolischer Darstellungsweise. Immer geht es ihm um Authentizität, um die Echtheit dessen, was uns dargestellt wird, damit wir tatsächlich in eine andere Rolle schlüpfen und uns die Welt aus der unbekannter Perspektive vorstellen können.

Ein Text bietet nicht nur die Reise in ein fernes Land, vielmehr stellt es uns vor unbekannte Herausforderungen und lässt uns erleben, was andere empfinden. Dichtung eröffnet den Zugang zum Innenleben fremder

---

[3] Hans-Dieter Gelfert, Was ist gute Literatur?, München 2010, S. 54-77

Menschen. Diese ungewohnte Optik lässt uns das Vertraute neu wahrnehmen, sie macht das Gewohnte zu einer Entdeckung, verwandelt das Gemälde, welches mit der Zeit zur Tapete geworden ist, wieder zurück in ein Bild. Indem uns Geschichten in die Lebenswelt anderer Personen hineinstellen, lassen sie uns Abstand zu uns selbst gewinnen, zu unseren eigenen Gedanken und Gewohnheiten, welche damit auf den Prüfstand gestellt werden, weil wir mit den Verhaltensweisen und Ansichten Dritter konfrontiert sind. Die Erzählperspektive eines Romans ist ein Standpunkt außerhalb unserer selbst, sie lässt uns die Welt mit anderen Augen sehen, wodurch wir die Möglichkeit erhalten, uns selbst in den Blick zu nehmen, was ja nur von außen möglich ist.

Gute Literatur veranschaulicht, sie berührt, spricht unser Gewissen an, weist womöglich sogar auf Jesus hin. Ob sie den Menschen bessert, sei dahingestellt, sie vermag nach Reinhold Schneider allenfalls Impulse zu setzen: „Der christliche Dichter ändert nicht den Menschen. Vielleicht aber wird es ihm gegeben, den Menschen zu stellen für den Biss des himmlischen Jagdhundes, ihn durch sein Wort so zu bewegen, dass er das Wort aus den Himmeln vernimmt, ihn so weit zu schmelzen, dass er empfänglich wird für die herabgreifende, umformende Hand des Töpfers, der Gefäße zur Ehre und Unehre macht. Wir ändern nicht, wir hoffen, dass ein anderer es vollbringt.“[4]

Dabei dürfen wir Schöne Literatur nicht mit einer theologischen Abhandlungen verwechseln: Sie ist weder systematisch und nüchtern, noch allgemeingültig und abstrakt, sondern konkret und anschaulich. Aber gerade deswegen ergreift uns Dichtung. Sie bewegt weniger den Verstand als vielmehr das Herz. Prosa und Lyrik ersetzen weder die Wissenschaft, noch die Bibel. Bei ihnen geht es nicht um Lehre oder Ermahnung, sondern um Kunst. Wie uns die Musik von Bach die geordnete Schönheit, die Harmonie und die Erhabenheit des Glaubens spürbar macht, so vermag auch Literatur etwas von dem erfahrbar zu machen, wie Gott die Welt sieht.

Vor allem geben gute Geschichten eine Ahnung von der Geschichte Gottes mit uns. Wie nach Aristoteles[5] jede Tragödie aus „Verknüpfung und Lösung“ besteht, so hält auch der Schöpfer die Fäden seiner Geschöpfe in der Hand und entwirrt das Verknotete. Die Historie können

---

[4] Reinhold Schneider, Soll Dichtung das Leben bessern? Wiesbaden (Limes) 1956, S. 38

[5] Aristoteles, Poetik, Stuttgart (Reclam) 1982

wir als eine Erzählung begreifen, deren Autor Gott ist, sie ist „His story". Wichtiger als die Konstanz der physikalischen Gesetze ist in guten Büchern die Berücksichtigung der moralischen Ordnung. Gerade deswegen interessiert uns die Tragödie als literarische Gattung, weil sie eine Darstellung unserer gefallenen Natur ist. Der Mensch als solcher ist tragisch und des Heils bedürftig. Wenn der Held am Ende eines Buches trotz aller Widrigkeiten dennoch gewinnt, dann mag etwas davon aufscheinen, dass uns ungeachtet wiederholter Niederlagen dennoch der Sieg in Christus verheißen ist.[6]

Gott ist keineswegs nur Herr der Geschichte – er ist auch ein Gott, der sich in der Geschichte (Hebr 1,2) und durch eine Geschichte offenbart hat (2Petr 1,16). Überdies befähigt er uns, selbst Geschichte zu schreiben: Wir sind Geschöpfe eines Schöpfers, geschaffen nach seinem Ebenbild und dazu in der Lage, zweitschöpferisch tätig zu sein.[7]

Der Mensch ist ausdrücklich dazu berufen, sich die Schöpfung untertan zu machen (1Mo 1,28). Dies geschieht mit Hilfe der Technik, also durch die Nutzbarmachung unserer zweitschöpferischen Fähigkeiten in Bezug auf praktische Dinge. Der Mensch ist darüber hinaus in der Lage, auch schöne Dinge hervorzubringen: die Musik, die Kunst oder eben die Literatur. Indem der Schriftsteller seine Gaben in der rechten Weise gebraucht, wird ansichtig, dass er ein Abbild des Schöpfers ist. Wie wir im Staunen über die Schöpfung zur Gotteserkenntnis gelangen können, so vermögen uns auch Bücher eine Hilfe sein, um Gott und seine Welt tiefer zu erfassen.

3. Literatur im christlichen Deutschunterricht

Literatur ist also durchaus gerechtfertigt als wichtiges Medium des christlichen Deutschunterrichts. Doch auf welche Art von Literatur beziehen wir uns? Oder konkreter gefragt: Soll man „Harry Potter", den „Herrn der Ringe", „Nathan den Weisen", „Bunyans Pilgerreise" lesen? Darf oder kann man sie lesen? Muss man sie vielleicht sogar gelesen haben? Wenn wir die Frage nach dem Warum und Wozu von Literatur nicht marginalisieren, stellen sich diese Fragen früher oder später – nicht nur an christlichen Bekenntnisschulen. Doch gerade hier sollte der christliche

---

[6] vgl. J. R. R. Tolkien, Gute Drachen sind rar, Stuttgart (Klett-Cotta) 1983, S. 125-131

[7] vgl. J. R. R. Tolkien, Gute Drachen sind rar, Stuttgart (Klett-Cotta) 1983, S. 100f.

Glaube eine besondere Rolle bei der Bewertung und Auswahl von Lektüren spielen, denn laut Schulgesetz muss das Bekenntnis den Unterricht prägen.

Das vorliegende Werk möchte eine Antwort auf die Frage geben, wie sich Literatur und christlicher Unterricht zueinander verhalten. Dabei ist es notwendig, vor der Besprechung und Bewertung einzelner Bücher zu erörtern, welche Kriterien wir an gute Literatur legen. Und vor allem muss geklärt sein, was überhaupt unter christlicher Literatur verstanden werden soll.

Was ist christliche Literatur?

Zuallererst ist christliche Literatur natürlich *Dichtung*. Ob ein Werk zu Recht als Literatur bezeichnet werden kann, hängt nicht vom Glauben oder Weltbild des Autors ab, sondern von seinem schriftstellerischen Geschick, seiner Phantasie und seinem Geschmack. Allein das 19. Jahrhundert hat Myriaden an Erbauungsheftchen und -geschichtchen hervorgebracht, die das Diktum Gottfried Benns bestätigen: Der Gegensatz von Kunst sei nicht Kitsch, sondern „gut gemeint". Christliche Literatur ist Dichtung und Kunst. Das heißt aber auch, dass nicht jeder christliche Text – sei er von einem christlichen Autor geschrieben oder an eine christliche Leserschaft gerichtet – gleich christliche *Literatur* ist. Wir werden daher in unseren weiteren Betrachtungen jene Texte, die mithin ihren Teil zur Erbauung des Christen beitragen, aber nicht als Kunst im engeren Sinne verstanden werden können, ausklammern.

Doch was ist nun christliche Literatur? Wir möchten ein Modell[8] vorschlagen, das von verschiedenen Verständnisebenen des „Christlichen" in Literatur ausgeht, die als Kreise aufeinander aufbauen. Jeder kleinere Kreis „liegt" so in dem größeren, dass er auch Teil von ihm ist. Werke, die sich z. B. im innersten Kreis befinden, sind dadurch gekennzeichnet, dass sie mit der *Intention* geschrieben wurden, durch die Auseinandersetzung mit einem genuin christlichen *Stoff* innerhalb eines christlichen *Weltbildes* dem Leser zu *nutzen*: Sie vereinen also sämtliche Kreise.

---

[8] Uns ist es wichtig zu betonen, dass es sich hier um ein Modell handelt. Der Modellcharakter beinhaltet Chance und Grenze zugleich: Die Chance einerseits, eine Ordnung in die Menge der christlichen Literatur zu bringen und für die Reflektion über Literaturunterricht fruchtbar zu machen. Eine Grenze andererseits, da auch dieses Modell nicht den Anspruch erheben kann, alle Werke vollständig und adäquat „einzuordnen".

Das Modell ist rein deskriptiv und wertet nicht. Werke, die im innersten Kreis liegen (und damit alle Kriterien erfüllen), sind deswegen nicht bessere Literatur als Bücher, die im Modell weiter außen liegen.

Begibt man sich auf den Weg durch dieses Modell, beginnend mit dem innersten Kreis, ist diese erste Ebene gekennzeichnet durch Literatur mit einem **Stoff** aus der biblischen oder christlichen Texttradition. Es sind Werke, die sich mit christlichen Personen, Taten, Geschichten oder Texten beschäftigen, mit der Absicht den christlichen Leser zu erbauen oder den nicht-christlichen Leser zu bekehren. Dazu zählt z. B. die geistliche Dichtung des Mittelalters, etwa das Gedicht „Himmel und Hölle“ (1090 n. Chr.), welches in seiner Beschreibung des himmlischen Jerusalems (himilisge gotes burg) sowie der „hello“ (Hölle) den Leser ermuntert, Gott zu dienen und ihn in Ewigkeit zu genießen. Obwohl in dieser Kategorie überwiegend Texte des Mittelalters zu finden sind, gibt es durchaus auch vergleichbare moderne Werke, z. B. Pär Lagerkvists „Barrabas“, der nach dem tieferen Sinn seiner Begnadigung sucht und vom Zweifler zum Glaubenden wird.[9]

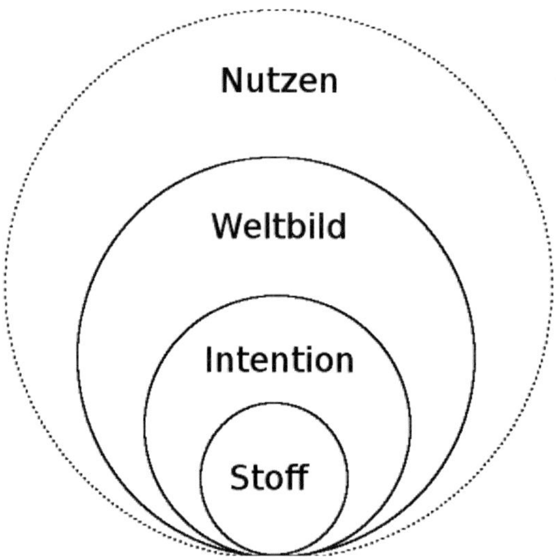

Die zweite Ebene besteht aus Literatur mit der **Intention** der Erbauung bzw. Bekehrung des Lesers (innerhalb eines christlichen Weltbildes). Indem die Literatur der Neuzeit die strikte Trennung von Profan-Weltlichem und Geistlich-Religiösem aufgehoben hat, gewann diese Art von christlicher Literatur zunehmend an Bedeutung. Die Fabeln Jean de

[9] Was ist mit säkularen Werken, die biblische Stoffe aufgreifen, wie beispielsweise „Josef und seine Brüder“ von Thomas Mann? In dem hier vorgeschlagenen Modell liegen die Kreismengen „ineinander“. Das heißt, dass eine Lektüre nur dann zum innersten Kreis gezählt werden kann, wenn es über den christlichen Stoff hinaus auch die anderen Kriterien erfüllt, nämlich christliche Intention, christliches Weltbild und Nutzen für den christlichen Leser. Insofern gehört „Josef und seine Brüder“ nicht zum innersten Kreis.

la Fontaines oder Martin Luthers zeigen, wie sich Tugend und Laster in der Tierwelt auch auf den Menschen übertragen lassen. Robinson Crusoes wiederholtes Scheitern und Stranden ist ebenso ein weltlicher „Stoff“, aus dem Daniel Defoe jedoch ein Lehr[10]-Werk über Ungehorsam und Gottvertrauen schmiedet. Das christliche Weltbild der Werke ist in dieser Art von Literatur der Dreh- und Angelpunkt, die Förderung dieses Weltbildes im Leser ist ihre Triebfeder.

Damit unterscheidet es sich von der dritten Ebene christlicher Literatur, die sich weder christlicher Stoffe bedient noch eine explizite Intention der Bekehrung oder religiösen Erbauung der Leser verfolgt, wohl aber aus einem christlichen **Weltbild** heraus verstanden werden muss. Es handelt sich um „Schrifttum [...], das aus christlichem Verständnis von Gott, Mensch und Welt entstanden ist und ohne Berücksichtigung dieses Verständnises nicht adäquat interpretiert werden kann.“[11] Bergengruens Novelle „Die drei Falken“ fällt deutlich in diese Kategorie. Aber auch sein Roman „Der Großtyrann und das Gericht“ (in diesem Buch besprochen), da das Opfer des Färbers Sperone nur aus der Perspektive des Opfertodes Christi angemessen interpretiert werden kann. Gleichzeitig zielt die Intention beider Werke nicht explizit auf die Erbauung einer christlichen Leserschaft. Vielmehr beschäftigen sie sich mit gesellschaftlichen Problemen (z. B. dem Verhältnis von Recht und Gerechtigkeit) aus einer christlichen Perspektive.

Die ersten drei Ebenen haben sich über textimmanente Kriterien definiert: Der Stoff, die Intention des Textes und das zugrundeliegende Weltbild des Werkes lassen sich über Interpretation und Analyse aus ihm selbst gewinnen. Die vierte Ebene unterscheidet sich darin von den übrigen, dass es hier primär um die Art und Weise geht, wie der *Leser* das Werk aufnimmt.

Die vierte und weiteste Ebene christlicher Literatur besteht aus Werken, die dem Christen **nützen**. Dieses pragmatische Kriterium ist dabei

---

10 „Die Geschichte ist mit Ernst, mit Zurückhaltung und mit Bemühen erzählt, die Ereignisse aus christlichem Geist auf jene Ziele hin auszurichten, die den verständigen Menschen stets am wichtigsten sind, nämlich die Unterweisung der anderen durch das eigene Beispiel und den Lobpreis [...] der göttlichen Vorsehung.“ (Robinson Crusoe, Vorrede)

11 Kranz, Gisbert: Lexikon der christlichen Weltliteratur, Herder-Verlag, 1978 Freiburg, S. 4

natürlich nicht vollständig vom Werk entkoppelt: Nicht alles nützt, nicht alles baut auf (1Kor 10,23). Andererseits ist es notwendig, auch diese Ebene von Literatur zu betrachten, denn häufig sind es Werke atheistischer Autoren mit weltlichen Stoffen und vielfältigen Intentionen, welche dem Christen in seinem Lauf Möglichkeiten des Wachstums und der Erkenntnis eröffnen. Dürrenmatts Physiker sind ein hervorragendes Werk über die Gefahren des modernen Fortschrittsglaubens, den auch ein christliches Publikum mit viel Gewinn lesen wird. Dennoch ist Dürrenmatts fragmentarisches Weltbild mehrheitlich konträr zum christlichen Glauben, sein Werk hat weder Christen als Zielgruppe noch einen christlichen Stoff als Grundlage. Ähnlich verhält es sich auch mit dem kommunistischen Autoren George Orwell, der in seinen Romanen „Farm der Tiere" und „1984" eindrücklich vor den Gefahren eines korrupten oder omnipotenten Staates warnt. Alle diese Werke sind im engeren Sinne keine „christliche" Literatur. Dennoch sind wir davon überzeugt, dass sie einen wertvollen Beitrag für christlichen Literaturunterricht bieten können.

Zur besseren Abgrenzung nennen wir jene Literatur, die lediglich unter pragmatischen Gesichtspunkten als „christliche Literatur" gelten kann „Emolument Literatur". Das Wort Emolument stammt aus der Wirtschafts- und Juristensprache. Es bezeichnet die Nebeneinkünfte oder Einnahmen, die nebenbei gemacht werden. Auf Literatur bezogen bedeutet das, dass ein christlicher Leser einen Nutzen aus einem Werk ziehen kann, auch wenn dieser Nutzen im Text selbst nicht intendiert war.

Emolument Literatur

Doch ist diese letzte, mithin weiteste Definition überhaupt noch christliche Literatur? Wir denken, sie ist es nicht. Aber es ist Literatur, die dem Christen nützt. Zum einen ist die Einsicht in die Welt, sofern sie nicht zur Sünde anregt, für jeden Menschen, gerade aber für den Christen nützlich. Der Leib Christi ist in der Welt, nicht aber von der Welt. Den ersten Aspekt dieser Aussage überzubetonen, erzeugt eine liberale Weltlichkeit, die den christlichen Lebenswandel auf eine „Ethik" oder „soziale Gesinnung" reduziert. Das letztere (in extremo) ist der Wunsch, aus der realen Gesellschaft in eine Gemeinschaft der „Heiligen" zu flüchten und die Welt mit ihrer Bosheit, aber auch mit ihren Nöten auszuschließen. Daher kann in der Balance dieser zwei Prinzipien Emolument Literatur einen wertvollen Beitrag leisten, die Welt und ihre Werke zu verstehen, um ihr entgegen zu wirken oder – wenn nötig – sie zu meiden. Wie sonst soll die Gemeinde Gottes „jeden Gedanken gefangennehmen zum Gehorsam gegen Christus“ (2Kor 10,5), außer sich mit ihnen zu beschäftigen?

Natürlich hat dieses Prinzip seine Grenzen, auf welche wir weiter unten eingehen werden. Brutalität, Sadismus, Okkultismus oder Pornografie dürfen nicht der Preis für eine Auseinandersetzung mit (vielleicht durchaus wichtigen) gesellschaftlichen Themen sein.

Indem wir den Blick auf Emolument Literatur wenden, bekennen wir uns zu einem bewussten und christlichen Deutschunterricht. Denn je weiter sich eine Lektüre vom Zentrum des Stoffes über die Intention zum bloßen Weltbild und noch weiter weg bewegt, umso wichtiger wird der Lehrer als christlicher (Päd-)Agoge, als Führer und Leiter durch den Text.

4. Welchen Nutzen hat ein Christ von säkularer Literatur?

Christlicher Literaturunterricht sollte sich nicht nur auf christliche Literatur im engeren Sinne beschränken, sondern auch jene Werke einbeziehen, die wir Emolument Literatur genannt haben und die als „nützlich“ angesehen werden können. Doch welche Werke des säkularen Spektrums zählen dazu?

Um diese Frage zu beantworten, möchten wir zwei Gruppen von Literatur unterscheiden. Die erste von beiden soll **problematisierende Literatur** genannt werden und jene Werke bezeichnen, deren Ziel das Aufzeigen von Missständen, Problemen und Dilemmata ist. Diese Art von Werken legt ihren Schwerpunkt nicht auf das Aufzeigen von echten Lösungen, aber sie arbeitet ein Problem heraus. Es ist Literatur des Misslingens. Der „Herr der Fliegen“ von Golding gehört dazu, denn die Gruppe englischer Schuljungen, die allein auf einer Insel stranden, bauen nicht etwa eine neue, bessere Welt auf, sondern töten sich am Ende gegenseitig wie die Tiere (bzw. wie ihre Elterngeneration). Hier stellt ein nicht christlicher Autor die Lehre von der Gefallenheit der Menschen getreu der Bibel dar. Diese pessimistische Sicht der Welt kann hilfreich sein, um den optimistischen Fortschrittsgedanken, der seit dem 19. Jahrhundert das Denken der Allgemeinheit prägt, als falsch zu entlarven. Das Genre der Dystopie ist mit ihrer Fortschreibung bedenklicher

Tendenzen in einer düsteren Zukunft der Tragödie als geschichtsphilosophischem Konzept verpflichtet.

Die zweite Gruppe soll **affirmative Literatur** heißen. Sie beschränkt sich nicht auf die Problematisierung, sondern zeigt echte Lösungsmöglichkeiten auf. Es ist die Literatur des Gelingens. In ihrer einfachsten Form ist sie die Geschichte der Heidi, die nach der Rückkehr in die naturbelassenen Berge ihre (ebenso naturbelassene) Sehnsucht wieder stillen kann. Der Konflikt, der durch ihre Reise in die Großstadt Frankfurt entsteht, wird letztendlich wieder gelöst, denn nur in der Natur findet der Mensch sein physisches (Clara) und seelisches (Heidi) Heil. Ein komplexeres Werk desselben Typus ist z. B. der Faust II, der den am Ende des ersten Teils völlig gescheiterten Dr. Faust seiner Bestimmung zuführt.[12] Während affirmative Kinderliteratur oft sehr wertorientiert ist und den Heranwachsenden Sicherheit durch eine Heile Welt vermittelt (wodurch sie mitunter naiv wirkt), muss affirmative Erwachsenenliteratur kritisch daraufhin geprüft werden, ob sie eine euphemistische Anthropologie transportiert oder gar Selbsterlösung darstellt.

Welchen Dienst hat dieses Modell für die Bewertung von säkularer Literatur aus christlicher Perspektive? Problematisierende Literatur deckt häufig jene Ärgernisse auf, die dem christlichen wie dem nichtchristlichen Leser nahegehen und für relevant betrachtet werden. Armut in Afrika oder die Gefahren des Klonens sind Themen, die allgemein nachvollziehbar sind. Differenzen entstehen meist erst bei der Frage, welche Lösungsmöglichkeiten sich anbieten. Doch das ist ein Aspekt, der in problematisierender Literatur nicht oder nur am Rande auftaucht. Aus dieser Perspektive wird verständlich, warum Werke von kommunistischen Autoren wie George Orwell oder dezidiert atheistischen Autoren wie Friedrich Dürrenmatt dennoch nützlich für christlichen Unterricht sind: Solange sie sich auf die Beschreibung und Erörterung von gesellschaftlichen, sozialen, wirtschaftlichen etc. Problemen beschränken, sind sich Christ und Atheist und Kommunist zuweilen einig – die Differenzen treten erst bei der Frage auf, wie diese Probleme zu lösen seien. Dürrenmatts Physiker reflektieren natürlich des Autors Weltbild einer frag-

---

[12] Am Faust II wird deutlich, dass die Differenzierung in affirmative und problematisierende Literatur Grauzonen aufweist. Denn Fausts Aufstieg in den Himmel ist mit so vielen ironisierenden Merkmalen (Mephisto unterliegt letztendlich in der großen Schlacht der Püpse und Fürze, *Grablegung*) versehen, dass eine naive „affirmative" Lesart allein dem Werk sicher nicht gerecht wird.

mentierten Realität ohne Sinn und Ziel, dennoch kann der Christ der geschilderten Gefahr von grenzenloser Wissenschaft (z. B. Atomkraft) voll zustimmen – und selbstständig über Lösungsmöglichkeiten nachdenken. Auch Kafka nimmt die entchristliche Welt als bizarr und ungeordnet wahr, als widersprüchlich und sinnlos. Er bietet keine Antwort, wirft aber eine berechtigte Frage auf – seine Darstellungen können deswegen in einem christlichen Interpretationsrahmen durchaus wertvoll sein.

Das kann im Umkehrschluss aber nicht bedeuten, dass alle problematisierende Literatur sinnvoll für den christlichen Deutschunterricht ist. Eine Macht der Kunst ist das „agenda-setting": Welche Probleme sind relevant und welche weniger? Sinnvoller als die Themen des Zeitgeistes zu bedienen (Emanzipation, Umweltschutz, Soziale Ungerechtigkeit), sollten Probleme angesprochen werden, welche man allgemein verkennt, wie etwa den Wert von Ehe und Familie, Diskriminierung von Christen, Liebe zum Bewährten und zur Heimat. Schließlich stellt sich Frage: Was ist ein Problem und was ist keins? Wo ein Text dystopische Aspekte in der realen Welt findet, hängt sehr stark von dem ihm zugrunde liegenden philosophischen Denkgebäude und Wertsystem ab.

Natürlich reflektiert auch die Art und Weise, wie ein Thema behandelt wird, des Autors Anthropologie, Ethik, Metaphysik, kurzum: sein Weltbild. Dies muss aber kein Ausschlusskriterium für nicht-christliche Literatur sein. Christ und Atheist sind sich nicht selten im Bereich des „Allgemein Menschlichen" einig – beide erkennen krasse Ungerechtigkeiten oder Unmenschlichkeiten und prangern sie an – unabhängig vom Lösungsansatz.

Darüberhinaus teilt der christliche Glaube viele Grundsätze auch mit ihm nicht verwandten Einstellungen: Er begrüßt das Freiheitsstreben des Liberalen (auch wenn er seine positive Anthropologie ablehnt), er sucht mit dem Romantiker den Sinn im Übersinnlichen (auch wenn er auf objektiver Ethik beharrt), er weint mit Antigone (auch wenn er ihre Götterwelt belächelt), ebenso wie ein Sozialist kämpft er für soziale Gerechtigkeit (obwohl ihm Materialismus, Atheismus und Kollektivismus fremd sind), er will die Schöpfung bewahren (ohne die Ungeborenen zu vergessen) und macht sich wie die Konservativen für die Familie stark. Der Umstand, dass alles Wissen Stückwerk ist (1Kor 13,9 ff.), befähigt den Christen dazu, von Teilen nicht-christlicher Literatur zu lernen. Oder wie es Nicolás G. Davila ausdrückte: „Nietzsche als Frage zu verstehen, kann nützen, ihn als Antwort zu verstehen, führt in die Irre."

Wenn es sich um affirmative Literatur handelt, rücken neben dem Problem bzw. Konflikt auch die dargestellten Lösungsmöglichkeiten in den Mittelpunkt. Lösungen setzen dabei immer voraus, dass man die grundlegenden philosophischen Fragen beantwortet, was gut sei, was wünschenswert, was glücklich mache, was der Mensch eigentlich ist etc. Eine Lösung zu formulieren heißt immer, ein Weltbild zu kommunizieren. Astrid Lindgrens Pippi Langstrumpf muss viele Abenteuer in der Welt der Erwachsenen bestehen. Ihre Konflikte löst sie mit großem Selbstvertrauen, eigener (übermenschlicher) Kraft und stets in Ablehnung der karikaturenhaften Erwachsenenfiguren. Obwohl weder Selbstvertrauen noch Kraft noch Eigenständigkeit schlechte Eigenschaften sind, ist doch die Summe der Lehre Pippi Langstrumpfs, dass am Ende die Erwachsenen die Verrückten, die Verknöcherten, die Spaß-Verderber sind. Es ist die Atmosphäre der Rebellion und der verkehrten Ordnung, die Astrid Lindgrens Werk transportiert.

Säkulare Werke dieser Art sind daher oft weniger für christlichen Unterricht geeignet bzw. erfordern eine starke, tiefe und gründliche Kritik und Analyse. Affirmative Literatur im christlichen Literaturunterricht wird daher wesentlich häufiger von christlichen Autoren bzw. Autoren mit einem christlichen Weltbild geschrieben worden sein als problematisierende Literatur.

Zusammenfassend halten wir bei der Bewertung von säkularen Werken, die zur Emolument Literatur zählen, die Unterscheidung in affirmative und problematisierende Literatur für hilfreich. Säkulare problematisierende Literatur eignet sich in den oberen Klassen wesentlich häufiger für den christlichen Unterricht als affirmative Literatur. Natürlich gibt es vielfältige Ausnahmen[13], diese verlangen aber eine umso gründlichere und tiefergehendere Vorbereitung, Analyse und Kritik durch den Lehrer.

---

[13] Wir empfehlen in diesem Band etwa die Behandlung der Lektüre Lessings „Nathan der Weise".

5. Ausschlusskriterien

Nachdem wir einen recht weiten Rahmen gespannt haben, welche Art von Büchern für den christlichen Deutschunterricht geeignet sein können, möchten wir nun den umgekehrten Weg gehen und nach Ausschlusskriterien suchen: Welche Art von Literatur ist unbrauchbar (selbst wenn ein Lehrer sich um eine kritische Aufarbeitung bemüht)?

Grundsätzlich sollten bei jeder Unterrichtsplanung die Rahmenbedingungen analysiert werden. Alter, Lesekompetenz, aber auch Geschmack und geistliche Reife der Schüler spielen dabei eine Rolle. Auch Konfliktfelder in der Klasse können ein Ausgangspunkt für die Suche nach einer Lektüre sein, die z. B. Ausgrenzung oder Konformitätszwang zum Inhalt hat.

Ein wichtiges Kriterium der Lektürewahl ist das Lesealter. Bis zur Pubertät wird vor allem identifikatorisch gelesen. Das lesende Kind versetzt sich unmittelbar in die Figuren (meist Protagonisten) eines Romans. Der Schmerz, die Freude, das Verlangen, die Furcht dieser Figur wirken dabei viel unmittelbarer auf den jungen Leser ein, als dies bei Jugendlichen und Erwachsenen der Fall ist. Er identifiziert sich mit ihr unmittelbar – eine reflektive Distanz fehlt. Eine klare Wertorientierung spielt in diesem Lesealter eine sehr große Rolle. Die moralische Qualität der Charaktere muss dabei viel stärker in schwarz und weiß unterschieden sein, als dies in komplexeren Romanen für erwachsene Leser der Fall ist. Dies ist sicher ein Grund, warum Märchen über Generationen hinweg zum Inventar der Kinderliteratur gehört haben – die böse Hexe, der wackere Prinz, der hinterhältige Wolf, der schlaue Fuchs sind Typologien, denen das Kind leicht sein Herz hingeben oder die es in aller Legitimität ablehnen kann. Christliche affirmative Literatur sollte in diesem Alter einen festen Platz im Deutschunterricht haben.

Ab der achten Klasse baut sich mehr und mehr eine Distanz zum Werk auf, welche eine kritische Auseinandersetzung möglich macht. Figuren erscheinen in realistischen Grautönen, als gefallene, zum Teil zerrissene Geschöpfe, in denen Sünde und Tugend um den Sieg ringen. Problematisierende Literatur kann zur Diskussion und zum Nachdenken über „Gott und die Welt" anregen. Nach und nach gilt es, die apologetische Kompetenz zu üben. Den Jugendlichen dürfen jetzt auch Werke zugemutet werden, an denen sich der christliche Glaube reibt. Mitunter sind auch nicht-christliche Bücher ein gutes Beispiel für die

Fragilität und die Fiktionen einer gottlosen Gesellschaft. Die Erzählungen treten nun aus dem Schonraum der heilen Welt und machen mit Schattenseiten der menschlichen Existenz bekannt. Allerdings gibt es Grenzen: Viele Bücher sind nicht für Jugendliche geeignet – manche nicht einmal für Erwachsene.

Es existieren zwei Kategorien schlechter Werke: Erstens gibt es Erzählungen, die sich per se verbieten, nämlich engagierte Literatur antichristlicher Provenienz. Hierbei handelt es sich im Grunde gar nicht um Kunst, sondern um Agitation. Solche Werke müssen von der Sache her abgelehnt werden. Zweitens gibt es Bücher, die aufgrund ihrer Darstellung nicht in Frage kommen.

Was macht nun die erste Gruppe aus? Solange ein Handlungsträger für ein falsches Weltbild steht und scheitert, ist die Sache harmlos: Es wird ja lediglich demonstriert, dass das Schlechte auf lange Sicht nicht siegen kann. Die Sünde ist ein reales Faktum, sie ist ein Teil unserer Welt und hat auch in der Lektüre ihren Platz. Allerdings darf das Böse nicht schmackhaft gemacht werden, nicht zur Nachahmung anregen oder die Antagonisten attraktiv erscheinen. Brillant hat C. S. Lewis darüber in „Die Abschaffung des Menschen" geschrieben.

Ein Bereich, wo häufig das Schlechte propagiert wird, ist die gottgewollte Ordnung der Familie: die elterliche Autorität wird in Frage gestellt, insbesondere der Vater lächerlich gemacht, jegliche Hierachie abgelehnt. Oft versinnbildlichen Kinder das natürlich Gute (vgl. Rousseau). En vogue ist weiterhin alles, was gegen die christliche Ehe Stellung bezieht: Feminismus, Gender Mainstreaming und Homosexualität werden als normal dargestellt, das Muttersein als rückständig; Ungeborenen wird ebenso wie Behinderten und Alten das Recht auf Leben abgesprochen, Scheidungen und sog. Wiederverheiratungen werden bagatellisiert. Dort, wo Väter auftreten, werden sie mit Gewalt und Missbrauch konnotiert. Leitbild dieser Mainstream-Literatur ist die Emanzipation, welche die Mütter aus den Familien abziehen und in den wirtschaftlichen Prozess eingliedern möchte, was die Auflösung der häuslichen Bande zur Folge hat. Zwischen Selbstverwirklichung und Freizeitaktivismus bleibt für das familiäre Miteinander kaum mehr Platz. Geborgenheit im trauten Heim wird als reaktionärer Kitsch abgetan; dafür sind sogenannte Patchwork-Familien zum Normalfall geworden, Heranwachsende werden in Ganztagesbetreuungen abgeschoben. Viele Bücher, welche seit dem Ende der 60er-Jahre erschienen sind, unterstützen diesen Trend. Ein wichtiges

Kriterium zur Beurteilung von Literatur ist deshalb ein biblisches Bild von Ehe und Familie.[14]

Was das Verhältnis von Staat und Individuum anbelangt, wird zuweilen die Balance verloren zwischen dem Recht auf Eigentum und der Verantwortung für dasselbe, zwischen Neid auf den Besitz anderer und einer Rechtfertigung der Ausbeutung (Gier). Personalität und Subsidiarität als zentrale Begriffe der christlichen Soziallehre fallen in der modernen Literatur unter den Tisch.

Problematisch ist außerdem, wenn im Buch der Zweck die Mittel heiligt, beispielsweise Lügen gerechtfertigt werden. Dahinter steckt meist ein ethischer Relativismus, dem zur Folge keine verbindliche Moral existiert. Die Gebote Gottes verlieren auf diese Weise ihre Gültigkeit. Schließlich werden in modernen Romanen manchmal auch Zauberei, Esoterik und Okkultismus verharmlost. Wenn aber Hexen die Helden sind, dann werden Kinder für fragwürdige Praktiken empfänglich. Mit einer biblischen Sicht der Welt lässt sich dies jedenfalls kaum in Einklang bringen (Gal 5,19f.).

Während die eben vorgestellten Bereiche aufgrund ihrer Unmoral verwerflich sind, geht es bei der zweiten Kategorie um die Art und Weise der Darstellung. Einerseits ist der Inhalt schlecht, andererseits die Bilder, welche im Kopf entstehen – hier geht es darum, *was* geschrieben ist, dort, *wie* es geschrieben ist. Bei der ersten Art von Literatur besteht die Gefahr der Indoktrination, der Manipulation des Denkens und der Deformierung des Gewissens – die zweite Art von Literatur zielt auf unser Herz, sie missbraucht unsere Vorstellungskraft und beeinflusst unser Empfinden. Bei den einen Büchern geht es um Häresie, um die Entfremdung von der durch Gott gesetzten Ordnung – bei den anderen kann das Lesen bereits selbst sündhaft sein.

Durch den Perspektivenwechsel in die Rolle einer Romanfigur applizieren wir die Widrigkeiten ihres Lebens, ihre Gefühle und ihre Schmerzen auf uns. Der Kirchenlehrer Augustinus wusste aus eigener Erfahrung, wie tief man emotional in eine Geschichte mit hineingenommen werden kann: „Damals im Theater teilte ich die Freude der Liebenden, wenn sie in der Schande einander genossen, obschon es nur zum Schein auf der

---

14 Im Übrigen ist das Gebot, Vater und Mutter zu ehren, derart bedeutsam, dass es Gott allen anderen Geboten der Nächstenliebe voranstellte (2Mo 20,12; vgl. Spr 20,20; 30,17; 7,27; 1 Tim 5,8; 2 Tim 3,2-4; Eph 6,1-4).

Bühne geschah, wenn sie aber einander verloren, empfand ich einen gleichsam mitleidigen Schmerz; doch beides entzückte mich. Heute aber habe ich tieferes Mitleid mit einem, der sich über etwas Schändliches freut, als mit einem, der sich einbildet, unglücklich zu sein, weil ihm eine verderbliche Wollust entging."[15]

Den ersten Schaden, welchen die Menschen durch die Sünde davontrugen, war die Erkenntnis, dass sie nackt sind: Ihr ursprüngliches, unbefangenes Verhältnis zur Sexualität wurde beschädigt (1Mo 3,7). Unmittelbar darauf wandten sich die Menschen von Gott ab – sie versteckten sich vor ihm (1Mo 3,8-10), denn die Geschlechtlichkeit umfasst die ganze Person des Menschen, einschließlich seiner Beziehung zu Gott. Deswegen auch die Verheißung Jesu: „Selig, die reinen Herzens sind, denn sie werden Gott schauen" (Mt 5,8). Umgekehrt warnt Paulus ganz besonders vor Unzucht: „Jede andere Sünde, die der Mensch tut, bleibt außerhalb des Leibes. Wer aber Unzucht treibt, versündigt sich gegen den eigenen Leib. Oder wisst ihr nicht, dass euer Leib ein Tempel des Heiligen Geistes ist?" (1Kor 6,18-19).

Die Geschlechtskraft ist eine Gabe, die dem Menschen ausschließlich für den Ehepartner gegeben wurde und auf Nachkommenschaft zielt. Als Gott das erste Paar segnete, sprach er: „Seid fruchtbar und vermehret euch" (1Mo 1,28). Wer die Geschlechtlichkeit von der Ganzhingabe an den Partner trennt, dem geht es nicht mehr um Liebe, sondern um Triebbefriedigung, also nicht mehr um den Anderen, sondern um sich selbst. Sowohl die Selbstbefriedigung (1Mo 38,9-10), wie auch jeden Verkehr außerhalb der Ehe (2Mo 20,14.17) untersagt die Bibel, insbesondere widernatürliche Unzucht (1Kor 6,9; Röm 1,27). Allein schon das Verlangen nach einer anderen Frau ist Sünde (Mt 5,27). Wie Liebe im Allgemeinen auf den Anderen ausgerichtet ist, so die Sexualität im Besonderen: Die geschlechtliche Hingabe der Eheleute ist von Gott gewollt und ein Geschenk an den Ehepartner (5Mo 24,5; Spr 5,18-19).

Bei der Auswahl einer Schullektüre ist darauf zu achten, dass sie keine pornographischen Texte enthält, weil dadurch die Phantasie und die Begierde auf üble Weise angeregt werden. Literatur für Kinder sollte im Gegenteil für Reinheit werben, für die Enthaltsamkeit (1Kor 7), und die Ehe als etwas Kostbares darstellen. Banales Gerede, derbe Späße und Obszönitäten haben in einer Christlichen Schule keinen Platz. Die Unschuld der Kinder ist dem Herrn ein besonderes Anliegen. Nachdem

---

15 Aurelius Augustinus, Die Bekenntnisse, Einsiedeln (Johannes), 1985, S. 69 (III, II 4)

Jesus den Ehebruch verurteilte, stellt er dagegen die Gesinnung der Kleinen als vorbildlich dar: „Lasst die Kinder zu mir kommen; hindert sie nicht daran, denn Menschen wie ihnen gehört das Reich Gottes“ (Mk 10,14). Die Reinheit des Herzens bezeichnet der Herr sogar als Voraussetzung für die Errettung: „Wenn ihr nicht umkehrt und wie die Kinder werdet, könnt ihr nicht in das Himmelreich kommen“ (Mt 18,3). Im unmittelbaren Zusammenhang warnt Jesus, die Kinder zu verderben: „Wer einen von diesen Kleinen, die an mich glauben, zum Bösen verführt, für den wäre es besser, wenn er mit einem Mühlstein um den Hals im tiefen Meer versenkt würde“ (Mt 18,6). Wenn es um die Sexualität geht, dann sagt Jesus: „Wer eine Frau auch nur lüstern ansieht, hat in seinem Herzen schon Ehebruch mit ihr begangen“ (Mt 5,28). Bereits im Dekalog wird neben dem Ehebruch auch das unreine Begehren genannt (2Mo 20,17).

Die Teilhabe am Erleben des Anderen kann sündhaft sein. Dabei geht es keineswegs nur um die Art der Aufnahme durch den Leser, es geht auch um die Weise der Darstellung an sich. Problematisch sind neben der Pornographie vor allem menschenverachtende Gewalt sowie die Blasphemie. Damit verbunden sind Sünden, die keine äußere Handlung brauchen, sondern rein geistig sein können, denn allein schon die evozierte Vorstellung ist schlecht.

Blasphemie ist Gotteslästerung und zielt darauf ab, Gott unmittelbar zu beleidigen. Lektüren, die Inhalte der Bibel sowie die Ausübung des Glaubens lächerlich machen, sollten in christlichen Schulen gemieden werden. Der Herr selbst gebietet: „Du sollst den Namen des Herrn, deines Gottes, nicht missbrauchen“ (2Mo 20,7). Bis 1969 verbot der § 166 des Strafgesetzbuches blasphemische Äußerungen; seit seiner Neuregelung hat die Menge blasphemischer Filme, Theaterstücke, Kunstwerke und Bücher beträchtlich zugenommen. Umso sensibler gilt es bei der Auswahl einer Schullektüre zu prüfen, ob der Glaube oder sogar Gott selbst verhöhnt werden. Wenn ich beim Lesen über Jesus lache, dann hat dies nicht nur damit zu tun, was sich zwischen zwei Buchdeckeln ereignet – vielmehr passiert etwas mit meiner Beziehung zu Gott. Die sekundäre Wirklichkeit der Erzählung hat eine unmittelbare Auswirkung auf die primäre Realität. Ähnliches ereignet sich, wenn ich mich an Gewalt und Macht berausche, wenn durch Grausamkeiten mein Mitgefühl leidet oder sogar das Feingefühl zerstört wird. Horror stumpft aber ab und steht einer guten Herzensbildung entgegen.

Während die Andeutung, dass irgendwo jemand im Roman etwas mit Zauberei zu tun hat, etwas Blasphemisches sagt, jemanden verletzt oder außerehelichen Verkehr hat, an sich kein Problem ist (weil damit lediglich die Realität der Sünde angezeigt ist), verliert ein Buch seine Qualität, sobald in diesen Bereichen eine detaillierte Darstellung erfolgt oder für die Sache geworben wird. In diesem Fall wird nicht nur einer Figur im Buch geschadet, sondern auch dem Leser. Die Behandlung entsprechender Lektüre darf im Rahmen eines verantwortungsvollen Unterrichts keinen Platz haben.

Im Folgenden sollen ausgewählte Werke der deutschen sowie der Weltliteratur[16] exemplarisch besprochen und analysiert werden. Diese Buchbesprechungen möchten nicht zur Diskussion über Verbotslisten (black list) oder verbindliche Lektürelisten (white list) beitragen. Vielmehr sollen die besprochenen Werke differenziert analysiert und bewertet werden. Nicht jedes Werk eignet sich in jedem Kontext, doch wir sind überzeugt, dass alle hier besprochenen Lektüren in der engeren Wahl für den christlichen Deutschlehrer sein können.

Dabei haben wir zum Zwecke der Binnendifferenzierung einerseits Werke einbezogen, die sich als Klassenlektüre eignen, andererseits aber auch solche, die für Buchvorstellungen, besondere Leistungsfeststellungen oder im Rahmen der Arbeit mit Lesetagebüchern verwendet werden können.

---

[16] Die Literaturgattung der Lyrik haben wir bewusst ausgeklammert, um sie gesondert in einem Folgeband besprechen zu können.

Klasse: 3 4 **5 6 7** 8 9 10 11 12 13
Schulart: GS HS **RS GYM**
Bearbeitung: mkh

Louisa May **Alcott** (1832-1888)

Betty und ihre Schwestern

(1868)
Roman

Ausgaben

- Arena, 224 Seiten
  (gebunden, mit Illustrationen und Nachwort zu Text und Autorin)

Inhalt

Während des amerikanischen Bürgerkrieges müssen die vier March-Mädchen und deren Mutter unter bescheidenen Verhältnissen ohne den Vater zurechtkommen. Das Familienleben ist durch Leid und finanzielle Nöte geprägt. Doch am Vorbild ihrer frommen und tüchtigen Mutter lernen Meg, Jo, Betty und Amy, dass wahres Glück nicht vom Reichtum abhängt. Alle müssen zwar hart arbeiten, um über die Runden zu kommen, doch es herrscht eine fröhliche Familienatmosphäre. Können sie sich anfangs ein Weihnachten ohne Geschenke gar nicht vorstellen, so merken sie bald, dass der Zusammenhalt und die gegenseitige Hilfsbereitschaft viel wichtiger sind. Schließlich machen sie sich sogar auf den Weg, um ihr gutes Weihnachtsfrühstück einer noch ärmeren Familie zu schenken.

Aber es herrscht auch viel Freude und Spaß. So gründen die Schwestern eine familieninterne „Theatergesellschaft“, es wird zusammen diskutiert, Pläne werden geschmiedet und mit der Bekanntschaft des aufgeweckten Nachbarjungen Laurrie kommt noch mehr Leben ins Haus. In ihrem berühmtesten Roman erzählt Louisa May Alcott humorvoll aus der Sicht der Zweitältesten, Jo, über das Alltagsleben einer Familie, die stark an ihre eigene erinnert. „Little Woman“ (Betty und ihre Schwestern) wurde durch „Good Wives“ (Jahre der Erfüllung), „Little Men: Life at Plumfield with Jo's Boys“ (Paradies Plumfield) sowie „Jo's Boys and How They Turned Out“ (Aus der Knabenwelt) fortgesetzt.

Biografische Skizze

Louisa May Alcott wird am 29. November 1832 in Germantown/Pennsylvania geboren. Ihr Vater ist mit Henry David Thoreau befreundet, dem geistigen Vater der libertären Bewegung, und ebenso wie dieser Transzendentalist. Alcott wird humanistisch erzogen, ihr Denken ist von zu Hause durch die englische Romantik und den deutschen Idealismus geprägt. Aufgrund der antimaterialistischen Einstellung der Eltern lebt die Familie in Armut und muss infolgedessen mehrmals umziehen. Unzufrieden mit dieser Lebensweise, entschließt sich Louisa früh, einmal reich zu werden und selbstständig Geld zu verdienen. Später wird sie zu einer Kämpferin für die Frauenrechte und engagiert sich gegen die Sklaverei. Mit Emanzipation und „Multikulti" haben ihre Bücher jedoch nichts zu tun. Neben der vierbändigen Familiengeschichte der Marchs veröffentlichte Alcott unter Pseudonym auch Gruselgeschichten.

Wertorientierte Beurteilung

Der Roman porträtiert eine Familie, die in schwierigen Zeiten zusammenhält, Verantwortung übernimmt, aber nicht nur den eigenen Mitgliedern ein trautes Heim bietet, sondern auch für andere da ist. Hilfsbereitschaft und Menschlichkeit zeichnen die Marchs vor allem deswegen aus, weil sie selbst finanziell zu kämpfen haben. An staatliche Unterstützung ist nicht zu denken – worin sich ihre Lage zur heutigen Situation unterscheidet, aber auch zur Reflexion darüber anregt, ob das gegenwärtig präferierte Modell der öffentlichen Betreuung von der Kita bis zum Seniorenwohnheim wirklich alternativlos ist.

„Betty und ihre Schwestern" ist ein Plädoyer für weniger Staat und mehr Familie. Der Roman zeigt, dass ein geordnetes Zuhause für ein erfülltes Leben wichtiger ist als Geld. Einen unmittelbar christlichen Bezug weist das Buch nur insofern auf, als dass der sich im Krieg befindliche Vater Pastor ist. Ansonsten ist der christliche Glaube wie bei den meisten amerikanischen Pionierfamilien latent vorhanden, wird aber nicht direkt thematisiert.

Tipps für den Unterricht

Während viele Kinderbuchklassiker der Weltliteratur mit ihrem abenteuerlichen Charakter eher Jungs ansprechen, wird „Betty und ihre Schwestern" vor allem gerne von Mädchen gelesen. Nicht die weite Welt, sondern das Zuhause ist Ort des Geschehens. Dabei sind die March-Schwestern keine Heimchen am Herd, sondern heranwachsende junge Damen, die mit beiden Füßen im Leben stehen. Die kriegsbedingte Abwesenheit des Vaters macht ihre Situation mit den Umständen vergleichbar, in der heute viele Kinder alleine mit ihrer Mutter aufwachsen müssen. Allerdings gibt es weder wechselnde Beziehungen noch wird der Nachwuchs an den Staat abgeschoben. Was Betty und ihren Schwestern Halt verleiht, ist das feste Gefüge der Familie.

Das vorliegende Buch bietet auf verschiedene Weise Anlass, kritisch über kontemporäre Lebensentwürfe zu diskutieren, angefangen bei sog. „Regenbogenfamilien" bis zu Gender Mainstreaming. Es gibt einen Eindruck von gelebter Familienkultur, ohne in nostalgische Euphemismen abzugleiten.

Unterrichtshilfen

- Verfilmung: Little Women (1994), Gillian Armstrong
- Broadway-Musical (2005), Allan Knee, Mindi Dickstein, Jason Howland

Bewertung

Bedeutung	★★★☆☆	amerikanischer Kinderbuchklassiker, mehrfach verfilmt
Attraktivität	★★★☆☆	Mädchen lieben dieses Buch
Wertigkeit	★★★☆☆	zeigt die Bedeutung von Familie, die auch in schwierigen Zeiten Halt gibt und Quell der Freude ist

Klasse: 3 4 5 6 7 8 9 **10 11 12 13**
Schulart: GS HS **RS GYM**
Bearbeitung: mkh

Asfa-Wossen **Asserate** (*1948)

Manieren

(2003)

Sittengemälde

Ausgaben

- dtv, 400 Seiten
- Eichborn, gebunden, 388 Seiten

Inhalt

Dass unsere Zeit mit ihren Eigentümlichkeiten keinesfalls das Maß aller Dinge ist, macht die Lektüre des vorliegenden Werks bereits nach wenigen Seiten einsichtig. Die Unverbindlichkeit des modernen Menschen, für den Geld mehr zählt als Ehre, der sich als Individuum inszeniert und Institutionen zurückweist, erscheint dem aus Äthiopien stammenden Autor suspekt. Er betrachtet das Gebaren der Deutschen von außen, liefert kein Handbuch des korrekten Verhaltens, sondern Quer- und Längsschnitte, vergleicht verschiedene Epochen und unterschiedliche Milieus, beschreibt, statt zu bewerten. Sprachlich elegant, voller Witz und Wissen, vermittelt jeder Absatz neue Einsichten in das allgemein Menschliche. Seite für Seite finden sich beneidenswert geschliffene Ausdrücke – eine Fundgrube für Ästheten. Übergangslos reiht sich Bonmot an Anekdote, Erlebtes an glaubhaft Berichtetes, Lebensweisheiten an Sinnsprüche, und ganz nebenbei lernt der Leser eine Menge zu Unrecht vergessener Schriftsteller und historischer Persönlichkeiten kennen, von denen man kaum behaupten kann, sie seien samt und sonders politisch korrekt.

Jedes Kapitel widmet Asserate einem anderen Thema: Damen und Herren, Körperhaltungen und Zeremonien, der Kleidung und der Sprache, Aufmerksamkeit und Diskretion, dem Groben und dem Vornehmen, Zeitgemäßem und Zeitlosem. Kritiker des Werkes halten den afrikanischen Autor für germanophil und werfen ihm eine mustergültige Integration vor. In der Tat hat er ein unverklemmtes Verhältnis zur deutschen Nation und seiner Kultur. Mit allem Freimut, den man nur einem Schwarzen als Unschuld durchgehen lässt, bekennt er stolz, in Cambrigde studiert zu haben und die Verbindungsfarben des *Corps Suevia* in Tübingen zu tragen. Asserate ist ein gebildeter Gentleman, ein Mann vom alten Schlag, aber keineswegs angestaubt, sondern erfrischend intelligent und verblüffend stilsicher. Man nimmt dem Sohn des Südens sogar ab, dass er ohne Besteck auf vornehmere Weise zu essen versteht als ein westlicher Emporkömmling, der sich den korrekten Umgang mit Messer und Gabel andressiert hat, um aus beruflichem Kalkül Eindruck zu schinden.

Biografische Skizze

Prinz Asfa-Wossen Asserate wird 1948 in Äthiopien als Großneffe des letzten afrikanischen Kaisers Haile Selassie geboren. Er studiert in Tübingen und Cambridge (wo er auch promoviert); er ist als Wirtschaftsberater tätig. Für das vorliegende Werk erhielt er den Adalbert-von-Chamisso-Preis, eine Auszeichung, die jährlich für das beste deutschsprachige Werk vergeben wird, dessen Autor fremdsprachiger Herkunft ist. Seither schrieb Asserate mehrere Bücher, die sich mit der äthiopischen bzw. der deutschen Kultur beschäftigen: Hier die bezaubernden Traditionen eines archaischen Volkes mit biblischer Referenz schildernd, dort Asserates neue Heimat liebevoll-ironisch in den Blick nehmend, die sich mehr und mehr von bewährten Formen des Zusammenlebens emanzipieren möchte. Zur ersten Kategorie zählen die Werke „Afrika“ (2010), „Ein Prinz aus dem Hause Davids“ (2007), „Der letzte Kaiser von Afrika“ (2013) – zur zweiten gehören neben dem hier besprochenen Werk: „Draußen nur Kännchen“ (2010), „Deutsche Tugenden“ (2012). Für Asserate ist der christliche Glaube in allen Büchern der selbstverständliche Referenzpunkt, von dem aus er seine Beobachtungen macht. Er tut dies mit weltmännischer Unaufdringlichkeit, aber mit der Gewissheit, dass 2000 Jahre Christentum in seinem Land weder durch die russische Invasion im Jahr 1974 noch durch den westlichen Liberalismus negiert werden können. Asserate ist äthiopisch-orthodox.

Wertorientierte Beurteilung

Wie sehr Asserate das Abendland bewundert, so sehr staunt er über manche Gepflogenheiten im Europa der Gegenwart. Das Jahr 1968 erlebte der im Exil lebende Äthiopier als Kulturschock. Trotz manch bissiger Bemerkung versteigt sich jedoch das Werk niemals in irgendwelche Polemik, sondern bleibt weltmännisch und distanziert. Der Autor legt keine konsistente Analyse vor, vielmehr entwirft es ein durch Assoziationen zusammengehaltenes Sittengemälde. Völlig unaufgeregt plädiert er für das Reinheitsgebot des Bieres, während er die „Reinheit des Blutes“ lapidar als Wahnwitz abtut. Bei diesen mitunter recht eigenwilligen Gedankensprüngen landet der Schriftsteller immer wieder beim christlichen Glauben, der für ihn der eigentliche Referenzpunkt seiner Betrachtungen darstellt. Mit seiner fremdartigen Perspektive lehrt er uns, das Eigene zu bewahren und das Bewährte neu zu lieben.

Tipps für den Unterricht

„Manieren“ ist kein Lehrbuch für gutes Benehmen, sondern eine Inspektion kontemporärer Gepflogenheiten, welche auch in Auszügen gelesen werden kann und zur Diskussion anregt. Die Lektüre ist zur Reflexion des eigenen Verhaltens ebenso geeignet wie zum Vergleich der Umgangsformen verschiedener Kulturen. Das Kapitel „Ehre“ war 2007 Gegenstand der Abitur-Prüfung in Baden-Württemberg. Neun der insgesamt 38 Kapitel liegen bei Eichborn als Hörbuchfassung vor.

Asserates Bücher sind Teile eines sich ergänzenden Gesamtwerks mit stark autobiografischem Charakter. Bei der Behandlung von „Manieren“ können andere Texte des Autors besondere Akzente setzen. Interessant sind aber auch Vergleiche mit entsprechenden Passagen aus dem Knigge oder Baltasar Garciáns „Kritikon“. Dies setzt natürlich voraus, dass der Lehrer sich eingehend mit den jeweiligen Lektüren auseinandergesetzt hat. Ebenso anspruchsvoll wie gewinnbringend ist schließlich eine Gegenüberstellung der „Manieren“ mit Bibelversen, die sich über Konkordanzen wie bibleserver.com leicht finden lassen – etwa zu den Themen „Loben“ (Spr 27,2), „Geschenke“ (Spr 21,14; 25,14; Psalm 26,10) etc.

Unterrichtshilfen

- Wagner, Nicole, Respekt, Respekt! – Höflichkeit und gutes Benehmen, Verlag an der Ruhr 2001, 84 Seiten
- Asserate, Asfa-Wossen, Manieren. 2 CDs (gelesen von Gunter Schoß), Eichborn 2004
- Garcián, Baltasar, Das Kritikon – ein Panoptikum barocker Lebenskunst, Fischer tb 2003, 1024 Seiten
- Knigge, Adolph Freiherr von, Über den Umgang mit Menschen, Nikol Verlag 2009, 367 Seiten

Bewertung

Bedeutung	★★★☆☆	moderner Klassiker über Umgangsformen, ihre Bedeutung und Geschichte; Adalbert-von-Chamisso-Preis
Attraktivität	★★★☆☆	anspruchsvolle Sprache; interessante Gedanken; kann in Auszügen gelesen und besprochen werden; amüsant
Wertigkeit	★★★★☆	ebenso liebenswürdige wie intelligente Entgegnung auf die antiautoritäre Erziehung der 68er; christliche Bezüge

Klasse: 3 4 5 6 7 8 9 **10 11 12 13**
Schulart: GS HS **RS GYM**
Bearbeitung: mkh

Jane **Austen** (1775-1817)

Stolz und Vorurteil

(1813)

Roman

Ausgaben

- dtv, gebunden, 456 Seiten
  (übersetzt von Helga Schulz)
- Insel Taschenbuch, 371 Seiten
  (übersetzt von Margarete Rauchenberger)

Inhalt

In Jane Austens berühmtestem Roman steht die schöne Elisabeth Bennet vor der Herausforderung, einen geeigneten Ehemann zu finden. Wie in fast allen ihren Romanen spielen auch hier die gesellschaftliche Stellung und das Geld eine große Rolle. Da die Familie Bennet nicht allzu wohlhabend ist und der gesamte Besitz einmal in die Hand des Vetters Collins vererbt werden soll, hat die Mutter es sich zum Ziel gesetzt, ihre fünf Töchter allesamt vorteilhaft zu verheiraten. Dies führt, zusammen mit dem auffälligen Benehmen der jüngsten Töchter, immer wieder zu sehr peinlichen Situationen für Elisabeth und ihre ältere Schwester Jane.

Als Elisabeth nun ihren ersten Antrag von Mr Collins, dem eingebildeten und lächerlichen Vetter, bekommt, lehnt sie diesen unverzüglich und erschrocken ab. Sie will von einer puren Vernunftsehe nichts wissen. Noch unerwarteter kommt jedoch der Antrag Mr Darcys, eines reichen Gutsbesitzers. Lange Zeit halten Stolz und Vorurteile die beiden Hauptpersonen des Romans davon ab, sich wirklich kennenzulernen ...

Wie bei der Autorin nicht anders zu erwarten, erzählt sie mehrere Liebesgeschichten parallel zueinander. Schon zu Anfang wird Jane von ihrer Familie für verlobt erklärt, worauf Mr Bingley plötzlich aus unersichtlichen Gründen abreist. Als die 15-jährige Lydia dann aber mit einem mittellosen Offizier durchbrennt, scheint der Ruf der Familie ruiniert.

Mr Darcy, der sich an alldem schuldig fühlt, überwindet seinen Stolz und hilft der Familie aus den verzwickten Situationen. Was ihn jedoch in erster Linie dazu drängt, ist seine nicht erloschene Liebe zu Elisabeth. Und so bekommt Mrs Bennet bis zum Ende des Buches drei Töchter unter die Haube.

Biografische Skizze

Jane Austen ist eine bekennende Christin aus gläubiger Familie. Sie wird als siebtes von acht Kindern des anglikanischen Pastors William George Austen und seiner Frau Cassandra geboren. Sämtliche Geschwister genießen eine überdurchschnittliche Bildung; zwei Brüder werden Admiral der königlichen Marine. Jane Austen hat früh freien Zugang zur Bibliothek des Vaters und schreibt mit 12 Jahren ihre ersten Geschichten. Mit 27 Jahren erhält sie von dem sechs Jahre jüngeren Harrison Bigg Wither einen Heiratsantrag, den sie ablehnt. Obwohl die Schriftstellerin in all ihren Werken die Liebe zwischen Mann und Frau thematisiert, heiratet sie zeitlebens nicht, sondern lebt ab 1809 bis zu ihrem Tod mit ihrem Bruder und einer Freundin zusammen.

Jane Austen gilt heute als wichtigste Schriftstellerin Englands. Erst ein Jahr vor ihrem frühen Tod erlangte ihr Werk eine öffentliche Anerkennung, nämlich durch einen mehrseitigen Essay von Sir Walter Scott. Zeitlebens publiziert sie anonym – alle bis zu ihrem Tod publizierten Bücher enthielten lediglich den Autorenvermerk „by a lady“.

Wertorientierte Beurteilung

„Stolz und Vorurteil“ halten die Briten nach Tolkiens „Der Herr der Ringe“ für den zweitwichtigsten Roman der Literaturgeschichte. Neuerdings setzen sich Kritiker mit dem christlichen Glauben in Jane Austens Werken auseinander, etwa Laura Dabundo, Joseph Pearce, Laura Mooneyham White, Steffany Woolseys, William Deresiewicz.

Tatsächlich sind für die Schriftstellerin biblische Werte wichtiger als gesellschaftliche Konventionen. „Stolz und Vorurteil“ erschweren im ausgehenden 18. Jahrhundert das gegenseitige Verständnis, Standesdünkel verhindern Begegnungen über die Grenzen der gesellschaftlichen Schichten hinweg. Jane Austen behandelt die Beziehungen von Mädchen der Mittelschicht zu jungen Herren der Oberschicht. Geistreich präsentiert die Autorin ein Ensemble markanter Persönlichkeiten, deren Charakter sie glaubhaft porträtiert und in ihren Eigentümlichkeiten bis in den unterschiedlichen Gebrauch der Sprache ausgestaltet. Vor allem die Tischgespräche sind ein Musterbild geistreicher Konversation. Austens Figuren sind typisch, aber keineswegs statisch, sondern müssen innerlich kämpfen, sehen ihre Fehler und zeigen Reue, wandeln sich. Höflichkeit, Selbstbeherrschung und Rücksicht auf andere erscheinen bei Austen als Ausdruck christlicher Nächstenliebe. Wer sich umgekehrt wie Wickham und Lydia, Mrs Bennet und Mr Collins von seinen Leidenschaften bestimmen lässt, statt gegen seine Schwächen anzukämpfen, landet im Ruin.

Die angezeigte Lektüre stellt das Ringen junger Mädchen dar, die sich in ihrer sympathischen Weiblichkeit strikt vom feministischen Frauenbild unserer Tage unterscheiden. Die häusliche Gemeinschaft von Schwestern ist ein Schutz gegen Widrigkeiten des Lebens. Selbstverständlich leben Mädchen bis zur Trauung bei den Eltern; sie werden nicht ihres Geldes wegen geheiratet, sondern aufgrund ihrer moralischen Integrität und Liebenswürdigkeit. Bei Jane Austen gilt die christliche Ehe als Vorausschattung der Gemeinschaft mit Gott, hier weist die irdische Liebe auf die himmlische.

Unterrichtshilfen

- Verfilmung: Pride and Prejudice (Stolz und Vorurteil) 2005, J. Wright
- BBC Verfilmung, 1996 (Regie: Simon Langton)
- http://www.bildungsserver.de/Jane-Austen-Stolz-und-Vorurteil-10605.html
- http://upload.wikimedia.org/wikipedia/commons/8/82/Pride_and_Prejudice_-_family_tree_EN_%28ill%29_by_shakko.jpg
- http://upload.wikimedia.org/wikipedia/commons/5/54/Pride_and_Prejudice_Character_Map.png

Bewertung

Bedeutung	★★★★☆	Weltliteratur; eines der bedeutendsten Werke der englischen Literatur
Attraktivität	★★★☆☆	Lieblingsbuch literarisch ansprechbarer Mädchen; kann auch von Jungs mit Gewinn gelesen werden
Wertigkeit	★★★★☆	kritisiert Stolz und Vorurteil; Wertschätzung von Tugenden, Manieren und insbesondere der Ehe

Klasse: 3 4 **5 6 7** 8 9 10 11 12 13
Schulart: GS **HS RS GYM**
Bearbeitung: mkh

Hans **Bauman** (1914-1988)

Ich zog mit Hannibal

(1960)

Historischer Jugendroman

Ausgaben

- dtv, 264 Seiten

Inhalt

Ein Sargunter, der sich nach der Zerstörung seiner Heimatstadt dem karthagischen Heer anschließt, erzählt retrospektiv, wie er Suru, einen von 39 Elefanten, über die Alpen nach Rom führte. „Ich zog mit Hannibal" schildert die Begeisterung für einen charismatischen Führer, die am Schluss in bittere Enttäuschung umschlägt. Hannibal ist seinen Soldaten Vorbild, Freund und Vater, ist warmherzig, wenn er Verbündete gewinnen kann – aber auch gnadenlos, sobald es um die Bestrafung von Verrätern geht. Weil der karthagische Kriegsfürst jedem seiner Männer Wertschätzung vermittelt, folgen sie ihm bedingungslos und nehmen ungeheuere Strapazen auf sich, um die Alpen im Südwesten zu überqueren. Topografische und klimatische Herausforderungen stellen seine Armee immer wieder auf die Probe; Hunger, die Suche nach Pässen, das Durchqueren von Geröllhalden und Schluchten, Unwetter und Kälte bringen vielen einen frühen Tod. Auseinandersetzungen mit Kelten, Scharmützel mit Bundesgenossen des Reichs und schließlich mit römischen Einheiten dezimieren Hannibals Streitmacht, noch ehe sie aus dem Gebirge kommt. Trotzdem hat der afrikanische Fürst Erfolge, schlägt Feinde nieder, motiviert seine Freunde, gewinnt Verbündete und bahnt sich mit übermenschlicher Energie den Weg zur Stadt auf den sieben Hügeln.

Schließlich werden in der Schlacht am Trasimer See sämtliche karthagischen Elefanten bis auf Suru getötet. Weil dieser in Raserei gerät, bereitet Hannibal dem übrig gebliebenen Tier selbst ein Ende. Außerdem will er flüchtige Römer bis auf den letzten Mann abmetzeln. Nun wird dem namenlosen Erzähler klar, wie grausam sein Heerführer ist. Enttäuscht wendet sich der letzte Treiber von seinem einstigen Idol ab, gerät in Gefangenschaft und wird dort zum Gegenstand des Gespötts. In einem fiktiven Zwiegespräch mit dem toten Elefanten reflektiert der Ich-Erzähler, wie er sich von seinem Führer verführen ließ.

Zurück in der Rahmengeschichte erklärt der gealterte Protagonist, dass Hannibal unter Sargunt keinen Schatz versteckte, aber man habe er einen Brunnen entdeckt, der sich hervorragend eigne, um darauf ein neues Haus zu errichten.

Biografische Skizze

„Ich zog mit Hannibal" wird von Hans Baumann als autobiografische Reflexion geschrieben. Gerade mal 19 Jahre jung, tritt er in die NSDAP ein und lässt sich von Hitlers Bewegung mitreißen: Fahrtenlieder, die Baumann kurz zuvor für den katholischen Jugendbund Neudeutschland geschrieben hatte, erfreuen sich bald größter Popularität, denn sie werden für Propagandazwecke der Nazis missbraucht. Die meisten (z. B. „Es geht eine helle Flöte") sind völlig unpolitisch, treffen aber in ihrer jugendbewegten Beschwingtheit den Nerv der Zeit. Der Dichter lässt sich als Referent im Kulturamt der Reichsjugendführung engagieren, schreibt Theaterstücke und stellt Liederbücher zusammen, unter anderem für die Wehrmacht. Bereits während des Krieges wendet sich Baumann (angeregt durch die Lektüre von Ernst Jüngers „Marmorklippen") von den Nazis ab und geht in die innere Immigration.

In der Bundesrepublik schreibt Baumann vor allem Jugendbücher, die sich mit historischen Themen und dem Machtmissbrauch auseinandersetzen. Nach anfänglichen Anfeindungen wird er durch zahlreiche internationale Preise rehabilitiert. Der Autor stirbt im Alter von 74 Jahren an Krebs.

Wertorientierte Beurteilung

Der namenlose Ich-Erzähler ist die Stimme Hans Baumanns, bietet aber in seiner Unbestimmheit für jeden eine Projektionsfläche, der sich für eine falsche Sache hat vereinnahmen lassen. In der Rahmengeschichte sitzt der Elefantentreiber auf den Trümmern seiner Heimatstadt, die Hannibal einst zerstörte. Obwohl ihm die Welt, die er liebte, genommen wurde, begibt sich der Protagonist in die Gefolgschaft des Feldherrn, der allein durch seinen Erfolg begeistert. Dass die Frage nach dem Sinn offen bleibt, merkt der Ich-Erzähler erst, als ihm mit der Tötung des Elefanten

Surus alles genommen wird und er hört, dass der karthagische Feldherr von seinem Unterführer Maharbal die Vernichtung der besiegten Römer fordert. Zur Durchsetzung seiner Ziele ist ihm jedes Mittel recht; die Frage nach dem moralischen Wert einer Handlung bleibt ungestellt.

Obwohl die Geschichte rückblickend erzählt wird, beschönigt der Protagonist nicht seine Faszination für Hannibal. Der Titel kennzeichnet das Buch als ehrlichen Bericht: „Ich zog mit Hannibal". Baumann ließ sich von Hitler mitziehen, als er ebenso wie der Elefantentreiber noch ein halbes Kind war. Die Nazis hatten seine alte Welt der kirchlichen Sozialisation zerstört – trotzdem unterstützte er eine Zeit lang den Kampf der neuen Bewegung, der ebenfalls wie im Buch gegen Rom gerichtet war. Wie im 20. Jahrhundert das südfranzösische Vichy-Regime mit dem Dritten Reich kollaborierte, so konnten die Karthager der Antike die Gaulois des nördlichen Mittelmeers für sich gewinnen. Baumann und sein Protagonist waren nicht die einzigen Verführten. Analog zum fiktiven Ich-Erzähler des Werkes kam sein faktischer Autor zum Umdenken, als das menschenverachtende Vorgehen des „Führers" offenbar wurde. Ohne die Themen seiner frühen Dichtung (Gehorsam, Pflichterfüllung, Kameradschaft) unter den Tisch fallen zu lassen, treten in seinen Jugendbüchern der Nachkriegszeit Versuchung, Manipulation und Zerstörung hinzu.

Tipps für den Unterricht

Wer rückblickend den Verlierern vorwirft, auf der falschen Seite gestanden zu haben, wird weder der Historie gerecht noch der Faszination, welche von politischen Bewegungen und ihre Köpfen ausgehen. Dass es eine Bannkraft der Macht gibt und eine Ästhetik des Bösen, macht das vorliegende Buch sehr deutlich. Dem Lehrer fällt in diesem Zusammenhang eine delikate Aufgabe zu: Mehr noch als die Fehler der Vergangenheit müssen uns die Fehler von heute interessieren, für welche die Masse ebenso blind ist wie zu allen Zeiten.

Unterrichtshilfen

- http://www.dtv.de/_pdf/lehrermodell/71190.pdf?download=true

Bewertung

Bedeutung	★★☆☆☆	Schriftsteller, der im Dritten Reich als Dichter Karriere machte und in der Bundesrepublik in Form von Jugendbüchern über diese Rolle nachdenkt
Attraktivität	★★★☆☆	mitreißende Geschichte eines jungen Menschen, der sich vom einem charismatischen Heerführer begeistern lässt und verführt wird
Wertigkeit	★★★☆☆	Faszination und Verführung: der historische Hintergrund des zweiten punischen Krieges ist die Folie, auf der Hans Baumann seine eigene Vergangenheit bewältigt

Klasse: 3 4 5 6 7 8 9 **10 11 12 13**
Schulart: GS HS **RS GYM**
Bearbeitung: se

Werner **Bergengruen** (1892-1964)

Der Großtyrann und das Gericht

(1935)
Roman

Ausgaben

- dtv, 336 Seiten

Inhalt

In der Stadt Cassano herrscht der Großtyrann. Einen Namen besitzt er nicht, wohl deshalb, weil sein Amt ihn definiert, nicht seine Herkunft. Die um Macht streitenden Adelsgeschlechter hat er unterworfen und muss dennoch immer um seine Stellung als Alleinherrscher fürchten, weshalb ihm ein geheimer Sicherheitsapparat zur Verfügung steht, dessen Haupt Messer Nespoli bildet.

Das Werk beginnt mit dem Mord an Fra Agostino, einem engen Vertrauten des Großtyrannen, der mit geheimen Dokumenten unterwegs zu Gesprächen im Ausland war. Diesen Angriff auf den engsten Machtzirkel soll Messer Nespoli aufdecken. Allein diesmal gelingt es nicht. Alle Fährten laufen kalt aus. Nespoli weiß, dass sein Leben damit verwirkt ist. Er bedient sich schlechten Gewissens einer List, indem er ein kürzlich verstorbenes Bauernmädchen als Täterin angibt. Doch der stets geduldigweise Großtyrann lässt sich nicht täuschen.

Nespolis Geliebte Vittoria verfolgt mit Sorge die Entwicklungen um den Mordfall und auch sie fällt in Versuchung: Ihr Mann Pandolfo stirbt. Sie lässt einen Bekenntnisbrief fälschen, in dem sich Pandolfo zum Mord bekennt, den Fall klärt und Nespoli vor dem Todesurteil rettet.

Allein auch diesmal wird der Plan vereitelt, muss mit neuer Tücke kompensiert werden und erzeugt gleich einer Hydra weitere Probleme weit über den Kreis der ursprünglich Beteiligten hinaus. Bald sieht sich die ganze Stadt als Teil der Jagd nach dem Mörder. Doch die Versuchung ist stets groß, das „gute Ziel“ auf unlauteren Wegen zu erreichen.

Als dieses Treiben bereits die ganze Stadt erfasst hat, bekennt ein Bürger, den Mord begangen zu haben: Sperone, der Färber – für die einen ein selbst ernannter Heiliger, für die anderen ein wahrer Nachfolger Christi. Allein sein Plan schlägt fehl, denn am hohen Gerichtstag des Großtyrannen wird offenbar, dass der Großtyrann selbst der Mörder war. Das Motiv: Die Prüfung seiner Untergebenen, die sie allesamt nicht bestanden haben.

Biografische Skizze

1892 geboren als Sohn eines Arztes in Riga, prägen sowohl die Umsiedlung nach Deutschland als auch sein Kampf im Ersten Weltkrieg das Leben und Werk Werner Bergengruens stark. Bergengruen gilt als Autor der „Inneren Emigration". Er distanziert sich im Dritten Reich trotz seiner konservativ-nationalen Haltung von den Nationalsozialisten, auch wegen seiner christlich-humanistischen Werte. Obwohl seine Frau „Dreivierteljüdin" ist, erhält er eine Publikationserlaubnis und gilt als einer der berühmtesten Autoren der 40er-Jahre. Sein bis heute bekannter Roman „Der Großtyrann und das Gericht" verkauft sich in dieser Zeit eine Million Mal und wird als „Führerroman" weithin (miss-)verstanden. Seine Werke behandeln die Fehlbarkeit des Menschen und der Gesellschaft sowie die Natur, in der Gottes Heil und Lebensdeutung zu finden ist.

Wertorientierte Beurteilung

„Es ist in diesem Buche zu berichten von den Versuchungen der Mächtigen und von der Leichtverführbarkeit der Unmächtigen und Bedrohten. Es ist zu berichten von unterschiedlichen Geschehnissen in der Stadt Cassano, nämlich von der Tötung eines und von der Schuld aller Menschen. Und es soll davon auf eine Weise berichtet werden, dass unser Glaube an die menschliche Vollkommenheit eine Einbuße erfahre. Vielleicht, dass an seine Stelle ein Glaube an des Menschen Unvollkommenheit tritt, denn in nichts anderem kann ja unsere Vollkommenheit bestehen als in eben diesem Glauben" (Präambel des Autors).

Das Zentrum des Romans bildet die Frage, wie sich Macht und Moral zueinander verhalten. Die Zuspitzung dieses Themas findet im Dialog des Großtyrannen mit Diomede, dem Sohn des Pandolfo Confini statt. „Sage mir, Diomede, bist du der Meinung, es sollen Urteile gefällt werden im Namen und nach dem Bilde einer irgendwo über den Wolken schwebenden Gerechtigkeit?" Der sich entspinnende Dialog zeigt deutlich: Diomede tritt für eine objektive, für alle Menschen gültige Moralvorstellung ein, an die sich jeder Mensch zu halten habe, auch der Großtyrann. Er merkt dabei aber sehr schnell, dass er selbst im Kampf um seines

Vaters Ehre seiner eigenen Überzeugung untreu wird, indem er das gute Ziel mit unlauteren Mitteln verfolgt. Diese zentrale Widersprüchlichkeit prägt bald die ganze Stadt, in der jeder zum Wohle der Allgemeinheit, der Moral, der Sittlichkeit oder des eigenen Namens jedwedes Mittel ergreift, das in Reichweite ist. Heiligt aber der Zweck die Mittel?

Tipps für den Unterricht

Das Werk liegt im Problemfeld von „Recht und Gerechtigkeit“ ebenso wie Werke Kleists, Kafkas, Schillers, Sophokles' … . Vergleiche bieten sich an, vor allem da Bergengruen eine ganz neue Perspektive einbringt: Alle Menschen sind versucht, ungerecht zu handeln, um das Gute zu vollbringen. Doch er zeigt auch eine (Er-)Lösung: den Opfertod Sperones, der die Stadt von der Versuchung befreien sollte.

Fächerübergreifende Bezüge bieten sich in jedem Fall an: Moral und Rechtsverständnis (Religion/Philosophie), politische Dilemmata wie im Fall Wolfgang Daschner (Gemeinschaftskunde) oder Zensur im Dritten Reich (Geschichte). Bergengruens Biografie steht in vielen Punkten stellvertretend für eine Generation deutscher Dichter, die sich nicht von der NS-Ideologie vereinnahmen lassen wollten („Innere Emigration“). Die Behandlung des Werks kann ein Ausgangspunkt sein für eine Analyse der Autoren dieser Epoche, ihrer Beweggründe und Repressionen.

Unterrichtshilfen

- Bänzinger, Hans, Werner Bergengruen. Weg und Werk. Francke Verlag Bern und München 1983.

Bewertung

Bedeutung	★★★☆☆	heute etwas in Vergessenheit geraten; christlicher Klassiker der Weltliteratur
Attraktivität	★★★☆☆	spannender Kriminalfall; teilweise etwas abstrakte Themen; überraschender Schluss; hohe sprachliche Kunstfertigkeit
Wertigkeit	★★★★☆	des Autors christliches Menschenbild spiegelt sich wider; der Opfertod Sperones ist ein klarer Bezug zu Jesu Sühneopfer; ein zentrales Motiv: Liebe und ihre Formen.

Klasse: 3 4 5 6 7 8 9 **10 11 12 13**
Schulart: GS HS **RS GYM**
Bearbeitung: se

Berthold **Brecht** (1898-1956)

Der gute Mensch von Sezuan

(1940)

Theaterstück („Parabelstück")

Ausgaben

- Suhrkamp, 160 Seiten

Inhalt

Drei Götter begeben sich in die chinesische Provinz, nach Sichuan (Sezuan), um (wenigstens) einen guten Menschen zu finden, der die andauernden Klagen widerlegen kann, dass Gutsein auf dieser Welt unmöglich sei – vor allem angesichts der Not der Menschen. Sie finden die Prostituierte Shen Te, welche einen Freier fahren lässt, um ihnen Obdach zu gewähren.

Ergriffen schenken die Götter ihr Geld, mit dem sie einen Tabakladen eröffnet. Sie hilft den Armen, die sich aber als Schmarotzer herausstellen. Selbst der Flieger Sun, der ihr einen Heiratsantrag macht, hat es nur auf ihr Geld abgesehen. Ihr einziger Ausweg ist die Maske: Sie verkleidet sich als ihr eigener Vetter Shui Ta, „ein Mann wie ein Messer". Während Shui Ta als erbarmungsloser, kalter, rationaler Kapitalist den Laden am Laufen hält, kann Shen Te in eigener Person Milde walten lassen. Ihre Doppelrolle ist der Preis dafür. Enttäuscht von Suns Rücksichtslosigkeit und in Erwartung eines Kindes von ihm, gründet Shen Te ohne Skrupel eine Tabakfabrik, die auf der Ausbeutung ihrer Arbeiter beruht. Diese soll den Lebensunterhalt ihrer Familie sichern. Aus dem solidarischen „Engel der Vorstädte" ist ein egoistischer Tabakkönig geworden: Shui Ta ersetzt mehr und mehr Shen Te.

Da Shen Te nicht mehr auftaucht, fällt Shui Ta in den Verdacht, sie ermordet zu haben. Er/Sie wird verhaftet. Im Prozess gegen Shui Ta, den die Götter leiten, finden sie ihren guten Menschen wieder. Die Skrupellosigkeit, das Leid und Shen Tes widersprüchliche Existenz werden von ihnen als Missverständnis interpretiert. Ihr Fazit: „Soll die Welt geändert werden? Wie? Von wem? Nein, es ist alles in Ordnung."

Biografische Skizze

Das Leben und Werk Brechts sind so eng miteinander verbunden wie bei kaum einem anderen Autor der Moderne. Seine Kindheit beginnt im restriktiven wilhelminischen Kaiserreich, als Sanitätssoldat erlebt er die Schrecken des Krieges, interessiert sich in der Weimarer Republik für den Kommunismus und wird später sein großer Verfechter, er flieht ins Exil vor den Nazis und wird in der DDR, wo er 1956 stirbt, als Volksautor gefeiert.

Die Genese seines Werkes beginnt mit dem trotzigen Protest gegen die bürgerliche Lebenswelt (Baal) und gegen den Krieg (Trommeln in der Nacht). Seine Bürger- und Zeitkritik mündet im Friedensversprechen des Kommunismus, den er nicht nur befürwortet, sondern auch durch seine Theaterstücke (die er zunehmend als Lehrstücke versteht, episches Theater) zunehmend dem einfachen Volk kommunizieren will (z. B. „Die Heilige Johanna der Schlachthöfe“, „Der gute Mensch von Sezuan“).

Ist Brechts Biografie ein Spiegel seiner Zeit, so doch auch der Widersprüche. Vor allem seine Einstellung dem DDR-Regime gegenüber bleibt offen. Einerseits profitierte er bereitwillig vom Entgegenkommen der DDR (z.B. ein eigenes Theater), andererseits war die DDR nach seinem Exil weder seine Wahlheimat noch sein politisches Utopia (vgl. sein Gedicht zum Arbeiteraufstand am 17. Juni, „Die Lösung“).

Wertorientierte Beurteilung

Versteht man dieses Stück als ein religionskritisches Werk, muss es doch aus christlicher Perspektive ein naiver Versuch genannt werden. Wenn sich Literatur durch „Welthaltigkeit“ auszeichnet, so trifft das in diesem Stück auf den geistlichen Teil des Kosmos nicht zu. Die dargestellten Götter sind derart unfähig, unwissend, unmoralisch und scheinheilig, dass ein angemessener Vergleich mit dem Gott der Bibel nicht zustande kommen kann. Bereits eine oberflächliche Analyse der Kritik des Textes wird schnell offenlegen, dass das Scheitern der Götter auf der Suche nach einem guten Menschen aus ihrem begrenzten Wesen (physisch, psychisch, moralisch) resultiert. Unter diesem Gesichtspunkt stellt sich der Text als leicht zu entlarvendes Strohmannargument gegen den christlichen Gott dar.

Weitaus fruchtbarer ist die Untersuchung einer zentralen Prämisse der Handlung, die Shen Te am Anfang zusammenfasst: „Wie soll ich gut sein, wo alles so teuer ist?“ In Brechts Weltbild bilden die ökonomischen Zwänge den Rahmen für das moralische Verhalten der Menschen – und ihre Grenze („Erst kommt das Fressen, dann kommt die Moral." Dreigroschenoper). Der Wasserverkäufer Wang muss sich eines Bechers mit doppeltem Boden bedienen, um überleben zu können. Shen Te sieht sich gezwungen, den Vetter Shui Ta zu erfinden, um nicht pleite zu gehen. Überall ist „doppelter Boden", auch in der Liebe des Fliegers Sun, der Shui Tas Geld benötigt, um seinen Karrieretraum zu erfüllen. Die Konsequenz aus der grausamen Welt ist, dass Liebe Unglück und Milde Schwäche ist. Diese Aporie formuliert der Text an mehreren Stellen sehr deutlich.

Dennoch fühlt das Herz des Menschen anders und der Opfertod Jesu Christi gibt diesem einen Ausdruck: Selbst wenn Tugend zu Leid führt und Leid zu Tod: Sterben ist Gewinn (Phil 1,21). Die Bibel lehrt, dass Tugend Segen hervorbringt (Spr 10,9). Gleichzeitig warnt sie davor, einen Kausalzusammenhang von rechtem Leben und Erfolg in der Welt zu konstruieren. Denn die Schätze unseres Verdienstes sind himmlischer Art (Mt 6,20) und wir selbst nicht von dieser Welt (Joh 17,9). Es gibt viele christliche Antworten auf die Frage, wie man gut sein kann, angesichts der Knappheit der endlichen Welt und der eigenen physischen Bedürfnisse und Begierden, die moralischem Verhalten im Wege stehen. Eine kann diese sein: „Wer mir nachfolgen will, der verleugne sich selbst" (Mk 8,34). Brechts Text stellt eine gute Anregung dar, über diese Fragen gemeinsam nachzudenken und sich in Apologetik zu üben.

Tipps für den Unterricht

Brechts Episches Theater lässt sich sehr gut anhand des Guten Menschen von Sezuan veranschaulichen. Besonders interessant ist dabei, die marxististische Orientierung des Stückes zu analysieren und ggf. zu kritisieren.

Dem Pessimismus des Stücks, niemand könne moralisch handeln in Zeiten der Not, können Biografien von Christen gegenübergestellt werden, die dies dennoch getan haben: von Jan Hus über Georg Müller bis zu Dietrich Bonhoeffer.

Unterrichtshilfen

- Schläbnitz, Norbert: EinFach Deutsch – Unterrichtsmodelle: Bertold Brecht: Der gute Mensch von Sezuan: Gymnasiale Oberstufe, Schöningh 2010

- Hofmann, Fritz: LiteraMedia: Der gute Mensch von Sezuan: Handreichungen für den Unterricht. Unterrichtsvorschläge und Kopiervorlagen, Cornelsen 2005
- Große, Wilhelm: Blickpunkt – Text im Unterricht: Der gute Mensch von Sezuan. J. Beyer Verlag 2001

Bewertung

Bedeutung	★★★☆☆	Musterbeispiel des epischen Theaters
Attraktivität	★★★☆☆	die komplexe Handlung wirkt konstruiert, ist aber gut nachvollziehbar; sprachlich kaum herausfordernd; thematisch für höhere Klassen interessant
Wertigkeit	★★☆☆☆	die Religionskritik ist leicht zu entkräften; der Text wirft wichtige Frage auf, ob Moral trotz Not und Leid möglich ist

Klasse: **3 4 5 6 7 8 9 10** 11 12 13
Schulart: **GS HS RS GYM**
Bearbeitung: se

John **Bunyan** (1628-1688)

Die Pilgerreise zur ewigen Seligkeit

(1678/84)
Allegorische Erzählung

Ausgaben

- SCM, 286 Seiten
- CSV Samenkorn, 392 Seiten (kindgerechte Sprache, Erläuterungen, Fragen zum Text)

Inhalt

Christ ist der allegorische Protagonist, über dessen Weg von der „Stadt der Zerstörung" (irdische Welt) in die „himmlische Stadt" (Himmelreich) berichtet wird. Eines Morgens stellt er fest, dass eine schwere Bürde auf seinem Rücken lastet. Er liest in einem Buch, das ihn diese Last nach seinem Tode noch tiefer als das Erdengrab sinken lassen wird. Seine Frau und Kinder verlachen seine „Grillen" und halten ihn für verrückt. In Sorge rafft er sich von ihnen auf und macht sich auf den Weg, eine Erlösung für seine Last zu suchen. Auf seinem Weg begegnen ihm zahlreiche allegorische Figuren, die ihn ver- oder weiterführen wollen und mit denen er teilweise lange Gespräche führt. So trifft er bald „Evangelist", der ihm den Weg zur kleinen Pforte weist und eine Pergamentrolle gibt mit den Worten: „Fliehet vor dem kommenden Zorn!" Christ macht sich auf, geht im Sumpf der Verzagtheit fast unter, kommt am Berg Sinai auf manchen Abweg, findet aber auch Hilfe, zum Beispiel im Ausleger, der ihm in sieben Räumen sieben Gleichnisse darlegt, die ihm Weisheit verleihen für den weiteren Weg. Christ erlebt auch viele Abenteuer auf dem Weg, zum Beispiel den Kampf mit Apollyon oder den Aufruhr auf dem Markt der Eitelkeiten, wo er und sein Freund „Getreu" aufgrund ihrer Pilgerkleidung von Neid, Aberglaube und Schmeichler verklagt werden. Getreu findet dort sogar sein Martyrium. Christian kann sich retten und kommt letztendlich ins „Land der Vermählung" und zum „Fluss ohne Brücke", die letzte Station, hinter der er von strahlenden Männern in weiße Gewänder gekleidet und zur himmlischen Stadt emporgehoben wird.

Biografische Skizze

John Bunyan wird 1628 in die arme Kesselflicker-Familie von Thomas und Margaret Bunyan geboren. Ein Schulbesuch ist nicht nachweisbar, doch Bunyans hervorragende sprachliche Kenntnisse legen eine schulische Bildung (evtl. zu Hause) nahe. Er erwirbt den Beruf des Vaters, der ihm und seiner späteren Familie ein kärgliches Einkommen sichert. Mit 16 Jahren sterben ihm Mutter und Schwester, er zieht daraufhin 1644 in den englischen Bürgerkrieg. In seiner Autobiografie beschreibt er die Soldatenjahre später als moralisch dunkelste Zeit seines Lebens. Mehr und mehr fühlt er sein erwachendes Gewissen und zu manchen Zeiten sogar eine hörbare Stimme, die zu ihm von Tod, Leben und seinen Sünden spricht. 1650 heiratet John eine junge Frau, deren Namen wir nicht kennen, die als Waise nur zwei Bücher mit in die Ehe brachte. Diese beiden religiösen Bücher beeinflussen John sehr auf seiner Reise zu Gott. Er beginnt die (von der anglikanischen Staatskirche) unabhängige puritanische St.-John's-Gemeinde zu besuchen, wo er später auch ein Predigtamt übernimmt. Ab 1656 erscheinen erste Schriften („Some Gospel Truths"). Mit der Restauration der Monarchie durch Charles II. und der Rückkehr zum Anglikanismus beginnt eine Zeit der Verfolung und Verhaftung für Bunyan und andere unabhängige Prediger, da jede religiöse Lehre außerhalb der Staatskirche verboten ist. Mehrmals wird Bunyan eingekerkert und kehrt wieder zur Predigt zurück, die er als geistlichen Auftrag versteht. Während seiner Gefangenschaft predigt er im Gefängnis und beginnt mit Aufzeichnungen zu seinem berühmtesten Werk, „Die Pilgerreise". 1672 kommt Bunyan im Zuge der „Deklaration der religiösen Nachsicht" frei, die nun auch den unabhängigen Gemeinden Rechte zugesteht. Sein Ruf eilt ihm voraus, seine Gemeinde wächst, „Bischof Bunyan" wird weithin bekannter Prediger und führt diesen Dienst bis zu seinem Tod aus. 1688 eilt er auf dem Pferd nach London, um einen häuslichen Streit zu schlichten. Dabei zieht er sich einen Infekt zu und stirbt am 31. August in London.

Wertorientierte Beurteilung

Christ ist, ähnlich wie Hofmannsthals „Jedermann", ein Typus des Menschen; sein Weg ist ein Typus des Wegs zum Heil. Ebenso sind die Charaktere, Orte und Begebenheiten universell, wobei die Deutung anhand der Namen (Stolz, Hoffnungsvoll, Berg Gewinn, Ebene Muße) zunächst leichtfällt. Dennoch bleiben die Zusammenhänge komplex. So verführt Herr Weltklug aus der Stadt Menschenweisheit Christ dazu, vom Weg abzugehen und sich im Dorf Moral an Herrn Gesetzlich und seinen Sohn Höflich zu wenden, die ihm helfen werden, seine Bürde loszuwerden.

Christs Weg ist ein Weg des Scheiterns und Fallens, doch auch der Gnade und Erneuerung. So tief er oft sinkt und so weit seine Abwege sind, er bleibt doch auf dem Weg und geht ihn mit Gottes Hilfe. Die Fülle an Allegorien und Metaphern, aber auch die Weisheit und Erkenntnis in den Weg des Christen haben diesen Text zu einem Klassiker der christlichen Weltliteratur gemacht, der an jeder Station von Christs Weg zur (Selbst-)Reflexion anregt.

Tipps für den Unterricht

Für jüngere Grundschulklassen kann neben der Lektüre einzelner Episoden auch das Hörspiel sowie der Lehrer- oder Schülervortrag eingesetzt werden. Der Bibelkurs zum Hörspiel/Buch eignet sich auch (aber nicht nur) im fächerverbindenden Arbeiten mit dem Religionsunterricht.

Unterrichtshilfen

- Christians Pilgerreise, Bibelkurs (Schnellhefter, 30 S.) und Audio-Hörspiel. CMV Verlag 2004.
- Spurgeon, Charles H., Bilder aus der Pilgerreise. Ein Kommentar zu verschiedenen Stellen, http://www.licht-und-recht.de/sonstige/Spurgeon_Bilder_aus_der_Pilgerreise.pdf

Bewertung

Bedeutung	★★★★☆	das christliche Erbauungsbuch der Weltliteratur schlechthin; seit 1678 bis heute durchgehend aufgelegt; eines der bedeutendsten Werke englischer Sprache
Attraktivität	★★★☆☆	je nach Alter und Ausgabe sind Sprache und Handlungsverlauf unterschiedlich spannend und leicht nachvollziehbar; die Originalfassung enthält sehr lange Dialoge
Wertigkeit	★★★★★	allegorische Reise des Christen zur Seligkeit mit vielen zeitlosen Weisheiten und Einsichten

Klasse: 3 4 5 **6 7** 8 9 10 11 12 13
Schulart: GS **HS RS GYM**
Bearbeitung: mkh

Frances H. **Burnett** (1849-1924)

Der geheime Garten

(1911)

Jugendroman

Ausgaben

- Arena, gebunden, 224 Seiten
- dtv, 240 Seiten

Inhalt

Das Buch erzählt von zwei verwöhnten Einzelkindern, die im geheimen Garten von Gut Misselthwait zur Besinnung kommen.

Mary ist die Cousine von Colin, dem Sohn von Mister Craven, ihr Onkel und Vormund. Nach dem Tod ihrer beiden Eltern, mit denen sie in Indien lebte, zieht sie zu ihm nach England. Aus Langeweile spielt Mary im Garten von Gut Misselthwait. Niemand durfte nach dem Tod von Miss Craven den Park betreten, weswegen die Anlage mit den Jahren herunterkam. Der Garten spiegelt das Seelenleben des Gutsbesitzers und der beiden ihm anvertrauten Kinder wieder.

Im Laufe der Geschichte erfahren alle drei eine Wandlung und die verwilderte Anlage erblüht wieder. So lernt die trotzige Mary den Jungen Ben kennen, durch dessen Einfluss sie sich zu einem liebenswürdigen Kind entwickelt. Colin selbst ist bettlägrig und mimt den Sterbenden – doch auch der eingebildete Kranke erfährt im Garten Genesung. Am Schluss spielen alle drei Kinder gemeinsam an ihrem geheimen Ort. Als sie dort von Mr. Craven entdeckt werden, fällt auch von diesem die Schwermut ab.

Biografische Skizze

Frances Hodgson Burnett wandert nach dem Tod ihres Vaters mit ihrer Familie von England in die USA aus. Als Vollwaise hält sie sich und ihre zwei Geschwister mit dem Schreiben von Zeitungsartikeln über Wasser. Schicksalsschläge und finanziell schwierige Verhältnisse spielen in ihren

Werken immer wieder eine Rolle. Frances Hodgson Burnett heiratet zweimal – ihre erste Ehe wurde nach 25 Jahren geschieden. „Der geheime Garten" entstammt der Spätphase ihres Schaffens, während der sie sich mit der Bibel beschäftigte, aber auch theosophische Gedanken aufgriff.

Wertorientierte Beurteilung

Göre trifft auf Hypochonder. Zwei Kinder sind unerträglich, weil sie in ihrem Egoismus lediglich um sich kreisen. Beide leiden an sich selbst. Der Tod von geliebten Menschen, zu wenig Liebe und zu viel Reichtum haben sie der normalen Welt entfremdet. Arbeit, Sport und Spiel in der Natur führen sowohl Mary wie auch ihren Cousin zurück zu einem gesunden Leben. Der Ort der Genesung spiegelt das Innenleben der Hauptfiguren: Indem sie Liebe schenken, wird aus einem verwilderten Gestrüpp eine gepflegte Anlage.

Kritisch muss gefragt werden, wie in dem vorliegenden Buch Heilung geschieht. Sie ereignet sich im Garten und es wird sogar explizit von einer Magie der Natur gesprochen. Dies ist höchstproblematisch, denn es scheint, als wäre von okkulten Kräften die Rede oder von der rousseauschen Vorstellung einer unverdorbenen Natur, durch welche der Mensch geläutert wird. Dahinter stecken die Gedankenwelt der Esoterik bzw. der Auflärung. Vermutlich mag dies sogar der Leitgedanke Burnetts gewesen sein. Vom Text her ist allerdings auch die oben angebotene Interpretation möglich: Durch Leid haben sich zwei Kinder vom Leben abgekapselt, verschließen sich anderen, ziehen sich in entlegene Kammern eines Gutshauses zurück. Sie stehen für den vereinsamten Menschen der Moderne, der sich in seiner eigenen kleinen Welt eingerichtet hat, ein Fantasiekonstrukt, welches mit der Wirklichkeit nicht mehr viel zu tun hat. Der selbstbezogene Collins kreist nur um sich und seine eingebildete Krankheit. Selbstverständlich ermöglicht die Begegnung mit der Realität, der Welt draußen, der Schöpfung, für jeden Menschen ein Aufatmen – auch dann, wenn er nicht an den Schöpfer denkt. Im Übrigen ist der Garten keineswegs das Paradies und der Weg dorthin keine Selbsterlösung. Der Garten ist verwildert wie die Seele der Kinder: Sie erfahren physische und psychische Heilung – aber keine Bekehrung. Um eine Gottesbegegnung geht es auch gar nicht. Schließlich kann die erwähnte Magie metaphorisch verstanden werden, worauf aber kritisch hingewiesen werden muss.

Tipps für den Unterricht

Das Gartenmotiv findet sich auch bei Patricia St. Johns „Der verschlossene Garten" oder Oscar Wildes „Der selbstsüchtige Riese". Mit beiden Werken empfiehlt sich der Vergleich. Während diese explizit christlich sind, kann man dies von Burnetts Buch nicht behaupten.

Fächerübergreifend kann der Stoff in Religion, Kunst und Biologie behandelt werden. Die Frage nach Krankheit und Leid sind zentrale Themen, ebenso das Bestaunen der Schöpfung (vgl. Röm 1,20). In Biologie kann man parallel die Natur beobachten (insbesondere Vögel, Blumen, Bäume) und diese in Kunst bildnerisch darstellen.

Unterrichtshilfen

- Holland, Agnieska (Regie), Der geheime Garten, Spielfilm 1993
- Frisch, Götz (Regie), Der geheime Garten, Hörspiel (Der Audio Verlag), 1999
- Burnett, F. H., The Secret Garden (Originialtext), http://www.gutenberg.org/etext/113

Bewertung

Bedeutung	★★★☆☆	mehrfach verfilmter Kinderbuchklassiker
Attraktivität	★★★★☆	Mädchenbuch mit romantischen Elementen
Wertigkeit	★★★☆☆	Überwindung von Selbstbezogenheit und eingebildeter Krankheit

die Werke von Charles Dickens; ein Vergleich mit ihnen bietet sich jedoch an.

Unterrichtshilfen

- Wiseman, Carol (Regie): Sara, die kleine Prinzessin, Spielfilm 1986
- Cuaron, Alfonso (Regie), Little Princess, Spielfilm 1995
- Burnett, F. H., Little Princess (Originialtext), http://www.gutenberg.org/etext/146

Bewertung

Bedeutung	★★★☆☆	englischsprachiger Kinderbuchklassiker
Attraktivität	★★★☆☆	begeistert insbesondere Mädchen; altersangemessene Sprache
Wertigkeit	★★★☆☆	mit Nächstenliebe, Fantasie und einem unbeirrbaren Lebenswillen kommt ein Waisenkind durch schwierige Zeiten und hilft anderen

Klasse: 3 **4 5** 6 7 8 9 10 11 12 13
Schulart: **GS HS RS GYM**
Bearbeitung: mkh

Carlo Collodi (1826-1890)

Pinocchios Abenteuer

(1881)

Schelmen-Roman

Ausgaben

- Arena, geb., 218 Seiten
- dtv, TB, 202 Seiten

Inhalt

Pinocchio ist eine zum Leben erwachte Holzpuppe, ein Geschöpf, welches seinem Schöpfer wegrennt und erst nach langen Irrwegen wieder zu seinem „Vater" im Bauch eines Wales zurückfindet.

Zu Beginn seines Abstiegs wird Pinocchio mehrfach von einer Grille, der Stimme seines Gewissens, gewarnt – doch der Knabe schlägt sie einfach tot. Statt auf sie hört er auf schlechte Freunde, die ihn ins Verderben führen. Kater und Fuchs bringen ihn um sein Geld. Kerzendocht verführt Pinocchio, mit ins Spielzeugland zu kommen, wo beide zu Eseln werden. Zuvor will ein Theaterdirektor aus ihm Feuerholz machen; einmal muss die Holzpuppe den Wachhund spielen. Wann immer sie lügt, wächst ihr eine lange Nase.

Pinocchio gerät mehr und mehr in Schwierigkeiten. Öfters hätte er die Möglichkeit zur Umkehr, aber statt das Gute wählt er bis kurz vor Schluss stets das Schlechte. Erst nachdem er zu seinem Vater zurückgekehrt ist, schafft es Pinocchio, ein ehrliches und anständiges Leben zu führen. So wird aus dem Hampelmann ein richtiger Junge.

Biografische Skizze

Carlo Lorenzini arbeitet nach seinem Studium der Philosophie und Rhetorik als Bibliothekar. Später engagiert er sich als politischer Journalist, wobei er sich das Pseudonym „Collodi" zulegt. Er nimmt an den Befreiungskriegen teil, in denen es um die nationale Einheit Italiens nach dem Wiener Kongress geht. Seit 1868 ist der Schriftsteller Redaktionsmitglied eines Wörterbuchs. Mit „Pinocchio“ trägt Collodi wesentlich zur Durchsetzung der neuen italienischen Hochsprache bei.

Collodi ist kein Christ. „Pinocchio“ fertigt er als Auftragsarbeit für eine Zeitung an. Der Erfolg überrascht nicht nur die Öffentlichkeit, sondern auch den Schriftsteller selbst: Er hat etwas geschaffen, was über seinen Horizont hinausgeht. Der eigentliche Erfolg des Buches stellt sich erst nach dem Tod des Autors ein.

Wertorientierte Beurteilung

Pinocchio ist ein Schelmen-Roman mit märchenhaften Versatzstücken. Die Hauptfigur entwickelt sich von einem hölzernen Bengel zu einem richtigen Jungen, der arbeitsam und zuvorkommend ist. Kinder lernen, dass Lügen nichts bringen, dass Trägheit und Ungehorsam Folgen haben. Die Irrwege Pinocchios erscheinen in keiner Weise als Vorbild, vielmehr ärgert sich der Leser über die falsch gewählten Wege und lernt aus den Fehlern des Hampelmanns.

Das angezeigte Buch ist nicht nur von hohem moralischem Wert, es legt auch eine biblische Deutung nahe. Diese ist zwar vom Autor nicht intendiert, wurde aber z. B. von Giacomo Biffi („Pinocchio oder die Frage nach Gott“, Augsburg 2000) schlüssig aufgezeigt. Erzählt wird die Geschichte vom gefallenen Geschöpf, welches der Vater heimholen möchte. Nachdem sich der verlorene Sohn die Füße verbrennt, macht sein Schöpfer ihm wieder neue – doch der hölzerne Bengel missbraucht sie zur Flucht. In der Fremde findet er kein Glück. Dort geht es ihm erst recht übel. Mehrfach erleidet Pinocchio den Tod, aber wieder und wieder bekommt er das Leben geschenkt. Zweimal wird der Junge zum Tier: Erst muss Pinocchio ein Wachhund sein, dann macht er sich selbst zum Esel. Das Buch handelt vom gefallenen Menschen, seinem verdorbenen Willen, vom Bösen. Aber es thematisiert auch die Sehnsucht danach, das zu werden, wozu wir bestimmt sind: ein Kind des Vaters. In bildlicher Sprache erzählt das Werk von der Güte Gottes, der seinen Geschöpfen hinterhergeht, ihnen immer wieder vergibt und sie voller Barmherzigkeit auf den richtigen Weg zu bringen versucht.

Tipps für den Unterricht

Giacomo Biffis „Pinocchio oder die Frage nach Gott“ deutet Kapitel für Kapitel das Kinderbuch im biblischen Kontext. Auf diese Weise ist der Lehrer umfassend vorbereitet, um seinen Schülern den geistlichen Gehalt des Buches nahezubringen. Schöpfung und Sündenfall, das Böse und die Versuchung, Umkehr und Buße, Gnade und Erlösung sind weitere Themen, die sich im Rahmen der biblischen Integration aufgreifen lassen. Parallel zur Lektüre können die Gleichnisse vom verlorenen Schaf sowie vom verlorenen Sohn (Lk 15) gelesen werden.

Obwohl eine christliche Deutung naheliegt ist, war sie vom Autor nicht intendiert. Collodi war nicht gläubig. Deswegen ist eine biblische Interpretation nicht durchgängig möglich. Besonders die grotesken Situationen am Anfang (als Pinocchios Vater um seine Perücke kämpfen muss) sowie die Begegnung mit der Schlange passen nicht zu einer christlichen Lesart. Diese Passagen sollten besprochen (oder besser: übersprungen) werden.

Unterrichtshilfen

- Biffi, Giacomo, Pinocchio oder die Frage nach Gott, Augsburg 2000
- www.komische-oper-berlin.de/downloads/lehrermaterial_pinocchio.pdf
- www.theater-pforzheim.de/fileadmin/user_upload/theater/junge_buehne/Pino_pdf.pdf
- Schulz, Gudrun, Geschichten lesen, erzählen, schreiben, gestalten, Cornelsen 2000
- Benigni, Roberto (Regie), Pinocchio, Spielfim 2002
- Barron, Steve (Regie), Die Legende von Pinocchio, Spielfilm 1998
- Comencini, Luigi, Pinocchio, Fernsehfilm, 1972

Bewertung

Bedeutung	★★★★★	weltweit eines der wichtigsten Kinderbücher
Attraktivität	★★★★☆	episodenhafte Geschichte mit immer neuen Wendungen; zeitlose Bildsprache; kindgerecht
Wertigkeit	★★★☆☆	moralisch wertvoll; mit biblischen Bezügen

Klasse: 3 **4 5 6** 7 8 9 10 11 12 13
Schulart: **GS HS RS GYM**
Bearbeitung: mkh

Roald **Dahl** (1916-1990)

Charlie und die Schokoladenfabrik

(1964)
Kinderbuch

Ausgaben

- rororo, Taschenbuch,160 Seiten (mit Illustrationen)

Inhalt

Charlie Bucket lebt zusammen mit seinen Eltern und den vier Großeltern in ärmlichen Verhältnissen. Ganz in der Nähe steht Willy Wonkas Schokoladenfabrik, die größte und berühmteste der Welt. Viele wunderbare Geschichten werden über diese erzählt; von Arbeitern, die keine Menschen sind, von geheimnisvollen Maschinen und davon, wie Willy Wonka die tollsten Ideen in Süßigkeiten verwandelt.

Als die Zeitung eines Tages verkündet, dass Willy Wonka in fünf Tafeln Schokolade je ein goldenes Ticket versteckt habe, will Charlie natürlich auch eines finden. Es handelt sich hierbei um fünf Einladungen zu einer Fabrikbesichtigung samt lebenslänglicher Süßigkeitenversorgung. Da Charlie aber nur einmal im Jahr, zu seinem Geburtstag, eine Tafel Schokolade bekommt, sind seine Gewinnchancen sehr gering. Nacheinander finden vier „Gören", wie die Großmutter die verzogenen Kinder nennt, diese Gutscheine. In dem harten Winter – Charlie steht kurz vor dem Verhungern – findet er durch einen glücklichen Zufall das fünfte goldene Ticket.

Der Grund für die sonderbare Besichtigung ist, dass Willy Wonka von den fünf Kindern das sympathischste zu seinem Nachfolger machen will. Dies wissen die Kinder natürlich nicht, und so verschwindet eins auf das andere durch Unfälle, die durch schlechtes Benehmen herbeigeführt wurden. Nur Charlie schafft es, das komplette Schokoladenparadies zu besichtigen, und wird von Herrn Wonka feierlich zu seinem Nachfolger eingesetzt.

Biografische Skizze
Roald Dahl wird als Sohn norwegischer Eltern in Wales geboren. Von Hause aus lutherisch geprägt, genießt Dahl auf Internaten eine anglikanische Erziehung. Als Schüler der Repton School in Derbyshire bekommt er zu Testzwecken regelmäßig Schokolade der Firma Cadbury. Dahl gewinnt zahlreiche Fotowettbewerbe, und weil er die Welt sehen will, zieht er eine kaufmännische Arbeit bei Shell Oil einer universitären Laufbahn vor. Während des Zweiten Weltkriegs ist er Pilot eines Jagdbombers und arbeitet für den britischen Geheimdienst. Seit 1943 schreibt er Kinderbücher, später auch makabre Geschichten für Erwachsene, die teilweise in schlüpfrigen Männerzeitschriften erscheinen und weder gewaltfrei noch politisch korrekt sind. Dahl verfasst zahlreiche Drehbücher, darunter auch für einen James-Bond-Film. Krankheiten und Schicksalsschläge erschweren sein Familienleben. Nach dem Tod seiner Tochter Olivia im Jahr 1962 stellt Dahl die Existenz Gottes infrage. Zerstreuung sucht er im Züchten von Orchideen, dem Sammeln von Weinen und beim Golfspielen; zeitlebens fördert er karitative Werke zum Wohl von Kindern. Obwohl der Schriftsteller seine Werke bei Juden verlegt und viele Juden zu Freunden hat, provoziert er 1982 während des Libanon-Krieges mit einer antisemitischen Äußerung. 1983 lässt sich Roald Dahl nach 20 Jahren Ehe von seiner Frau scheiden, mit der er fünf Kinder hat, und nimmt sich noch im selben Jahr eine neue Partnerin, mit der er bis zu seinem Tod zusammenbleibt. Für „Sophiechen und der Riese“ erhielt Dahl den deutschen Jugendbuchpreis.

Wertorientierte Beurteilung
Bei der flüchtigen Lektüre mag „Charlie und die Schokoladenfabrik“ grotesk und belanglos erscheinen. Doch so absurd die vier ersten Preisträger porträtiert werden, so bissig ist die Kritik an den Typen von Kindern, für die sie stehen. Der gefräßige Augustus Glupsch ist mit seinem ungezügelten Appetit ebenso abstoßend wie die verwöhnte und eingebildete Veruschka Salz in ihrem Hochmut. Beide definieren ihren Selbstwert aus dem Besitz, wobei der Junge aus der Unterschicht auf seine Weise gleichermaßen gierig ist wie das Mädchen aus dem Finanzadel. Nicht minder abschreckend wirkt das zweite Paar, das sich durch die Ignoranz jedweder Manieren auszeichnet und dem jedes Zartgefühl abgeht. Die permanent Kaugummi kauende Violetta Beauregarde will voller Ehrgeizig lauter sinnlose Preise gewinnen. Sie ist ebenso dickköpfig und oberflächlich wie der fernsehsüchtige Max Schießer, der von Gewalt fasziniert ist

und mit Plastikwaffen in der Hand den ganzen Tag Action-Filme anschaut. Die Dummheit sämtlicher vier Kinder wird nicht mit dem moralischen Zeigefinger kritisiert, sondern auf ironische Weise ins Lächerliche gezogen.

Roald Dahl will mit dem vorliegenden Werk keineswegs die Freude an Süßigkeiten verderben, vielmehr steigerte er die Faszination über eine Schokoladenfabrik so sehr ins Surreale, dass eine humorvolle Geschichte rauskam, die uns durchaus etwas über das normale Leben zu sagen hat. Obwohl Charlie in ärmlichen Verhältnissen lebt, ist er als Einziger von allen Kindern glücklich. Das Maßhalten befähigt ihn erst, die Schokolade tatsächlich zu genießen.

Tipps für den Unterricht

„Charlie und die Schokoladenfabrik" gibt ein exzellentes Beispiel, wie der Höhepunkt einer Erzählung gestaltet werden kann. Von Anfang an ist klar, dass der junge Bucket wider alle Wahrscheinlichkeit ein goldenes Ticket bekommen wird. Die Beschreibung der Erwartungen und Enttäuschungen, der Widrigkeiten und Wendungen geben ein Muster für einen gelungenen Spannungsbogen. Anhand der Lektüre lernen Schüler, was eine mitreißende Erzählung ausmacht.

Außerdem wirft die Lektüre eine teleologische Fragestellung auf: Warum ein Ziel verfolgen, wenn es sinnlos ist? Die vier Antagonisten scheitern, weil sie triebbestimmt sind. Vom Überfluss angeödet, suchen sie nach neuer Stimulans. Die einzelne Schokoladentafel besitzt für sie keinerlei Wert, und als die Jagd nach den goldenen Karten eröffnet ist, werden die Packungen lediglich der Tickets wegen aufgerissen. Im Gegensatz dazu bekommt Charlie nur einmal im Jahr eine Tafel Schokolade. Für ihn sind Süßigkeiten nicht alles und der Umgang damit ist Indiz seiner Selbstbeherrschung. Zugleich evoziert Wonkas Produktionsanlage bei Charlie Sehnsucht und Staunen. Sie ist eine Allegorie für Glück, welches (ebenso wie die Gnade) nicht Produkt des eigenen Tuns ist, sondern geschenkt werden muss.

Unterrichtshilfen

- http://www.4teachers.de/?action=material&id=42418
- http://unterricht.educa.ch/de/charlie-schokoladenfabrik
- http://arbeitsblaetter.schularena.com (Zugang nur für Lehrkräfte mit Abonnement)

- Verfilmung: Charlie und die Schokoladenfabrik, 2005 (Regie: Tim Burton)
- Hörbuch, Ulrich Noethen, der Hörverlag 2009

Bewertung

Bedeutung	★★★☆☆	mehrfach verfilmtes Kinderbuch; vielfach ausgezeichneter Autor
Attraktivität	★★★★☆	eine äußerst spannende Geschichte, der man die Lust am Erzählen anmerkt
Wertigkeit	★★★☆☆	verzogene Kinder werden als grotesk vorgestellt; die glückliche Wende ist ein unverhofftes Geschenk

Klasse: 3 4 5 **6 7 8 9** 10 11 12 13
Schulart: GS HS **RS GYM**
Bearbeitung: mkh

Daniel **Defoe** (1860-1731)

Robinson Crusoe

(1719)

Roman

Ausgaben

- Arena (Bibliothek der Abenteuer), 312 Seiten
- Dressler, gebunden, 269 Seiten

Inhalt

Robinson Crusoe weist das Erbe seines Vaters und ein geordnetes Leben zurück, um zur See zu fahren. Dreimal erleidet er Schiffbruch und entrinnt nur knapp dem Tod. Zuletzt verschlägt es ihn auf eine einsame Insel, wo er schließlich zum Glauben findet.

Dass er als Einziger das Unglück überlebt, versteht Robinson als Eingreifen Gottes. Aus dem sinkenden Wrack rettet er neben vielen praktischen Dingen eine Bibel. Jeden Morgen liest der Gestrandete in der Heiligen Schrift. Je mehr er sein früheres Leben bereut, desto freundlicher gestaltet sich schließlich das Inseldasein. In der Schöpfung entdeckt er deren Schöpfer und dessen Ordnung. Planvoll gestaltet er die Natur, hegt Nutzpflanzen und domestiziert Tiere.

Als der Gestrandete auf einen anderen Menschen stößt, nimmt der Roman eine Wendung. Der Schiffbrüchige gibt seinen Glauben weiter und trägt so zur Bekehrung eines Wilden bei. Insgesamt wird Robinson drei Mitbürger in seinem kleinen Reich haben: einen protestantischen Freund, einen heidnischen Kannibalen und einen spanischen „Papisten". Robinson meistert sein irdisches Leben, weil er die Bibel zur Richtschnur seines Denkens gemacht hat. Nach 28 Jahren kehrt der verlorene Sohn geläutert nach England zurück.

Biografische Skizze

Daniel Defoe soll eigentlich presbyterianischer Geistlicher werden, wählt dann allerdings den Kaufmannsstand, bekommt wegen kritischer Essays wirtschaftliche Probleme und schreibt schließlich Romane. In einer Fortsetzung von „Robinson Crusoe" vermerkt er, dass das Leben des Gestrandeten gleichnishaft für sein eigenes stehe.

In Opposition zur englischen Staatskirche wendet er sich gegen deren Struktur und Intoleranz. Während seines ganzes Lebens kämpft Defoe für politische und religiöse Freiheit in seiner englischen Heimat.

Wertorientierte Beurteilung

Robinson Crusoe gilt als einer der ersten englischen Romane. Er wurde aus der Perspektive des Protagonisten geschrieben, einerseits um die Geschichte authentisch erscheinen zu lassen (Defoe war als Verfasser ursprünglich nicht genannt), andererseits um das Innenleben des Gestrandeten darzustellen. Der Auseinandersetzung mit dem eigenen Seelenleben begegnen wir wenige Jahre später in pietistischen Tagebüchern.

So spannend der Überlebenskampf Robinsons beschrieben wird, so wenig halten manche Passagen der kritischen Prüfung stand. Dem Autor ging es keineswegs um naturalistische Details, er lieferte mit seinem Roman keinen Survival-Kurs in Erzählform – vielmehr interessierte ihn die Bekehrungsgeschichte eines verlorenen Sohnes. Zahlreiche zu seiner Zeit veröffentlichte Reiseberichte lieferten ihm Stoff für die äußere Handlung, doch der Kern des Romans besteht in religiösen Reflexionen, welche die Vorsehung Gottes und sein wunderbares Eingreifen thematisieren.

Prädestinationsglaube und weltlicher Erfolg als sichtbares Zeichen der Erwählung spielen bei der Robinsonade eine Rolle. Sie ist jedoch kein theologisches Lehrbuch, sondern schöne Literatur, die auf unterschiedliche Weise verstanden werden kann. Beispielsweise hielt der agnostische Philosoph Jean-Jacques Rousseau den „Robinson Crusoe" aufgrund seiner Naturnähe für die einzige passende Lektüre für seinen Émile.

Tipps für den Unterricht

Robinson Crusoe gehört zu jenen Klassikern, die als Kinderbuch meist in einer stark geglätteten Fassung ediert werden. Beim angezeigten Werk fallen oft die christlichen Bezüge weg, so dass das Buch seines Kerns beraubt wird. Ein kritischer Vergleich mit anderen Fassungen zeigt den Schülern, was aus Sicht des Verlags nicht lesenswert erscheint.

Die Lektüre kann anregen, selbst Tagebuch zu führen und sich mit seinem geistlichen Leben auseinanderzusetzen. Die Geschichte vom verlorenen Sohn (Lk 15) bietet eine von vielen Möglichkeiten, den Stoff biblisch zu integrieren. Interessant ist auch eine Gegenüberstellung mit der lehrhaften Adaption „Die Schweizer Familie Robinson" von Johann David Wyss.

Fächerübergreifend hat die Situation der Insel für den Geschichtsunterricht eine besondere Bedeutung: Wer auf sich allein gestellt ist, muss erst einmal mit „primitiven" Mitteln ums Überleben kämpfen. „Steinzeit"-Kulturen brauchen also nicht notwendigerweise als Vorstufe zu einer höheren Entwicklungsstufe verstanden zu werden, sondern sind auch als degenerierte Parallelkulturen interpretierbar.

Unterrichtshilfen

- VEBS, Unterrichtshilfe zu Robinson Crusoe (in Vorbereitung)
- Junker/Hartmann, Bibel – Schöpfung – Evolution, Christliche Verlagsgesellschaft 2009
- Somnitz/Hecht, Kopiervorlagen zu Robinson Crusoe, Hase und Igel 2006
- Heitmann, Friedhelm, Textverständnis und kreatives Schreiben mit Abenteuergeschichten, Kohl Verlag 2006
- Defoe, Daniel, Robinson Crusoe (Originaltext) www.gutenberg.org/etext/521

Bewertung

Bedeutung	★★★★★	christlicher Klassiker der Weltliteratur
Attraktivität	★★★☆☆	für ein Abenteuerbuch etwas langatmig
Wertigkeit	★★★★☆	kann persönliche Beziehung zu Jesus Christus fördern

Klasse: 3 4 5 6 7 8 **9 10 11** 12 13
Schulart: GS HS **RS GYM**
Bearbeitung: mkh

Fjodor **Dostojewski** (1821-1881)

Der Spieler

(1866)
Roman

Ausgaben

- Reclam Taschenbuch, 190 Seiten
- dtv, 176 Seiten

Inhalt

Der Roman thematisiert zwei Formen der Abhängigkeit, welche verschiedene Personen in den Ruin führen: das Spiel und die Liebe. Ort der Handlung ist das fiktive Roulettenburg, wo Alexej als Hauslehrer zum Gefolge eines russischen Generals gehört. Dieser möchte gerne die zwielichtige Comtesse Blanche heiraten, was jedoch nicht gelingt, da sie einzig auf sein Geld aus ist, welches er aber im Spiel verloren hat. Während der General auf den Tod einer Tante wartet, die er zu beerben hofft, taucht diese plötzlich auf und lässt große Teile ihres Vermögens beim Roulette liegen.

Alexej ist in Polina, die Stieftochter des Generals, verliebt. Wie sich später herausstellt, ist diese beim Comte Grieux, dem Vetter der Comtesse Blanche, so hoch verschuldet, dass sie sich zuletzt an ihn verkauft. Ohne diese Verstrickungen seiner Angebeteten zu erahnen, bietet Alexej ihr Geld an, welches er zuvor im Roulette gewonnen hat. Doch zu spät: Polina hat sich bereits an Grieux hingegeben und will von dem ehrlichen Alexej nichts wissen. Nach seinem vergeblichen Werben zieht Alexej mit Blanche nach Paris, wo diese sein am Spieltisch erworbenes Vermögen binnen zwei Monaten ausgibt. Der Roman endet ohne jede Hoffnung, deutet aber an, dass sich Polina und Alexej noch finden. „Der Spieler" ist ein polyphoner Roman, kreist also um mehrere Personen, deren Psyche sehr anschaulich beschrieben wird.

Biografische Skizze

Fjodor Dostojewski absolviert beim Militär ein Studium als Bauingenieur, betätigt sich schriftstellerisch und tritt 1847 einer revolutionären Gruppe bei. 1867 heiratet Dostojewski nach dem Tod seiner ersten Frau ein zweites Mal. Ab diesem Jahr wendet er sich der orthodoxen Kirche zu und schreibt fortan christliche Romane: „Schuld und Sühne", „Der Idiot", „Die Brüder Karamasow", „Die Dämonen".

Das Werk enthält starke autobiografische Züge, beinhaltet es doch die Auseinandersetzung des Autoren mit dem Glücksspiel, welchem er selbst eine Zeit lang verfallen war. Dostojewski verfasste das Buch, um eine Spielschuld zu begleichen.

Wertorientierte Beurteilung

Die handlungstragenden Charaktere verfallen dem Spiel, ruinieren sich völlig und scheitern. Verführung und Laster werden behandelt, ohne dass das Buch obszön wird. Ein Transfer auf Lebensbereiche der Schüler (PC-Spiele, Chatten, Alkohol etc.) bietet sich an. Explizit werden keine Inhalte der Bibel erwähnt; implizit wird aber das biblische Menschenbild deutlich: „Jeder, der die Sünde tut, ist der Sünde Knecht" (Joh 8,34); „Der Mensch ist böse seit Jugend an" (1Mo 8,21).

Tipps für den Unterricht

Es muss den Schülern vor dem Lesen der Lektüre erklärt werden, dass ein Roman mehr ist als sein Plot. Weder passiert viel, noch ist das Buch spannend. Es ist einzig interessant wegen der glaubhaften Schilderung verschiedener Persönlichkeiten und ihrer Verstrickung in Abhängigkeiten.

Der Schlüssel zum Verständnis des Werkes findet sich im 15. Kapitel, wo angedeutet wird, dass sich Polina an ihren Gläubiger verkauft. Ohne Hilfe werden die Schüler diese Stelle kaum richtig deuten: Polinas verstörte Reaktion und die daraus folgende Tragik wird nur plausibel, wenn klar ist, dass sie sich prostituiert hat.

Fachübergreifend ist das Buch für Geschichte und Gemeinschaftskunde interessant. Geschildert wird die Gesellschaft des 19. Jahrhunderts, welche durch das nationalstaatliche Denken geprägt ist. Die Charakterisierung von Russen, Engländern, Franzosen und Deutschen ist für die damalige Zeit typisch.

Außerdem kann das Thema „Sucht" begleitend im Religions- oder Biologieunterricht behandelt werden.

Unterrichtshilfen

- Westphal, Gert (Regie), Der Spieler, Hörspiel (Der Hörverlag), 2011
- Andres, Beate (Regie), Der Spieler, Hörspiel (Der Audio Verlag), 2005
- Prokofiew, Sergej (Regie), Der Spieler, Spielfim 1966

Bewertung

Bedeutung	★★★☆☆	Dostojewski muss man kennen – aber nicht diesen Roman (allerdings ist es sein kürzester und deswegen in der Schule lesbar).
Attraktivität	★★☆☆☆	Es geht um das Innenleben von Personen, nicht um Spannung. Deswegen ist die Lektüre recht anspruchsvoll. Der Lehrer muss immer wieder erklären und begeistern.
Wertigkeit	★★★☆☆	Anlass zur geistlichen Auseinandersetzung mit Versuchung und Sucht, insbesondere mit Spiel und Liebe

Klasse: 3 4 5 6 7 8 9 **10 11 12 13**
Schulart: GS HS **RS GYM**
Bearbeitung: mkh

Fjodor **Dostojewski** (1821-1881)

Schuld und Sühne

(1866)

Kriminalroman

Ausgaben

- Piper, Taschenbuch, 776 Seiten (beste Übersetzung)
- Patmos, gebunden, 728 Seiten (günstige Ausgabe)

Inhalt

Mit „Schuld und Sühne" entführt uns Dostojewski in das St. Petersburg seiner Tage, lässt auf bedrückende Weise am Elend von Menschen teilhaben, denen es am Nötigsten mangelt, weswegen sie sich zu außerordentlichen Maßnahmen gezwungen fühlen: Weil Sonjas Vater seinen Lohn versäuft, verdingt das Mädchen sich für ihre hungernden Halbgeschwister im Bett wohlhabender Männer. Dunja, die Schwester Raskolnikows, plant über eine Heirat an Vermögen zu kommen, um ihrem Bruder das Studium zu finanzieren. Raskolnikow selbst lebt am äußersten Rand der Gesellschaft, in einem sargähnlichen Zimmer; nach und nach versetzt er seinen ganzen Besitz bei einer Pfandleiherin, zuletzt auch Erinnerungsgegenstände – und als er gar nichts mehr hat, sieht er sich genötigt, sie zu erschlagen. Ob Huren oder Raubmörder, die Charaktere zeichnen sich durch ein mitleidendes Herz aus, so groß, dass ihre Sünden fast klein erscheinen. Heiligt der Zweck die Mittel? Raskolnikow will der Revolution durch seine Aufsätze eine wissenschaftliche Rechtfertigung geben. Doch der Mörder zerbricht an der Last seiner persönlichen Schuld und erkennt, dass Gott allein Antwort auf das Leid sein kann.

Biografische Skizze

Fjodor Michailowitsch Dostojewski entstammt dem verarmten russischen Adel. Obwohl sein Vater durch leibeigene Bauern ermordet wird, schließt sich der junge Schriftsteller einem Kreis von Sozialisten an, wird wegen revolutionärer Agitation zum Tode verurteilt, dann aber auf dem Richtplatz begnadigt, worauf er vier Jahre Zwangsarbeit in Sibirien samt anschließendem Militärdienst ableisten muss. Die Lektüre des Neuen Testaments ändert Dostojewskis Leben grundlegend und er wendet sich der russischen Orthodoxie zu. Zentrales Thema seiner Werke ist die Psychologie des sündigen Menschen und seine Umkehr. Als der Schriftsteller nach einem entbehrungsreichen Leben stirbt, nehmen rund 60 000 Menschen an seiner Beerdigung teil.

Wertorientierte Beurteilung

Fjodor Dostojewski und Karl Marx waren Zeitgenossen, doch während der Letztgenannte den Klassenkampf als Bedingung für den Fortschritt der Gesellschaft sah, wusste der russische Romancier, dass die Menschheit sich nicht bessern lässt – und durch politische Morde schon gar nicht. Aber genau dies postuliert der Antiheld im vorliegenden Roman. Obwohl Raskolnikow lange vor dem Mord in einer wissenschaftlichen Abhandlung den Beweis erbracht zu haben glaubt, dass „niedriges" Leben vernichtet werden dürfe, wenn es einer höheren Idee im Wege steht, klagt ihn sein Gewissen unaufhörlich an, treibt den Täter in ein tagelanges Delirium und macht ihm den Alltag zum Albtraum. Die Introspektive eines Mörders entlarvt die Dämonie der Moderne als einen Irrgarten falscher Prämissen.

Die soziale Frage wurde im Laufe der Industriellen Revolution virulent. Nirgendwo ging unser Herr Jesus so handgreiflich zur Sache wie bei den Geschäftemachern im Tempel; selten fand er so harte Worte wie gegenüber dem reichen Jüngling: „Es ist leichter, dass ein Kamel durch ein Nadelöhr gehe, als dass ein Reicher ins Reich Gottes komme" (Mk 10,25). Trotzdem war Jesus kein Vorläufer der kommunistischen Bewegung, nie forderte er den Verzicht auf äußeren Besitz, sondern lediglich die Freiheit der Seele von Leidenschaften und den rechten Gebrauch des Vermögens.

Tipps für den Unterricht

Begleitend zur Lektüre bietet sich an, in Religion oder einem gesellschaftswissenschaftlichen Fach darüber zu sprechen, welche Menschenopfer moderne Ideologien forder(te)n: der nationale bzw. internationale Sozialismus, aber auch der Liberalismus humanistischen Zuschnitts. Während man vor zwei Generationen noch von „lebensunwertem

Leben" sprach, hat die heutige Euthanasie-Bewegung das Vokabular ausgetauscht und redet von „würdigem Sterben" und dem Selbstbestimmungsrecht der Frauen über ihren „Bauch".

Parallel zum Fach Geschichte vermag „Schuld und Sühne" das soziale Elend in der Industriellen Revolution zu veranschaulichen und gibt Einblicke in die russische Historie. Zentrales Thema ist die Sünde, der Umgang mit ihr und welchen Schaden die Psyche durch sie nehmen kann. Vergebung und Versöhnung liefern in ihrer exemplarischen Darstellung reichlich Stoff für Unterrichtsgespräche. Wichtig ist, dass der Lehrer die Schüler nicht mit dem Buch allein lässt, sondern gerade die beklemmend düsteren Passagen kommentierend begleitet.

Unterrichtshilfen

- Harreß, Birgit, Interpretationen – Dostojewskijs Romane, Reclam 2005
- Schnell, Wolfgang, Raskolnikow, Hörspiel (Der Audio Verlag), 1960/2005
- Sargent, Joseph (Regie), Schuld und Sühne, Spielfilm 1998
- Kinski, Klaus (Sprecher), Klaus Kinski spricht Dostojewski, Lesung (Deutsche Grammophon) 2003

Bewertung

Bedeutung	★★★★★	christliche Weltliteratur
Attraktivität	★★★☆☆	für den Unterricht zu umfangreich; psychologisch geniale Darstellung der Charaktere; Krimi, bei dem der Mörder von Anfang an bekannt ist und es darum geht, ob er die Tat bereut
Wertigkeit	★★★★☆	der Zweck heiligt nie die Mittel – auch nicht bei politischem Handeln; Bekehrung

Klasse: 3 4 5 6 7 **8 9 10** 11 12 13
Schulart: GS HS **RS GYM**
Bearbeitung: ske

Annette von **Droste-Hülshoff** (1797-1848)

Die Judenbuche

(1842)

Novelle

Ausgaben

- Reclam, 69 Seiten
- Hamburger Leseheft, 39 Seiten

Inhalt

Friedrich Mergel wird 1738 in einem entlegenen westfälischen „Dorf B." geboren. Seine Mutter Margret hatte spät geheiratet, wohl aus eitlem Stolz; sein Vater stirbt als „ordentlicher Säufer" betrunken im Wald. Friedrich wird Kuhhirte und besetzt damit die unterste Stufe der gesellschaftlichen Pyramide. Wenig später wird er von seinem Onkel Simon adoptiert, der ihm mit halb legalen Geschäften zu etwas Geld und Ansehen verhilft. In dieser Zeit trifft Friedrich Simons unehelichen Sohn Johannes Niemand, der ihm äußerlich frappierend ähnlich ist, aber dessen verängstigter Charakter mit Friedrichs neugewonnenem Stolz nicht mitzuhalten vermag.

In jener Zeit schlägt eine Gruppe von Holzdieben in den fürstlichen Wäldern immer wieder unertappt zu. Als der Oberförster Brandis die Bande schnappen will, wird er ermordert. Auch Friedrich ist mitschuldig, weil er die Bande gewarnt hatte. Vor Gericht lässt sich ihm nichts nachweisen. Das ist nicht der letzte Mord auf Friedrichs Gewissen. Bei einer Hochzeitsfeier rügt der Jude Aaron ihn öffentlich wegen nicht bezahlter Schulden. Des Juden Leiche wird später im Brederwald an einer Buche gefunden. Friedrich soll ergriffen werden. Doch er flieht rechtzeitig mit Johannes Niemand und bleibt verschwunden. Die Juden der Umgegend verfluchen den Mörder und ritzen in jene Buche die hebräischen Worte: „Wenn du dich diesem Orte nahest, so wird es dir ergehen, wie du mir getan hast."

Fast drei Jahrzehnte nach dem Mord am Juden Aaron kehrt ein Mann zurück, der sich als Johannes Niemand ausgibt. Niemand kennt ihn mehr und er verbringt seine Tage mit niederer Arbeit. Doch so plötzlich, wie er erschienen ist, verschwindet er wieder. Des Oberförsters Sohn findet wenig später den Vermissten an der „Judenbuche“ hängen, jenem seit Jahren verfluchten Ort. Bei der Untersuchung der Leiche findet sich am Hals eine markante Narbe wieder, die nur zu Friedrich Mergel passen konnte.

Biografische Skizze

Am 10. Januar 1797 wird Annette auf der Burg Hülshoff in eine Familie alten katholischen Adels geboren. Kindheit und Jugend verbringt sie zurückgezogen, auch wegen ihrer schlechten gesundheitlichen Verfassung. Der Unterricht ihres Privatlehrers erschließt ihr die Welt der Bildung. Schon früh begeistert sie sich für Kunst, vor allem für Musik und Literatur. Trotz ihrer schriftstellerischen Begabung steht ein eigenständiger Lebensunterhalt nie zur Debatte, stets ist sie integraler Bestandteil ihrer Familie. Ihr tiefer Glauben spielt in den meisten ihrer Werke eine zentrale Rolle, vor allem im Gedichtzyklus „Das geistliche Jahr“, aber auch in der Novelle „Die Judenbuche“. Ab 1841 siedelt sie an den Bodensee zu ihrem Schwager auf das Schloss Meersburg um, wo sie sieben Jahre später stirbt.

Wertorientierte Beurteilung

Interpretationen, welche die Judenbuche als reine Milieustudie verstehen, greifen zu kurz. Natürlich erhält der Leser viele Einblicke in eine Zeit des ökonomischen und gesellschaftlichen Umbruchs, der sich in den Konflikten um die Rechte zum Holzabbau zeigt. Doch gerade bei einer Autorin wie Annette von Droste-Hülshoff ist eine vorrangig geistliche Dimension der Deutung unabdingbar. Dazu geben die vielfältigen Hinweise im Text Anlass genug: Friedrichs Narbe trägt er wie das Kainszeichen, der Ohm Simon (Judas‘ Vater!) wird deutlich als teuflischer Verführer kenntlich gemacht, der Fluch der Juden erfüllt sich in seiner ganzen alttestamentarischen Fülle.

Der Ursprung allen Übels ist dabei Friedrichs Hochmut, den er schon von seiner Mutter geerbt hat. Damit wird er der Sünde Luzifers und des Garten Edens teilhaftig: der Superbia, des Stolzes, der Selbsterhöhung. Seine Versuche, zurück in den Kreis der Christen zu kommen, scheitern. Simon redet ihm die Beichte aus, das Gebet flieht ihn, sein Leichnam wird schließlich auf dem Schindanger verscharrt. Friedrich stellt sich außerhalb der Gnade Gottes, außerhalb des Evangeliums des Neuen Bundes. Daher trifft ihn die gerechte Strafe des alttestamentarischen Fluchs der Judenbuche. Gleich dem Verräter Judas (Simons Sohn!) erhängt er sich am Holz.

Gerade die Lektüre im Licht einer christlichen Interpretation bedarf bei diesem Werk einer genauen Vorbereitung durch den Lehrer. Vor allem die Doppelgängerthematik um Johannes und Friedrich, Motivanalysen (z. B. gläserne Augen) oder intertextuelle Bezüge (Odysseus, Judas, AT) bergen einen großen Schatz an geistlicher Erkenntnis, den die Novelle aber nicht leicht preisgibt.

Tipps für den Unterricht

Auch in der Ballade „Die Vergeltung“ hat die Dichterin das Thema von Schuld und Strafe verarbeitet (im Anschluss an das philosophische Gedankenexperiment des „Brett des Karneades“). Als das Handelsschiff Batavia 510 untergeht, drängt ein „schwarzgelockter Passagier“ einen kranken, alten Mann vom rettenden Trümmerbalken. Im zweiten Teil der Ballade steht der Passagier unter dem Galgen. Was war passiert? Piraten hatten ihn aufgelesen, waren aber selbst gestrandet und als Seeräuber zum Strang verurteilt worden. Anstatt ihn nun zu entlasten, war die „ganze Bande gegen ihn“. Barmherzigkeit ersuchend, von seinen Rettern enttäuscht, spottet er die himmlische Gerechtigkeit. Doch da liest er an des Balkens Holze über ihm: Batavia 510.

Unterrichtshilfen

- Hönes, Doris, Diekhans, Johannes: EinFach Deutsch – Unterrichtsmodelle: Annette von Droste-Hülshoff: Die Judenbuche: Klassen 8-10. Schöningh Verlag 1999
- Ruhlig, Andrea: LiteraMedia: Die Judenbuche: Handreichungen für den Unterricht. Unterrichtsvorschläge und Kopiervorlagen. Cornelsen Verlag 2003
- Rölleke, Heinz: Die Judenbuche. Oldenbourg Interpretationen. Oldenbourg Verlag 2001

Bewertung

Bedeutung	★★★★★	eine der bekanntesten deutschen Novellen
Attraktivität	★★★☆☆	untypische Kriminalgeschichte, die viele Fragen aufwirft und beim Leser das (mitunter kompli-zierte) literarische Mitentschlüsseln voraussetzt
Wertigkeit	★★★★☆	Friedrich verfällt der Superbia, dem Stolz, und trägt die furchtbare Strafe für seine Sünden am eigenen Leib, da er sich außerhalb der Gnade Gottes stellt.

Klasse: 3 4 5 6 7 8 9 **10 11 12 13**
Schulart: GS HS **RS GYM**
Bearbeitung: se

Friedrich **Dürrenmatt** (1921-1990)

Die Physiker

(1962)

Komödie

Ausgaben

- Diogenes, 87 Seiten

Inhalt

Das Stück spielt in der leicht zerschlissenen Villa eines privaten Senatoriums. In dieser Irrenanstalt befinden sich in einem gesonderten Trakt die drei Physiker. Der erste nennt sich selbst Einstein, der zweite Isaac Newton. Der dritte ist Johann Wilhelm Möbius, Entdecker der Weltformel, die in den falschen Händen die Vernichtung der Menschheit zufolge hätte. Dieses Geheimnis muss mit ihm zusammen verwahrt bleiben. Daher gibt er vor, Visionen vom König Salomo zu sehen, um als Irrer zu gelten. Seine Mitinsassen sind allerdings ebenso wenig verrückt wie er. Newton und Einstein sind Agenten zweier rivalisierender Geheimdienste, welche die Weltformel für ihre eigene Regierung finden sollen.

Als die Tarnung aufzufliegen droht, sehen sich die Insassen gezwungen, ihre Krankenschwestern zu ermorden. Möbius vernichtet daraufhin die Weltformel und überzeugt auch Beutler und Ernest (alias Newton und Einstein), die Weltformel zu verschweigen. Doch das Drama nimmt die „schlimmstmögliche Wendung“: Die Leiterin der Anstalt, Mathilde von Zahnd, hat die Aufzeichnungen bereits kopiert und möchte – beauftragt von König Salomo – mit ihnen die Weltherrschaft erringen. Sie ist die einzige Verrückte unter den Protagonisten. Die Physiker aber bleiben hilflos – als Verrückte gebrandmarkt – zurück, ohne eine Möglichkeit, ihre Pläne zu verhindern.

Biografische Skizze

Dürrenmatt wird 1921 im Kanton Bern geboren. Die Schulzeit bringt er mehr schlecht als recht hinter sich und schildert sie später als „übelste Zeit“ seines Lebens. Früh entdeckte er die Neigung zu zeichnen, wollte eigentlich eine Ausbildung zum Kunstmaler machen, studierte dann aber Germanistik an der Universität Bern. Das Zeichnen wird ihn aber sein Leben lang begleiten – so illustriert Dürrenmatt später seine eigenen Bücher, entwirft gar ganze Bühnenbilder für seine Stücke. Nach dem (unfertigen) Studium schreibt Dürrenmatt Stücke, die (auch) dem Lebensunterhalt dienen sollen, darunter z. B. den Kriminalroman „Der Richter und sein Henker“. Der Durchbruch gelang mit der Komödie „Die Ehe des Herrn Mississippi“, weltweiten Ruhm erntete er mit „Der Besuch der alten Dame“. Dürrenmatt stirbt nach zahlreichen Auszeichnungen und einem (auch politisch) engagierten Wirken 1990.

Wer einen Blick in Dürrenmatts Innerstes werfen will, landet schnell bei seinen Bildern, die offenbaren, was er auch literarisch ausdrückt: Es gibt keine Ordnung, keine Ideologie, keine Lehre. Das einzig Wirksame in der Welt ist der Zufall. Damit bildet Dürrenmatt eine absolute Gegenposition zu seinem Zeitgenossen Brecht, der das Theater als „moralische Anstalt“ verstand. Dürrenmatts Dekonstruktion ist dabei aber überzeugend. Er entlarvt die weißen Flecken in der modernen Moral, Philosophie, Gesellschaft. Das Fazit seines Werkes: „Man kann alles auf dieser Erde verändern, aber es hat keinen Zweck, denn den Menschen kann man nicht ändern.“

Wertorientierte Beurteilung

„Der Inhalt der Physik geht die Physiker an, die Auswirkungen alle Menschen.“ – Punkt 16 der „21 Punkte zu den ‚Physikern‘“.

Vor dem Hintergrund der atomaren Aufrüstung und Forschung entsteht Dürrenmatts Stück, welches das Paradoxon aller menschlichen Forschung und Erfindung aufzeigt: Was zum Nutzen dienen kann, kann mehr noch Schaden sein. Möbius versteht diesen Zusammenhang und bringt ein großes Opfer: Er verschließt das Geheimnis in sich und sich selbst in einem Irrenhaus. Er stellt mit seinem Verhalten die Frage nach der Grenze von Wissenschaft. Gibt es ein „Bis hierhin und nicht weiter“? Ist Forschung an sich schon gut und Wissenschaft ihr eigener Zweck?

Diese Fragen sind aktueller denn je, wenn man bedenkt, dass das erste geklonte Schaf inzwischen über 15 Jahre alt wäre. Pränataldiagnostik, Gentechnik, Cyberwar, Atomkraft – die Potenz der technischen Machbarkeit nimmt zu und damit ihr Nutzen. Oder ihre Gefahr. Das Stück regt zum Nachdenken über Wissenschaft an und macht deutlich, dass der Fortschrittsglaube ein Konstrukt (v. a. des 19 Jahrhunderts) ist.

„Was alle angeht, können nur alle lösen" (Punkt 17). Dürrenmatt plädiert für eine demokratische Offenheit von Wissenschaft, die natürlich den interessierten Bürger voraussetzt.

Tipps für den Unterricht

Das Thema „Wissenschaft und Verantwortung" ist ein zentrales Thema der Kunst. Im Film der Gegenwart ist dieses Genre stark ausgeprägt (Terminator, Jurassic Park, Gattaca u. v. m.), ebenso in der Literatur. Schon Goethes „Zauberlehrling" greift die Überschätzung des Menschen auf, der die Geister, die er rief, nicht mehr los wird. Schillers „Taucher" mahnt, die von den Göttern gesetzte Grenze der Erkenntnis nicht zu überschreiten. In der modernen Literatur eignen sich folgende Werke für einen Vergleich: Shelleys „Frankenstein", Kipphardts „In der Sache J. Robert Oppenheimer", Ibsens „Ein Volksfeind" und vor allem Brechts „Leben des Galilei".

Unterrichtshilfen

- Schneidewind, Friedhelm, Wissen und Verantwortung. In: Lern-Bögen Deutsch 2011. Brinkmann Meyhöfer 2011
- online: http://www.friedhelm-schneidewind.de/ethik011.pdf
- Müller, Andreas, Klassiker konkret und zeitgemäß. Die Physiker. Unterrichtsmaterialien ab Klasse 8. BVK 2011

Bewertung

Bedeutung	★★★★☆	eines der wichtigsten Dramen der Nachkriegszeit; höchste Aktualität des Themas
Attraktivität	★★★☆☆	kurzweiliges und interessantes Stück; leicht lesbar; das Ende kann überraschen oder frustrieren; für viele Schüler relevantes Thema
Wertigkeit	★★★★☆	„Wissenschaft und Verantwortung" als wichtiges Konfliktfeld der Moderne; stellt Fortschrittsglauben infrage

Klasse: 3 4 **5 6 7** 8 9 10 11 12 13
Schulart: GS **HS RS GYM**
Bearbeitung: mkh

Cornelia **Funke** (*1958)

Der Herr der Diebe

(2000)

Jugendroman

Ausgaben

- Dressler Verlag, gebunden, 391 Seiten (mit kleinen Illustrationen)
- Oetinger Taschenbuch (2013), 400 Seiten

Inhalt

Nach dem Tod ihrer Mutter werden Bo (eigentlich Bonifatius) und Prosper Waisenkinder. Da Tante Esther und ihr Mann lediglich bereit sind, den Jüngeren aufzunehmen, die Kinder aber unbedingt zusammenbleiben wollen, fliehen die zwei aus Hamburg und tauchen in Venedig unter. Dort werden sie von einer Gruppe Straßenkinder aufgenommen.

Die fünfköpfige Bande führt Scipio, der Herr der Diebe, an. Dieser ist eigentlich der Sohn eines steinreichen Geschäftsmannes, was jedoch seine gleichaltrigen Kameraden nicht wissen dürfen. Regelmäßig entwendet Scipio Gegenstände aus dem Haus seiner Eltern und verkauft diese an den Trödler Barbarossa, um seine Schützlinge zu versorgen. Barbarossa weiß genauso wenig wie die Kinder, dass Scipio gar kein Gauner ist. Weil er ihn für den Herrn der Diebe hält, tritt er eines Tages mit einem ganz besonderen Auftrag an ihn heran.

Dieses Unternehmen erweist sich als eine verwickelte Geschichte, in die immer mehr Personen hineingezogen werden, unter anderem Victor, ein Detektiv, der von Tante Esther bedungen wurde, die beiden Waisen zu finden. Das Abenteuer führt schließlich zu einem Karussell, mit dem Kinder nach ein paar Runden zu Erwachsenen und Erwachsene wieder zu Kindern werden. Zwei Personen nutzen die Gelegenheit, um ihr Leben neu zu beginnen. Der erwachsen gewordene Scipio reißt aus seinem strengen Elternhaus aus und wird zu Victors Mitarbeiter. Der Trödler Barabarossa zerstört schließlich durch seine Fahrt das Karussell und verändert sich zu einem eingebildeten, nörglerischen Kind, welches Tante Esther an Bos Stelle adoptiert. Bald jedoch wird er zu einem neuen „Herrn der Diebe".

Biografische Skizze

Cornelia Funke ist diplomierte Erzieherin und fängt während ihres berufsbegleitenden Zweitstudiums zur Buchillustratorin an, Geschichten zu schreiben. Mit der Übersetzung von „Der Herr der Diebe" gelingt 2002 ihr internationaler Durchbruch; bislang wurden 20 Millionen ihrer Bücher in 27 Sprachen verkauft. Das Time-Magazin zählt Funke 2005 zu den weltweit 100 einflussreichsten Personen. Seit 2006 ist die Schriftstellerin verwitwet und lebt mit ihren beiden Kindern in Los Angeles.

Die meisten von Funkes Büchern beinhalten fantastische Elemente, manche präsentieren okkulte Praktiken als etwas Positives. In „Tintenherz" vollziehen die Protagonisten in der Dorfkirche ein blasphemisches Ritual. Mit Ausnahme von „Der Herr der Diebe" sind Cornelia Funkes Erzählungen keineswegs unbedenklich. Im fünften Teil der hysterischen „Wilde Hühner"-Serie verliebt sich Wilma in ein anderes Mädchen namens Leonie.

Wertorientierte Beurteilung

„Der Herr der Diebe" ist eine skurrile Geschichte, die aufgrund ihrer unglaublichen Wendungen so spannend ist, dass sie den Leser sofort in ihren Bann zieht. Jedes Kapitel endet mit einer Überraschung: Zusammenhänge und Handlungen, Personen und Urteile erscheinen wieder und wieder in einem neuen Licht. Entgegen den vom Buchtitel evozierten Erwartungen wird kein Verbrechen geschildert, denn es gibt keine Diebe, allenfalls einen kleinen Robin Hood, der aus dem Überfluss seiner Eltern etwas für bedürftige Kinder verkauft, um ihnen das nackte Überleben zu sichern.

„Der Herr der Diebe" lebt in einem goldenen Käfig; seine Eltern interessieren sich nicht für ihn. Cornelia Funke polemisiert weder gegen reiche Erwachsene noch verdreht sie die Moral, sondern sie erzählt Scipios Geschichte so, als würde er herabgefallene Äpfel aus dem eigenen Garten an Hungernde verschenken. Jedenfalls ist der kritische Christ so weit zufriedengestellt, dass er sich auf die Wirrungen und Wendungen der Lektüre einlassen kann und ein Vergnügen dabei empfindet, wenn der Plot sich wieder und wieder dreht. Nichts ist vorhersehbar, jedes Kapitel eine Überraschung. Deswegen kann „Der Herr der Diebe" als Musterbeispiel für ein lebendiges Buch gelten, für freie Fabulierkunst, die nie zusammengeschraubt wirkt.

Das vorliegende Werk markiert eine Ausnahme im Schaffen Cornelia Funkes. Während von den anderen Büchern der Autorin, insbesondere von „Tintenherz" und „Die wilden Hühner", absolut abzuraten ist, schrieb sie mit „Der Herr der Diebe" einen modernen Klassiker der Jugendliteratur, der die Leselust weckt und wirklich empfehlenswert ist. Obwohl junge Menschen die Helden der Geschichte sind, ist sie weit davon entfernt, die Kindheit im rousseauschen Sinn zu idealisieren. Vielmehr verwandelt sich der halbwüchsige Scipio am Schluss in einen Erwachsenen, der Verbrechen aufdeckt, während der Antiquitätenhändler scheitert, als er wieder Kind wird.

Tipps für den Unterricht

Anhand der Lektüre lässt sich über verschiedene Themen sprechen: über die moralische Ordnung (Was ist gut?), über den Unterschied zwischen Kindern und Erwachsenen, über die Herausforderungen von Waisenkindern und was eine Freundschaft ausmacht. Neben diesen sozialen und ethischen Themen bietet es sich auch an, sich mit Venedig zu beschäftigen, mit seiner Kunst und Kultur, seiner Geschichte und der Stadt als solcher. Vor allem aber sollte im Deutschunterricht behandelt werden, was das Buch so spannend macht und wie es der Autorin glaubhaft gelingt, den Gang der Handlung immer wieder überraschend zu wenden.

Unterrichtshilfen

- Verfilmung: Der Herr der Diebe 2005 (Regie: Richard Claus)
- Unterrichtsgestaltung mit Cornelia Funkes „Herr der Diebe", Grin Verlag 2013
- http://bildung-rp.de/fileadmin/user_upload/schulkinowoche.bildung-rp.de/Filmhefte___Arbeitsmaterialien/herr_der_diebe_kurz.pdf
- http://www.4teachers.de/?action=show&id=6870
- Audio CD, 2002, Rainer Strecker

Bewertung

Bedeutung	★★★☆☆	Dieses Buch machte die bedeutendste deutsche Jugendbuchautorin der Gegenwart bekannt.
Attraktivität	★★★★★	Die unerwarteten Wendungen machen die Erzählung zu einer Achterbahnfahrt mit verbundenen Augen.
Wertigkeit	★★☆☆☆	„Der Herr der Diebe“ enthält keine bedenklichen Stellen und ist moralisch indifferent.

Klasse: 3 4 5 6 7 8 9 10 **11 12 13**
Schulart: GS HS RS **GYM**
Bearbeitung: mkh

Jostein **Gaarder** (*1952)

Sofies Welt

(1991)

Philosophiegeschichte als Jugendroman

Ausgaben

- dtv, 624 Seiten

Inhalt

Sofie Amundsen merkt immer mehr, dass sie nur die Figur eines Romans ist, welchen Albert Knag für seine Tochter Hilde schreibt, um ihr die Philosophie-Geschichte zu erklären. Das Buch ist eine Darstellung des europäischen Denkens und beginnt mit zwei Fragen: Wer bist du? Woher kommt die Welt? Weder die Mythen noch die ersten Naturphilosophen können Sofie darauf eine Antwort geben. Wieder und wieder erhält Sofie Briefe, die eigentlich an ein Mädchen namens Hilde gerichtet sind. Wer sie ist, ist anfangs ebenso mysteriös wie die Tatsache, dass sie am gleichen Tag wie Sofie geboren wurde. Als Hilde einen Roman mit dem Titel „Sofies Welt" von ihrem Vater geschenkt bekommt, setzt sich die Erzählung als Buch im Buch auf zwei Ebenen fort. Analog zum behandelten Denken erfährt Sofie ihre Welt: Ab der Neuzeit löst sich die Wirklichkeit auf, Hegel löst Schwindelgefühle aus und bei Freud wird Sofie nur mehr als elektromagnetischer Impuls aus der Perspektive Hildes wahrgenommen. In unserer Zeit lassen sich Traum, Erinnerung und aktuelle Sinneswahrung kaum mehr auseinanderhalten. Schließlich gerät die Geschichte ganz durcheinander.

Biografische Skizze

Jostein Gaarder (*1952) ist nach seinem Studium der Philosophie, der Literaturgeschichte und der lutherischen Theologie zunächst Religionslehrer und dann in der Erwachsenenbildung tätig; seit einigen Jahren doziert er auch Philosophie an der Universität Oslo. Weltweit bekannt wird der Schriftsteller durch „Sofies Welt". Seine Romane behandeln oft philosophische Themen, kreisen um geheimnisvolle Figuren, deren Identität ein Rätsel aufgibt, erzählen in mehreren Handlungssträngen und lassen schließlich offen, was real ist und was nicht. 2006 geriet Gaarder in Kritik, weil er es als „arrogant“ bezeichnete, dass die Politik Israels vom Selbstbewusstsein des göttlichen Auserwähltseins geprägt ist.

Wertorientierte Beurteilung

„Sophia“ ist Griechisch und bedeutet „Weisheit“. Der Begriff „Philosophía“ lässt sich mit „Liebe zur Weisheit“ übersetzen. Ziel der Philosophie ist es, durch den Gebrauch der Vernunft die Ursache der Dinge zu erschließen, über allgemeine Prinzipien nachzudenken und Maßstäbe für gutes Handeln aufzuzeigen. Wer über philosophische Systeme nachdenkt, stellt die gewohnte Welt in Frage und womöglich auch die Religion.

„Sofies Welt“ bietet einen philosophie-historischen Abriss und macht deutlich, wie wenig manche Anschauungen mit dem biblischen Glauben vereinbar sind. Behandelt werden auch Darwin, Marx, Nietzsche und Sartre. Das Buch weist darauf hin, dass die dargestellten Gedankengebäude einen Einfluss auf Gesellschaft und Politik haben. Für den Schüler der Oberstufe ist es bedeutsam, sich kritisch mit diesen Denkern auseinanderzusetzen und christliche Antworten auf ihre Fragen zu finden. Entscheidend ist dabei die im Buch vermittelte Einsicht, dass je nach Philosophie der Blick auf die Welt ein ganz anderer ist. Der Leser erfährt, wie verstörend ein falsches Denken sein kann.

Tipps für den Unterricht

Das Buch bietet für interessierte Schüler einen Zugang zur Philosophie. Um es in der Klasse zu lesen, bedarf es der kommentierenden Begleitung eines Lehrers, der sich bereits eingehend mit der Philosophie beschäftigt hat (siehe Lektürehinweise bei den Unterrichtshilfen). Ein kritischer Umgang mit dem Inhalt ist Voraussetzung für die Lektüre. „Sofies Welt“ liegt sowohl als Hörspiel (Hörbuch-Verlag München) wie auch als Kinofilm auf DVD (Regie: Erik Gustavson, 2000) vor.

Unterrichtshilfen

- C. S. Lewis, Pardon, ich bin Christ, Brunnen 1977
- Johannes Hirschberger, Geschichte der Philosophie, Komet 2007 (Herder 1953)
- Spaemann, Schweidler: Ethik Lehr- und Lesebuch, Klett-Cotta 2006

- Robert Spaemann, Moralische Grundbegriffe, C. H. Beck 1982
- Burkard & Wiedmann, Dtv-Atlas Philosophie 1991
- Francis Schaeffer: Wie können wir denn leben?, Hänssler 2000
- Reinhard Junker: Leben – woher? Christliche Verlagsgesellschaft 2002
- Reihe: Wort und Wissen (Impulse, Materialien und Konzepte für christliche Alternativen in Wissenschaft, Technik und Gesellschaft), Hänssler Verlag

Bewertung

Bedeutung	★★★☆☆	gefälliger Einstieg in die Geistesgeschichte; preisgekrönt
Attraktivität	★★☆☆☆	Für die meisten Schüler dürfte es eine Herausforderung sein, sich abstrakten Fragen zu stellen (zumal diese nur angerissen und nicht erläutert werden).
Wertigkeit	★★☆☆☆	Der Autor hat zwar christliche Wurzeln, eine biblische Sicht der Dinge liefert er jedoch nicht. Das Buch kann als Provokation gelesen werden – als Anregung zur Auseinandersetzung mit verschiedenen Weltanschauungen.

Klasse: 3 4 5 6 7 8 **9 10 11 12 13**
Schulart: GS HS **RS GYM**
Bearbeitung: se

Albrecht **Goes** (1908-2000)

Unruhige Nacht

(1950)

Novelle

Ausgaben

Reclam, 67 Seiten

Inhalt

Man schreibt das Kriegsjahr 1942. Der Ich-Erzähler, ein evangelischer Kriegspfarrer, wird ins benachbarte Wehrmachtslager nach Proskurow berufen. Proskurow hat zwar eigentlich eigene Geistlichkeit, doch nach defaitistischen Äußerungen ist der (ehemalige) Herr Pfarrer nicht mehr verfügbar. Natürlich geht es um eine Erschießung wegen Fahnenflucht. Entgegen der Mechanik des Krieges und ihrer Regeln bemüht sich der Ich-Erzähler um einen persönlichen Einblick in die Geschichte des Todgeweihten. Die Akten verraten Lapalien, Geschichten von Liebe und Unvorsicht.

Es wird eine unruhige Nacht für den Kriegspfarrer, der sich mit dem Aktenbündel in sein Zimmer zurückzieht, um das morgendliche Treffen mit dem verurteilten Baranowski vorzubereiten. Unterwegs trifft er Oberleutnant Ernst, der das Erschießungskommando leiten soll. Auch er ehemaliger Pfarrer, auch er erschüttert vom Krieg. Soll er schießen? Oder seinem Gewissen folgen und den Gehorsam verweigern? Hieße das nicht am Ende ein menschlicher Offizier weniger in diesem unmenschlichen Krieg?

Die dritte Begegnung in dieser Nacht hat der Kriegspfarrer mit Hauptmann Brentano, der mit ihm das Zimmer teilt. Auch er hat ein Todesurteil in Händen: Marschbefehl nach Stalingrad. Seine Verlobte arbeitet in der Küche des Lagers und kommt, um Abschied zu nehmen und Hochzeit zu halten, während nebenbei ein Pfarrer die Akten studiert.

Am Morgen trifft er den Verurteilten und spendet ihm Mut und den Segen, bevor Fedor Baranowski erschossen wird.

Biografische Skizze

Albrecht Goes wird 1908 als Sohn einer evangelischen Pfarrfamilie in Langenbeutingen geboren. Nachdem seine Mutter früh stirbt, geht er nach Berlin zu seiner Großmutter. Nach dem Schulabschluss besucht er zuerst das theologische Seminar, danach studiert er Germanstik und evangelische Theologie. Anfang der 30er-Jahre wird er Pfarrer. 1940 wird er einberufen und zum Funker ausgebildet. In Russland, Polen, Ungarn und Österreich arbeitet er als Geistlicher im Lazarett und Gefängnis. Nach dem Krieg quittiert Albrecht Goes den Pfarrdienst und wird freier Schriftsteller. Es folgen viele Veröffentlichungen (Prosa und Lyrik) und ab 1958 auch zahlreiche Auszeichnungen. Albrecht Goes stirbt am 23. Februar 2000 in Stuttgart.

Wertorientierte Beurteilung

Die kurze Erzählung lädt den Leser ein, die Wirrungen und Schrecknisse der NS-Zeit durch die Augen eines am Geschehen beteiligten Christen mitzuverfolgen. Die eine Nacht wird dabei zu einem Kalaidoskop aus Liebe, Tod, Schmerz und Heilung. Der Ich-Erzähler ist hin- und hergerissen zwischen seinem christlichen Weltbild und dem Bild der Welt, wie sie sich ihm darbietet. Die Diskrepanz zwischen minutiös getackteter, stahlharter Kriegsmaschinerie und menschlicher Nähe und Zerbrechlichkeit bestimmen die Schilderungen der unruhigen Nacht. Das Menschliche fristet dabei ein Nischendasein, wie es am deutlichsten in der heimlichen und versteckten Ehenacht des Hauptmann Brentano zum Ausdruck kommt.

Überhaupt ist das „Christliche" in der Novelle auf das „Humane" konzentriert. Dogmatik spielt auf diesem monströsen Schlachtfeld keine Rolle. Ist die Beruhigungszigarette gerechtfertigt? Hat Baranowski am Ende wirklich geglaubt? Hatte Brentano unehelichen Verkehr oder ist diese Form der Eheschließung die einzig denkbare und heilige in dieser einmalig finsteren Nacht?

Der Kriegspfarrer, aber auch Oberleutnant Ernst, sind Menschen unter Wölfen. Ihr Dilemma ist, dass sie zwar den grausamen Kriegsdienst verweigern können, doch dann stehen drei andere bereit, ihren Platz zu nehmen, die nur auf ihr eigenes Wohl bedacht sind. Wem soll man also folgen? Hitler und leben? Dem Gewissen und sterben? Beide entscheiden sich für einen pragmatischen Mittelweg: „Wer lebt, wird schuldig."

Tipps für den Unterricht

Fächerverbindender Unterricht mit dem Fach Geschichte liegt bei der Lektüre der kurzen Novelle nahe. Dabei kann vor allem die Rolle der Christen im Nationalsozialismus zum Beispiel über eine Schülerpräsentation beleuchtet werden (Weiße Rose, Bonhoeffer, Barth, Niemöller, aber auch „Deutsche Christen"-Ideologie).

Unterrichtshilfen

- Harnack, Falk, Unruhige Nacht (1958). Spielfilm
- www.evangelischer-widerstand.de

Bewertung

Bedeutung	★★☆☆☆	(zu Unrecht) eher unbekannte Novelle des Pfarrers und Schriftstellers Albrecht Goes
Attraktivität	★★★☆☆	eindrückliche Schilderungen eines so einfachen wie schrecklichen Geschehens; knappe Handlung
Wertigkeit	★★★★☆	NS-Zeit aus den Augen eines Christen; Menschlichkeit gegen Kriegsmaschinerie; Frage nach christlichem Leben im Widerstand der Welt

Klasse: 3 4 5 6 7 8 9 10 **11 12 13**
Schulart: GS HS RS **GYM**
Bearbeitung: se

Johann Wolfgang von **Goethe** (1749-1832)

Faust. Der Tragödie erster Teil

(1808)
Tragödie

Ausgaben

- (unter anderen) Reclam, 135 Seiten

Inhalt

„Habe nun, ach! ..." So beginnt der berühmte Monolog des Doktor Heinrich Faust, der zwar hochgelehrt, doch noch tiefer verzweifelt ist, dass er trotz aller Studien weder in der Lage ist, die innersten Zusammenhänge des Kosmos zu verstehen noch sein eigenes Leben zu genießen. Darum hat sich Faust der Magie ergeben, doch findet er im erscheinenden Erdgeist ein zu großes Gegenüber: „Du gleichst dem Geist, den du begreifst, nicht mir." Faust ist am Boden zerstört, als der Teufel Mephisto sich in seiner Stube einfindet und ihm einen Handel anbietet. Der Doktor ist skeptisch, geht dann aber die Wette ein: Wenn Mephisto ihn von seiner ruhelosen Unzufriedenheit befreien kann, dann soll er seine Seele haben. Faust wird in einen jungen Mann zurückverwandelt und verliebt sich in das Mädchen Margarete (Gretchen). Sein Werben hat Erfolg und sie wird schwanger. Während Mephisto Faust bereits zu den neuen Freuden der Walpurgisnacht führt, fällt Gretchen ins Elend. Verzweifelt tötet sie ihr Kind, wird verhaftet und eingekerkert. Faust will sie zusammen mit Mephisto retten, doch Gretchen lässt sich nicht zur Flucht überreden: „Dein bin ich Vater! Rette mich! [...] Heinrich! Mir graut's vor dir!" Mephisto verschwindet mit dem verzweifelten Faust.

Eingebettet ist die Geschichte um die Teufelswette in einen Wettstreit im Himmel, in dem Mephisto den Herrn herausfordert, dass dieser „seinen Knecht" Faust zu Lebenszeiten noch verlieren wird, wenn Mephisto ihn nur sacht „seine Straße" führen dürfe. Der Herr gewährt die Bitte, denn er weiß: „Es irrt der Mensch, solang er strebt."

Wertorientierte Beurteilung

Die Zerrissenheit der Faust-Figur ist ein sich durch den Roman ziehender roter Faden. Faust hasst das Leben (Nacht) und liebt es (Vor dem Tor), er betet Gretchen an und will sie dennoch zugrunde richten (Wald und Höhle, Trüber Tag), er sucht den Teufel (Nacht, Walpurgisnacht) und flieht ihn (Wald und Höhle). „Zwei Seelen wohnen, ach, in meiner Brust", bekennt er seinem Famulus Wagner gegenüber. Faust ist hin- und hergerissen zwischen Eros und Agape, Selbstliebe und Selbstzweifel, zwischen Himmel und Erde. Diese Rastlosigkeit sucht er im Pakt mit dem Teufel zu stillen, doch Mephisto ist lediglich ein Verstärker von Fausts Selbst. Durch Mephistos Führung und besonders die Begegnung mit Gretchen wird die ganze Unzulänglichkeit von Fausts Existenz wie in einem Brennspiegel vergrößert. Mephisto kann Faust nicht zum Teufel machen, er bleibt ein Rebell, doch auch ein Geschöpf Gottes und damit weiterhin: eine zerrissene Figur.

Faust nimmt sowohl in der Betrachtung der Welt (Röm 1,19 f.) als auch in sich selbst wahr, dass mehr als nur Materie existiert und er selbst mehr als die Summe seiner Teile ist. Die Diskrepanz zwischen Anspruch und Wirklichkeit lassen ihn verzweifeln, doch nicht in jenem Gemütszustand, der ruft: „Gott, sei mir Sünder gnädig!" (Lk 18,13). Faust strebt keine Vergebung für seine Schwäche an (Christus), sondern sucht nach Wegen neuer Stärke des eigenen Ich (Mephisto). Doch mit Fausts gewaltsamer Flucht aus dem Gefängnis am Ende des ersten Teils wird klar, dass Mephistos Plan gescheitert ist. Der Teufelspakt endet in einem Fiasko.

Dieses „Endet" aber ist mit Vorsicht zu genießen. Betrachtet man den ersten Teil der Faust-Tragödie an und für sich, ist das Fazit deutlich: Der Mensch ohne Gott erlangt keinen Frieden auf Erden, mit dem Teufel erst recht nicht. Allerdings ist des Doktors Reise erst halb zu Ende. Der Grund des Scheiterns ist aus der Sicht Goethes weniger in der Ohnmacht des Bösen zu suchen als vielmehr darin, dass die bürgerliche („kleine") Welt dem Menschen niemals Befriedigung bieten wird. Ebenso wie Faust flieht auch Goethe nach Italien und findet dort jene „große", überzeitliche, antik-klassische Welt, in die seine Figur im zweiten Teil eintaucht. In Fausts zweiter Reise, die ihn vom mittelalterlichen Hof bis ins antike Thessalien führt, findet er letztendlich, was er gesucht hat. Er wird ein Mann der Tat, der mithilfe von Deichen dem Meer Land abtrotzt. In der Grenzüberschreitung und dem Sieg der menschlichen Kultur über die natürlichen (göttlichen) Schranken findet Faust die Befriedigung seines

Strebens. Der zweite Teil bringt die Lösung, während der erste Teil nur das Scheitern Fausts zeigt.

„Am Anfang war die Tat" – so interpretiert Faust das „logos" (Joh 1,1) in der Studierzimmerszene und kann damit als Prototyp des klassischen Menschenbildes angesehen werden, der die göttliche Ordnung und Natur nur als Aufforderung zur eigenen Gestaltung ansieht. Erst im Vertrauen auf sich selbst und der Überschreitung aller Grenzen findet der Mensch seine Bestimmung. Nicht das göttliche Wort ist zentrales Leitgestirn seiner Handlungen, sondern die eigene Tat: der Sieg der Kultur über die Natur. Somit ist es auch nicht verwunderlich, dass Faust am Ende nicht dem Teufel verfällt, sondern von den Engeln emporgetragen wird. Faust erlöst sich selbst, denn der Mensch, nicht Gott, ist das Maß aller Dinge. Die Gottfigur entpuppt sich als bloße Projektion des klassischen Menschen, für den weder Schuld noch Sünde (Gretchen, Philemon und Baucis etc.) eine Rolle spielen, sondern nur das menschliche Streben nach der eigenen Vervollkommnung.

Biografische Skizze

Johann Wolfgang Goethe wird am 28. August 1749 in Frankfurt am Main geboren. Sein Vater ist zwar Jurist, doch das Familienvermögen erlaubt ihm und später auch seinem Sohn Johann ein Leben ohne finanzielle Zwänge. Nach durchwachsenen Studien, arbeitet Goethe als Jurist, folgt aber bald dem Werben des jungen und progressiven Herzogs Karl August nach Weimar, wo er als bereits europaweit bekannter Autor („Die Leiden des jungen Werthers") 1775 eintrifft. Er erwirbt zahlreiche politische Ämter, forscht und publiziert weiter Dramen, Lyrik und auch theoretische Schriften. Für sein künstlerisches Schaffen werden seine Beziehung zu Schiller wie auch seine Italienreise (1786) wichtig, auf der er das humanistische Ideal der Antike verinnerlicht (er selbst sprach von einer „Wiedergeburt"). Er wird danach zum wichtigsten Vertreter der Weimarer Klassik. Am 22. März 1832 stirbt Goethe an einem Herzinfakt.Seine (nicht eindeutig belegten) letzten Worte sollen gewesen sein: „Mehr Licht!"

Tipps für den Unterricht

Mephisto zeigt Faust im ersten Teil der Tragödie die kleine Welt des bürgerlichen Lebens und Liebens. Zur Gesamtdeutung des Werkes empfiehlt es sich, den zweiten Teil zwar zu lesen, doch nur in Auszügen, v. a. den ersten und den fünften Akt. Dazwischen könnten Inhaltsangaben, Theaterbilder, Textfragmente o. ä. die Lücken schließen.

Unterrichtshilfen

- Diekhans, Johannes/Waldherr, Franz, EinFach Deutsch – Unterrichtsmodelle: Johann Wolfgang von Goethe: Faust I: Gymnasiale Oberstufe. Schöningh, 145 S. (benötigt Schöningh Textausgabe)
- Faust I, Kopiervorlagen und Module für Unterrichtssequenzen. Oldenbourg Verlag, 92 S.
- Flix, Faust: Der Tragödie erster Teil. Carlsen Verlag 2010 (Faust als Comic)

Bewertung

Bedeutung	★★★★★	Weltliteratur; bekanntestes Werk der deutschen Literatur
Attraktivität	★★★☆☆	komplexe Handlung mit sehr schwierigen Passagen (z. B. Hexenküche, Walpurgisnacht); sprachlich anspruchsvoll; wichtige moralische Themen nach wie vor aktuell
Wertigkeit	★★☆☆☆	der zerrissene Mensch Faust als Prototyp menschl. Existenz; Frage nach der Bestimmung des Menschen und seiner Erfüllung; anthropozentrisches Weltbild der Klassik

Klasse: 3 4 5 6 7 8 **9 10** 11 12 13
Schulart: GS **HS RS GYM**
Bearbeitung: se

William **Golding** (1911-1993)

Herr der Fliegen

(1954)
Roman

Ausgaben

- Fischer, 229 Seiten

Inhalt

Nach einem Flugzeugabsturz überlebt nur eine Gruppe englischer Schuljungen, die an einer einsamen Insel strandet. Einer der Jungen, Ralph, findet ein Muschelhorn, bläst darauf und ruft damit die erste Versammlung der Überlebenden ein. Was als Versuch demokratischer Organisation des Gemeinschaftslebens beginnt, wird bald vom ebenso brutalen wie arroganten Jack durchkreuzt. Er und seine „Jäger" wollen jagen, nicht nur des Fleisches, sondern auch des Kitzels wegen. Ralph bemüht sich, mit Piggy, einem Jungen mit dickem Körperbau und noch dickeren Brillengläsern, Regeln und „Zivilisation" aufzubauen. „Schließlich sind wir keine Wilden. Wir sind Engländer, und die Engländer machen immer alles am besten. Wir müssen immer das Richtige tun." Doch am Hüttenbau beteiligen sich nur wenige. Das Feuer, das als Notsignal immer brennen muss, geht bald aus, weil Jack und seine Jäger sich inzwischen mehr und mehr als eigenen „Stamm" verstehen, bemalt und im Verhalten wie Wilde. Die Jagd wird immer mehr zum Zentrum des Geschehens. Ängste vor einem „Tier" brechen bei den Kleinen hervor. Der Rausch des Tötens greift um sich. „Stecht das Tier! Macht es tot! Blut fließt rot!" Die Grenzen zwischen Jagd, Spiel und Realität verschwimmen. Die Feindschaft zwischen Ordnung (Ralph, Piggy) und Chaos (Jack und sein Stamm) nimmt zu. Am Ende jagen die Kinder einander. Piggy („Schweinchen") wird getötet, ebenso wie Simon. Als Jacks Jäger hinter Ralph her sind, brennen sie sogar die halbe Insel nieder, um ihn in einer Hetzjagd zu erwischen. Als kaum noch Aussicht auf Rettung besteht, landet ein englisches Marineschiff, angelockt durch den vielen Rauch. Ralph ist gerettet, die Kinder stehen beschämt da. Der Offizier ist entgeistert: „Ich hätte doch gedacht, dass eine Bande englischer Jungs in der Lage wäre, was Besseres aufzuziehen als das da –."

Biografische Skizze

William Golding wird am 19.09.1911 in Columb Minor, England, geboren. Eigentlich soll er nach dem Willen der Eltern Naturwissenschaftler werden, er wendet sich aber nach dem Besuch des Gymnasiums an der Universität Oxford der alten englischen Literatur zu. Mit dem Kriegsausbruch meldet er sich bei der Marine, nimmt an zahlreichen Seeschlachten teil und ist am Kriegsende gar Kommandant eines Raketenschiffs. Er übernimmt nach dem Krieg ein Lehramt für englische Literatur, widmet sich aber zunehmend der Schriftstellerei.

Schon mit seinem ersten Roman gelingt ihm der internationale Durchbruch: „Herr der Fliegen" (1954) wird weltweit gelesen und gelobt. Die Epoche des Weltkrieges mit seinen Übeln der Gewalt, der Konformität, der Verblendung, Schuld und Sühne prägt auch Goldings weiteres Werk. Seine Romane thematisieren immer wieder Grundkonstellationen menschlichen Scheiterns: „Jeder, der nicht versteht, dass der Mensch Böses hervorbringt wie die Biene Honig, muss blind oder verkehrt im Kopf sein" (Golding). Sein zweites bedeutendes Werk, der „Turm der Kathedrale" (1964), behandelt die religiöse Verblendung und den Stolz des Pfarrers Jocelin, der einer Vision nachfolgt und seiner Kathedrale einen hohen, spitzen Turm aufsetzen will, dabei aber über Leichen geht und am Ende – wie die Erbauer des Turmes zu Babel – scheitert.

Dieses Werk wird aber von vielen populären Kritikern vehement abgelehnt, was Golding in eine tiefe persönliche Krise stürzt, die auch sein Privatleben in Mitleidenschaft zieht. 1983 erhält er – ebenso umstritten – den Literaturnobelpreis. William Golding stirbt 1993 an einem Herzinfakt in seiner Heimat Cornwall.

Wertorientierte Beurteilung

Die Robinsonade um die englischen Schuljungen ist eine ironische Kritik des Glaubens an das Gute im Menschen, v. a. in der „natürlichen", kulturell unverformten Seele des Kindes. Jene optimistische Anthropologie hatte mit dem Beginn der Neuzeit ihren Siegeszug angetreten und mit Rousseau einen Höhepunkt gefunden. In Goldings Roman tauchen zwar nur am Anfang und am Ende Erwachsene auf, doch sind die direkten und indirekten Parallelen zur Kinderwelt nicht zu übersehen. Während Jacks

Stamm die Insel in Flammen setzt, tobt außerhalb der Insel der Atomkrieg. Die Ironie besteht dabei darin, dass, je weiter sich die Jungen von den gesellschaftlichen Normen ihrer Zivilisation entfernen, sie im Verhalten ihrer Elterngeneration immer näher kommen. Sie bestätigen damit, was der „Herr der Fliegen" (hebr. Baal Zebub) Simon gegenüber ausspricht: „Du hast's gewusst, wie? Dass ich ein Teil von euch bin, von ganz innen, innen, innen?"

Bietet der Roman eine Lösung an? Als *deus ex machina* taucht am Ende der Marineoffizier auf, der die Kinder von der Insel rettet und Ralph vor dem Tod bewahrt. Seine Ansprache an ihr Gewissen bringt jene Tränen hervor, die vielleicht eine Reue zum Guten anstoßen (2Kor 7,10), zumindest aber die Augen für die Sünde öffnen, die geschehen ist. Somit tritt – zumindest in den Mikrokosmos der Kinder – eine ordnende, moralische Macht. Sie kommt von außen auf die Insel und wird von den Kindern (an-)erkannt. Auf die Welt der Erwachsenen übertragen, kann diese Rolle nur ein tatsächlicher Gott einnehmen, dessen Existenz und Wirken die Eltern – im Gegensatz zu den Kindern – aber nicht akzeptieren wollen.

Tipps für den Unterricht

Der Roman benutzt sehr viele allegorische Mittel, die sich gut für eine Einführung in die Textinterpretation eignen (Muschel, Maske, Schweinekopf auf dem Stock etc.). Natürlich ist daneben die Charakterisierung der Protagonisten sehr fruchtbar. Ralph und Jack stehen für verschiedene Systeme des Denkens und Handelns. Doch auch die Figuren Simon (Individualist und Wahrheitssucher), Samneric (Mitläufer, Durchschnittsmenschen), Piggy (Intellektueller), Roger (gewissenloser Helfershelfer) und die anderen sind sehr genau konstruiert und mehr als bloße Akteure.

Unterrichtshilfen

- Golding, William: Lord of the Flies. Unterrichtsmodelle für die Schulpraxis. EinFach Englisch. Schöningh 2001.
- Seibert-Kemp, Reimar: Herr der Fliegen. Didaktisches Begleitmaterial des Jungen Theaters Bonn.
  http://www.jt-bonn.de/load/dokumente/1107.html

Bewertung

Bedeutung	★★★★☆	einer der bekanntesten „klassischen“ Jugendromane
Attraktivität	★★★★★	spannende, mitreißende Geschichte; hohe Relevanz der Thematik und des Handlungsverlaufs (Gruppendynamik, Mobbing, etc.); einfache Sprache
Wertigkeit	★★★★☆	Kritik der positiven Anthropologie sowie des Mythos vom „unbefleckten Kinde“; Menschlichkeit vs. Animalismus; teilweise brutale Szenen

Klasse: 3 4 5 **6 7 8** 9 10 11 12 13
Schulart: GS HS **RS GYM**
Bearbeitung: mkh

Ernst **Gombrich** (1909-2001)

Kurze Weltgeschichte für junge Leser

(1935)

Sachbuch als Jugendroman

Ausgaben

- Dumont, Taschenbuch, 350 Seiten

Inhalt

Die „Kurze Weltgeschichte für junge Leser" hält, was ihr Titel verspricht: Sie bietet einen für Schüler zugänglichen Abriss der Historie. Zunächst veranschaulicht der Autor, was Geschichte bedeutet, und skizziert, wie Vorgeschichte hinlänglich gedacht wird. Ohne zu banalisieren, spannt Gombrich dann auf 300 Seiten einen Bogen von den frühen Hochkulturen bis zum Ersten Weltkrieg. Damit schafft er einen Überblick und ermöglicht ein Verständnis für Zusammenhänge, wie sie im herkömmlichen Schulalltag kaum vermittelt werden. Einfach in der Sprache, aber anspruchsvoll in der Sache, stellt er die Epochen mit ihrer Kultur und den herausragenden Köpfen vor, macht die Herausforderungen der jeweiligen Zeit verständlich, zollt den Leistungen früherer Generationen Respekt und erklärt nachsichtig vermeintliche Schwächen, wie wir sie aus unserer heutigen Perspektive wahrnehmen.

Biografische Skizze

Ernst Gombrich (1909-2001) entstammt einer jüdischen Familie in Wien, die zum protestantischen Glauben konvertierte. Er gilt weltweit als einer der angesehensten Kunsthistoriker und ist Autor des Standardwerkes: „Die Geschichte der Kunst". Im Anschluss an seine Promotion (1935) schreibt er die „Kurze Weltgeschichte für junge Leser", nachdem er es abgelehnt hat, ein ähnliches Buch ins Deutsche zu übersetzen, weil es ihm als zu schlecht erscheint. Kurz danach emigriert Gombrich nach London, wo er bis zu seiner Pensionierung am Warburg Institut tätig ist und

1972 zum Ritter geschlagen wird. Gombrich versteht Kunstgeschichte als Geistesgeschichte.

Wertorientierte Beurteilung

Das vorliegende Werk eignet sich recht gut, um einen geschichtlichen Überblick zu erhalten und damit Ereignisse im Zusammenhang zu sehen. Kritisch kommentiert werden muss freilich die Darstellung der Prähistorie. Außerdem bedarf die vorliegende Weltgeschichte einer Ergänzung aus der Perspektive der Heilsgeschichte: Eine Interpretation aus biblischer Sicht liefert der Autor nicht. Ferner hätten die kulturellen Leistungen des Christentums besser herausgearbeitet werden können. Da es eine Weltgeschichte ist, wird immer wieder Asien in den Blick genommen, während die Darstellung der Ereignisse in Mitteleuropa mehr Raum hätten einnehmen können. Insgesamt bedarf die Darstellung der Ergänzung, der Kommentierung und zuweilen auch der Korrektur. Trotz aller Abstriche ist Gombrichs Buch das wohl beste unter den lieferbaren Werken, um jungen Menschen einen Abriss der Weltgeschichte vorzustellen.

Wesentliche Prämissen stimmen jedoch: Geschichte wird an Personen und Ereignissen festgemacht (und thematisiert weniger die Wirkung von Strukturen), sie ist weder politisch korrekt noch wird sie als fortlaufender Prozess der Höherentwicklung beschrieben. Anders als spätere Veröffentlichungen klagt Gombrich frühere Zeiten nicht an, sondern würdigt ihre Verdienste und macht das Denken vergangener Epochen nachvollziehbar. Geografisch behandelt das Buch zunächst Mesopotamien und Ägypten (allerdings chronologisch vertauscht), dann den antiken Mittelmeerraum, schließlich Mitteleuropa. Asiatische Geschichte wird nur dort behandelt, wo sie für den Okzident eine Bedeutung hat, Schwarzafrika, Australien und das präkolumbische Amerika bleiben ausgeklammert.

Das „finstere" Mittelalter beschreibt der Autor als „Sternennacht". Eine bessere Darstellung liefert die „Kleine deutsche Geschichte für Kinder", ein dreibändiges Werk von Willi Schmalz und Sophie Luise Otto, welches aber leider vergriffen ist.

Tipps für den Unterricht

Das vorliegende Buch sollte von Deutschlehrern gelesen werden, die in der betreffenden Klasse auch Geschichte unterrichten. Unter dieser Voraussetzung ist fächerübergreifendes Arbeiten in idealer Weise möglich.

Grundlegend für ein biblisches Verständnis von Geschichte ist, sie als

„His story" zu begreifen und Gott als deren eigentlichen Autor. Niemals dürfen die Ereignisse der Vergangenheit als willkürliches Hintereinander begriffen werden. Die Historie ist kein Produkt des Zufalls, sondern beschreibt das Handeln von Menschen in der Zeit sowie das Wirken Gottes, welcher Herr der Geschichte ist und einen Plan hat, um den gefallenen Menschen zu retten. Abgesehen von der Technik (die ein immer besseres Erkennen unabänderlicher Naturgesetze voraussetzt), existiert kein Fortschritt im Sinne einer Höherentwicklung: Der Mensch wird nicht besser und vermag sich auch kein Paradies auf Erden einzurichten. Nach wie vor gibt es Kriege; die Medizin ist weit davon entfernt, uns von den Fesseln der Krankheit, des Alterns und des Todes zu befreien.

Gegenüber dem Buch von Gombrich muss klargestellt werden, dass Steinkulturen parallel zur Weltgeschichte laufen und auch heute existieren. Sie sind kein Zeugnis einer vermeintlich früheren Entwicklungsstufe, sondern retardierte Formen von Kultur.

Unterrichtshilfen

- Schmalz und Otto, Kleine deutsche Geschichte für Kinder, Weltbild 1990
- Dr. Axel Schwaiger, Geschichte und Gott, Chr. Verlagsges. 2015
- Liebi, Roger Herkunft und Entwicklung der Sprachen, Hänssler 2004
- Bretschneider, Arnd, Gott schreibt Geschichte, Chr. Verlagsges. 2006
- Hartmann, Junker, Bibel-Schöpfung-Evolution, Chr. Verlagsges. 2009
- Schweiger, Axel, Geschichte und Gott, CV Dillenburg (in Vorbereitung)
- Bollmann, March und Petersen, Kleine Geschichte Europas, Edition Antaios 2004
- Bollmann, March und Petersen, Kleine Geschichte der Deutschen, Edition Antaios 2004

Bewertung

Bedeutung	★★★☆☆	internationales Standardwerk
Attraktivität	★★★☆☆	spannende Weltgeschichte mit Anekdoten
Wertigkeit	★★★☆☆	weitgehend unvoreingenommene Darstellung der Geschichte

Klasse: 3 4 5 6 **7 8 9** 10 11 12 13
Schulart: GS **HS RS GYM**
Bearbeitung: mkh

Jeremias **Gotthelf** (1797-1854)

Die schwarze Spinne

(1842)

Novelle

Ausgaben

- Cornelsen (einfach klassisch), Taschenbuch, 79 Seiten
- Suhrkamp, Taschenbuch (Text + Kommentar), 171 Seiten
- Reclam, Taschenbuch, 132 Seiten

Inhalt

Die fröhliche Atmosphäre einer Tauffeier auf einem reichen Bauernhof im Emmental bildet den Rahmen für zwei Binnenerzählungen, welche erklären, warum in dem gepflegten Haus ein alter Fensterrahmen stehen gelassen wurde. Die Stimmung beider Geschichten kontrastiert auf düstere Weise die heitere Gestimmtheit des Familienfestes.

Großvater erzählt, dass die Bauern von Sumiswald in weit zurück liegender Vergangenheit unter einem despotischen Herrscher namens Ritter Hans von Stoffeln zu leiden hatten. Aus Willkür verlangte dieser, dass binnen Monatsfrist hundert ausgewachsene Buchen verpflanzt werden müssten. Verzweifelt geht ein verruchtes Weib namens Christine einen Pakt mit dem Teufel ein und verspricht ihm das erste Kind des Dorfes, wenn er der Bevölkerung bei der Fronarbeit hilft. Durch das rasche Handeln des Pfarrers wird das Neugeborene dem Zugriff des Bösen entzogen. Im Gegenzug küsst der Teufel jene Frau, mit welcher er das Abkommen traf. Ihr Gesicht schwillt an; später kriecht aus ihrer aufgeplatzten Wange eine Spinne hervor, die als Symbol für die Pest steht, welche die ganze Gegend heimsucht. Erst das beherzte Eingreifen einer gottergebenen Frau ermöglicht es, das Untier zu bannen – und zwar in ein Loch des besagten Fensterrahmens.

Jahrzehnte später verschuldet Christen, ein Nachfahre der einstigen Heldin, durch einen leichtfertigen Umbau des Hauses, dass die schwarze

Spinne wieder freikommt. Unter Einsatz seines Lebens zwingt Christen das Scheusal abermals in sein Loch.

Biografische Skizze

Der aus der Schweiz stammende Jeremias Gotthelf (1797-1854) ist Sohn eines reformierten Geistlichen, wird von diesem zunächst selbst unterrichtet, schließt dann seine Schullaufbahn in Bern ab, wo er auch Theologie studiert, bis er mit 34 Jahren auch Pfarrer wird. Er macht sich gegen den Alkohol stark, kämpft gegen Kinderarbeit, engagiert sich für die Armen und setzt sich im Geiste Pestalozzis für das Schulwesen ein. Mit 40 Jahren veröffentlicht Gotthelf sein erstes von 21 Werken, die allesamt aus einer christlichen Perspektive die Nöte des bäuerlichen Lebens erschreckend realistisch widerspiegeln. Die Werke des Calvinisten zählen zur Weltliteratur. Sein Landsmann und Zeitgenosse Gottfried Keller beschäftigte sich über mehrere Jahre mit Jeremias Gotthelfs Werk, pries ihn als epischen Dichter, rügt aber, dass er konservative Moralvorstellungen propagiere.

Wertorientierte Beurteilung

„Die schwarze Spinne“ ist das bekannteste Buch Gotthelfs und gilt als Meisterwerk in der Epoche des Biedermeier. Es überrascht, dass der calvinistische Autor eine alte Sage aufgreift und sie in ein katholisch anmutendes Fest bettet.

Doch der Kontext ist eben historisch: Die Habsburger regieren in der Schweiz und der Ritter verkörpert deren Willkürherrschaft: Er befiehlt seinen Bauern die Umpflanzung der Bäume, weil ihn andere seines Standes zu immer frecheren Taten anspornen. Christine nimmt die Hilfe des Teufels in Anspruch, denn sie meint, ihn mit weiblicher List ins Bockshorn jagen zu können. Doch der Plan geht schief und sie wird zum Sündenbock. Damit ist das Sozialgefüge innerhalb eines Dorfes scharf umrissen: Wenn es Probleme gibt, findet man den Schuldigen schnell unter den eingeheirateten Fremden: Christine kommt von der deutschen Seite des Bodensees.

Dem wilden Weib steht eine gottergebene Frau gegenüber, welche sich für ihre Gemeinde opfert. Auch der Pfarrer und später ein Nachfahre der einstigen Heldin, widersetzen sich den finsteren Mächten. Der Teufel wird als Gegenspieler Gottes in seiner realen Bedrohlichkeit dargestellt, wie es heute kaum noch denkbar wäre. Schließlich zeigt Gotthelf, wie das Böse durch die Jahrhunderte präsent bleibt, auch wenn es gebannt scheint. Damit erscheint Geschichte als ein permanentes Ringen mit dem Fürsten dieser Welt: Obwohl er durch Christi Blut besiegt wurde, kämpft der Widersacher weiter, um Seelen zu verderben. Damit ist auch der Bezug zur Taufe in der Rahmenhandlung hergestellt: Das am Kreuz gewirkte Heil muss jedem Menschen persönlich zugewendet werden. Jede einzelne Seele ist unendlich kostbar. Indem Christine ihr Kind dem Teufel versprach, brachte sie Leid über ihr Dorf, statt ihm zu helfen.

Tipps für den Unterricht

Der Teufelspakt ist ein literarisches Motiv, welches uns im 19. Jahrhundert oft begegnet, etwa in „Rumpelstilzchen" der Gebrüder Grimm, in Tolstois „Brot des Bauern", Goethes „Faust", Hauffs „Das kalte Herz," Wildes „Das Bildnis des Dorian Gray" sowie Adelbert von Chamissos „Peter Schlemihls wundersame Geschichte". Ein Vergleich mit den angeführten Stoffen ist durch Film- oder Hörspielfassungen leicht möglich. So erfahren Schüler, dass das Ringen um die einzelne Seele eine Wirklichkeit darstellt, die auch belletristisch bedeutsam ist. Inwiefern die einzelnen Darstellungen theologisch haltbar sind, bedarf der Aufarbeitung im Rahmen eines Klassengesprächs.

Unterrichtshilfen

- Mieder, Wolfgang, Die schwarze Spinne – Erläuterungen und Dokumente, Reclam 1986
- Lektüreschlüssel, Die schwarze Spinne, Reclam 2003
- Königs Erläuterungen Bd. 422, C. Bange Verlag 2008
- Lichtenhahn, Fritz, Die schwarze Spinne, Hörbuch, Hamburg 2006

Bewertung

Bedeutung	★★★★☆	Klassiker der Weltliteratur aus der Feder eines reformierten Pastors
Attraktivität	★★★☆☆	In der Fassung vom Cornelsen (Reihe: einfach klassisch) ist das Buch spannend und mühelos zu lesen.
Wertigkeit	★★★★☆	Kampf gegen das Böse; um Menschen zu retten, darf man keine Seele aufs Spiel setzen

Klasse: 3 **4 5** 6 7 8 9 10 11 12 13
Schulart: **GS HS RS GYM**
Bearbeitung: mkh

Kenneth **Grahame** (1859-1932)

Der Wind in den Weiden

(1908)
Fabel

Ausgaben

- dtv, 256 Seiten

Inhalt

„Der Wind in den Weiden" umfasst mehrere Episoden, die von der Freundschaft verschiedener Tiere handeln – sie kreisen um den phlegmatischen Maulwurf und die lebendige Wasserratte, den nachdenklichen Dachs und den unsteten Kröterich.

Das Buch beginnt mit dem Besuch zweier Tiere beim reichen Kröterich, der eben wieder einen neuen Spleen hat, nämlich eine Pferdekutsche. Unvermittelt lädt er die Gäste zu einer Spritztour ein; doch bald schon landet die Gesellschaft im Straßengraben, weil sie von einem hupenden Gefährt überholt wird. Ab diesem Augenblick ist Kröterichs Leidenschaft für Automobile entbrannt, die ihn nicht nur ein Vermögen kostet, sondern auch ins Gefängnis bringt. Nur durch seine bodenständigen Gefährten vermag der Draufgänger sein Anwesen wieder zurückzuerobern.

Der fette Kröterich ist ein grotesker Snob, der stets der neusten Mode hinterherrennt und deswegen ständig Unruhe verbreitet. Während er einfach nur lächerlich wirkt, empfindet man für die anderen Tiere sofort Sympathie: Sie schätzen das einfache, ländliche Leben, lieben ihre Heimat, den wilden Wald und den Fluss, gerne sitzen sie gemütlich am Kaminfeuer, schätzen Behaglichkeit und halten sich an das, was immer gilt.

Die Episoden erzählen von Loyalität und Individualismus, vom trauten Heim und der Sehnsucht nach Abenteuern, von Männerfreundschaft im besten Sinn. Das Buch ist ein Lobpreis auf die unverdorbene und dennoch zivilisierte Natur, auf eine beständige Ordnung, die es zu verteidigen gilt. „Der Wind in den Weiden“ beschreibt das Eindringen der Technik in das Leben des englischen Landadels im 19. Jahrhundert, romantisiert die alte Zeit, den klassischen, zeitlosen Geschmack und bezieht Stellung für eine vormoderne Welt. Durch die fast lyrische Sprache sowie die Illustrationen zahlreicher Kinderbuchausgaben verdichtet sich diese Atmosphäre.

Biografische Skizze

Kenneth Grahame wird nach dem Tod seiner Mutter von der Großmutter aufgezogen, weil sich sein Vater außer Stande sieht, die Pflege aller vier Kinder zu übernehmen. Ein Studium in Oxford bleibt Kenneth verwehrt, stattdessen geht er zur *Bank of England*, wo er bis zu seinem Ruhestand bleibt. Seine ersten Geschichten veröffentlicht er 1893 in Buchform unter dem Titel „Pagan Papers“ (dt.: „Heidnische Schriften“). „Der Wind in den Weiden“ erzählte er ursprünglich seinem Sohn. Konservatives Denken verbindet sich bei Grahame mit einem zurückhaltenden Pantheismus.

Wertorientierte Beurteilung

Die Liebe zur Natur wurde in Deutschland mehrfach instrumentalisiert, um politische Bewegungen zu etablieren. „Der Wind in den Weiden“ hingegen bezieht zu gesellschaftlichen Problemen keine Stellung; vielmehr handelt das Buch vom Privaten, von der Freiheit des Individuums und von der Geborgenheit im Kreis der Freunde: Es präsentiert ein zeitloses Leben und ist damit eine Absage an jede Ideologie. Kritisch setzen sich die Episoden mit der Industrialisierung auseinander, die das Althergebrachte verdrängt. Dort, wo man sich auf technische Neuerungen einlässt, wird das sichere Territorium verlassen – wann immer man seiner Heimat den Rücken kehrt, muss man mit Schwierigkeiten rechnen.

Das Leben in der natürlichen Ordnung ist das Thema des Werkes. In diesem Kontext sollte die Aussage der Ratte über die Bedeutung des Flusses verstanden werden: „Ich lebe an ihm und mit ihm und auf ihm und in ihm.“ Dass der Autor seine pantheistische Weltanschauung anklingen lässt, muss nicht weiter stören. Sie steht am Rand und wird von Schülern kaum bemerkt. Nur an einer zweiten Stelle bringt Grahame noch diese persönliche Note ein, nämlich in dem Kapitel „Der Pfeifer am Tor zur Dämmerung“ (welches in den meisten Übersetzungen ohnehin weggelassen wurde). Hier geht es um die Musik der Weiden, um die Sehnsucht, mit der Natur zu kommunizieren. Der Gesang des Windes kann analog zum Sprechen der Tiere als genretypisches Merkmal der Fabel verstanden werden. Letztlich bleibt sogar offen, ob es sich um eine Sinnestäuschung handelt.

Tipps für den Unterricht

Die Lektüre spricht für sich und kann einfach runtergelesen werden. Allerdings sind zwei Abschnitte im Buch problematisch, weil sie aus Sicht des Pantheismus geschrieben sind – eine Weltanschauung, wonach alle Dinge eine Einheit bilden und nicht wirklich voneinander verschieden sind. Während Christen andere Menschen und auch Gott als ein Gegenüber erleben (ein selbstständiges „Du" – und sich selbst als „Ich"), kann der Pantheist zwischen Objekt und Subjekt nicht unterscheiden. Alles ist für ihn lediglich der je verschiedene Ausdruck des einen (Ratte und Fluss verhalten sich zueinander wie zwei Glieder desselben Organismus; der Pantheist will mit der Natur verschmelzen). Deswegen sollte der Lehrer den begrifflichen Unterschied von Natur (Selbstorganisation der Materie) und Schöpfung (Geschenk Gottes) thematisieren.

Unterrichtshilfen

- Niemann, Charlotte, Der Wind in den Weiden, Hörspiel (Dt. Grammophon) 1976
- http://www.gutenberg.org/etext/289/www.parkaue.de/serveDocument. php?id=574

Bewertung

Bedeutung	★★★☆☆	liebewoller Kinderbuchklassiker; sehr englisch
Attraktivität	★★★☆☆	sprachlich eher anspruchsvoll; überaus anheimelnd
Wertigkeit	★★★☆☆	Wertschätzung von Heimat und Natur; allerdings pantheistische Anklänge

Klasse: 3 4 5 6 **7 8 9** 10 11 12 13
Schulart: GS **HS RS GYM**
Bearbeitung: ske

Margaret Peterson **Haddix** (*1964)

Schattenkinder

(2002)

Jugendroman

Ausgaben

- dtv, 176 Seiten

Inhalt

Luke Garner ist dritter Sohn einer Farmerfamilie, 12 Jahre alt und illegal. Die fiktive Gesellschaft, in der die Garners leben, begrenzt per Gesetz die Anzahl der Kinder pro Familie auf zwei. Das macht Luke zu einem „Schattenkind“, das weder zur Schule noch in den Supermarkt gehen kann. Über die Durchsetzung des Bevölkerungsgesetzes wacht die staatliche Bevölkerungspolizei. Ein Verstoß wird hart gestraft: mit dem Tod.

Anfangs kann Luke noch im Wald hinter dem Haus spielen, doch als dieser gerodet wird, um neue Häuser für die Oberschicht („Barone“) zu bauen, muss er den ganzen Tag auf dem Dachboden zubringen. Auch beim Essen, muss er abseits sitzen, um nicht durchs Fenster gesehen zu werden.

Eines Tages beobachtet Luke jedoch durch seine kleine Ventilatorenöffnung auf dem Dachboden, dass im Nachbarhaus ein drittes Kind lebt – wie er! Er macht sich auf und findet Jen Talbot, die von ihrer Familie ebenfalls versteckt wird. Im Gegensatz zu Luke ist Jen ein tatkräftiges Mädchen, das über das Internet ein soziales Netzwerk mit Schattenkindern leitet. Das Treffen mit Jen verändert Lukes ganzes Leben, immer öfter schleicht er sich zu ihr.

Als Jen eine Protestkundgebung aller Schattenkinder organisiert, lehnt Luke aus Angst ab. Das rettet ihm das Leben, denn die Bevölkerungspolizei zerschlägt die Demonstration und Jen kommt ums Leben. Herr Talbot, Jens Vater, ist Regierungsbeamter und geheimer Regimekritiker. Er findet Luke und besorgt ihm eine neue Identität: „Lee Grant“, ein Baronkind. Für Luke beginnt ein neues Leben.

Biografische Skizze

Margaret Peterson Haddix wird am 9. April 1964 geboren. Sie wächst im „Small-town-America“ des Mittleren Westens auf. Obwohl ihre Eltern seit Generationen in der Landwirtschaft arbeiten, ist ihr Elternhaus nicht bildungsfern, sondern fördert sie früh im Lesen. Sie studiert „kreatives Schreiben“, arbeitet jedoch zuerst als Journalistin und kommt erst später zur Schriftstellerei. Mit „Running out of Time“ gelingt ihr ein verspäteter Durchbruch.

Wertorientierte Beurteilung

Klimaerwärmung, Ressourcenknappheit, Bevölkerungswachstum sind Probleme unserer Zeit. Die utopische (amerikanische) Gesellschaft im Buch „Schattenkinder“ findet eine bisher undenkbare Lösung: Begrenzung der Bevölkerungszahl via Gesetz. Der politische Prozess, der zu dieser Entscheidung geführt hat, bleibt unerwähnt, doch deren Konsequenzen sind das zentrale Thema des Buches. Der Konflikt ist so schwerwiegend, weil es nicht um die Begrenzung von CO^2-Emissionen, sondern um die Familie geht. Wie weit darf der Staat gehen, wenn es das Wohl der Gesellschaft zu schützen gilt?

Luke ist ein vorsichtiger Junge. Er leidet unter dem ständigen Versteckspiel, doch er selbst hat nicht die Kraft oder den Mut zu handeln. Als er Jen trifft, ist das für ihn zuerst schockierend, dann befreiend, denn er erkennt die Möglichkeit, etwas zu unternehmen. Die Perspektive, aktiv zu werden, Gesellschaft zu gestalten, zu protestieren, ist für Jen normal, doch sie handelt unbedacht und zahlt am Ende einen hohen Preis. Der Leser fragt sich unwillkürlich, wie er wohl selbst gehandelt hätte, und wohl auch, ob Jen gescheitert ist oder ob es vielleicht dieser Art von Opfer bedarf, damit sich etwas ändert.

Tipps für den Unterricht

Verbindungen mit dem Geografie- oder Gemeinschaftskundeunterricht bieten sich an. Diese könnten z. B. die Frage nach Ressourcenknappheit aufgreifen und mögliche Lösungsansätze diskutieren. Die Analyse der chinesischen Ein-Kind-Politik und ihrer Konsequenzen bietet sich in diesem Kontext ebenso an wie die Frage, ob die „Malthusianische Katastrophe“ eintreffen werde. Unter anderem stellt der Club of Rome, der 1972 die „Grenzen des Wachstums“ prognostizierte, in seinem neuen Bericht fest, dass die Bevölkerungszahl ab 2040 sinken wird. Geschichtlich ist die Zeit des Nationalsozialismus und seine Familienpolitik für die Lektüre fruchtbar.

Das Buch „Schattenkinder“ ist das erste in einer Reihe von sieben Bänden. Der zweite Band („Unter Verrätern“) verfolgt Lukes neues Leben als „Lee Grant“ in der privaten „Hendricks Schule für Jungen“, wo er neuen Gefahren, aber auch neuen Freunden begegnet. Ein Schüler könnte das Buch in einer Buchvorstellung der Klasse präsentieren und zum Weiterlesen anregen.

In höheren Klassen bietet sich ein Vergleich mit anderen literarischen (Anti-)Utopien an, z. B. Huxleys „Schöne neue Welt“ oder Orwells „1984“.

Unterrichtshilfen

- Büsching-Engemann, Svenja: Schattenkinder. Realität oder Fiktion? In: Deutschmagazin 4/12
- Didaktische und methodische Anregungen des dtv Verlags (http://www.dtv.de/_pdf/lehrermodell/70635.pdf?download=true)

Bewertung

Bedeutung	★★★☆☆	modernes Jugendbuch mit zahlreichen Preisen prämiert, v. a. im anglo-amerikanischen Raum
Attraktivität	★★★★★	packende Handlung; interessantes Thema; nah an der Lebenswelt der Schüler (Internet, digitale soziale Netzwerke, Demonstrationen); leicht lesbare Sprache
Wertigkeit	★★★★☆	wichtige ethisch-politische Fragen stehen im Mittelpunkt ebenso wie das Thema „Familie“; konservative Werte werden vertreten; eine christliche Perspektive fehlt

Klasse: 3 4 5 **6 7** 8 9 10 11 12 13
Schulart: GS **HS RS GYM**
Bearbeitung: mkh

Wilhelm **Hauff** (1802-1827)

Das kalte Herz

(1827)

Kunstmärchen

Ausgaben

- Klett (Texte + Materialien)
  Taschenbuch, 88 Seiten
- Klett (Leseheft), Taschenbuch, 132 Seiten

Inhalt

Peter Munk lebt als Köhler im Schwarzwald. Weil er mit seinem Stand unzufrieden ist, tauscht er sein mitfühlendes Herz gegen eines aus Stein; im Gegenzug erhält er dafür vom Holländer-Michel den gewünschten Reichtum.

Das Märchen thematisiert die sozialen Umstände einer im Wandel befindlichen Gesellschaft. Symbolisch steht das Glasmännchen, der gute Geist des Schwarzwalds, für die bodenständige Handwerkskunst der Heimat, wogegen der Holländer-Michel schnelles Geld verspricht, welches durch den Export von Holz erwirtschaftet werden kann. Die Erzählung bleibt in jener der Bildsprache eigenen vagen Andeutung; sie präsentiert sich als eine in sich stimmige Fantasiegeschichte. Sowohl der gute wie auch der böse Geist vermögen Wünsche zu erfüllen: Während aber das Glasmännchen vor falschen Sehnsüchten warnt, fordert sie der Holländer-Michel geradezu heraus. Nach was verlangt der Mensch am meisten? Wozu ist er auf Erden?

Für seine materiellen Begierden opfert Peter Munk alles, verstößt seine arme Mutter und tötet sogar seine Frau. Beim Holländer-Michel in der Höhle sieht er die Herzen all jener, die ihre Seele für Macht, Ruhm und Reichtum verkauft haben. Zuletzt bereut der Protagonist seine Sünden, hält dem dämonischen Geist ein Kreuz entgegen und vermag so sein Herz zurückzugewinnen. Peter bekommt das neue Leben geschenkt.

Biografische Skizze

Wilhelm Hauff ist der bedeutendste Vertreter der Schwäbischen Dichterschule. Er studierte als Stipendiat des Evangelischen Stifts Tübingen das Fach Theologie und erwarb den Doktorgrad der philosophischen Fakultät. Weil es ihn zum Schreiben zog, trat er keine Pfarrstelle an. Bleibende Bekanntheit erwarb der früh verstorbene Schriftsteller durch seine drei spätromantischen Märchen-Almanache, deren letzter „Das Wirtshaus im Spessart“ enthält. Im Rahmen dieser Geschichte eingebettet, tragen sich die Gäste der besagten Unterkunft einander Märchen vor, um ihre Angst vor Räubern zu bannen. Eine dieser Binnenerzählungen ist „Das kalte Herz“. Sie wurde im Todesjahr des Dichters veröffentlicht.

Wertorientierte Beurteilung

Obwohl „Das kalte Herz“ zweifelsohne eine fantastische Erzählung ist, so darf sie dennoch als genuin christliche gelten. Die Frage nach den drei Wünschen hat bei Hauff keinesfalls etwas mit Magie zu tun, vielmehr thematisiert sie, was der Sinn des Lebens sei: Welche drei Dinge sind am wichtigsten? Der Held wird vom Bösen versucht und muss sich für das Gute entscheiden. Was für einen Wert hat es, am besten tanzen zu können oder am meisten Geld in der Tasche zu haben? Das Märchen macht sich über oberflächliche Bedürfnisse lustig und zeigt auf, in welche Abhängigkeiten der Sünder gerät.

Am Vorabend der Industriellen Revolution bot die Romantik eine Rückbesinnung auf das Mittelalter, das einfache Leben ohne Maschinen. Die Liebe zum eigenen Land verband sich mit dem Volkstümlichen – alles Fremde wurde mit Skepsis betrachtet. Der Konflikt zwischen heimatlichem Handwerk einerseits und dem Handel mit dem Ausland andererseits ist durch die beiden Geister versinnbildlicht.

Tipps für den Unterricht

Neben einem hervorragenden Hörspiel aus der DDR (Litera 1985) ist vor allem auf die Verfilmung aus dem Jahr 1978 hinzuweisen, welche in der DVD-Box „Märchen und Sagen mit der Augsburger Puppenkiste“ erschienen ist. Beide Interpretationen können im Unterricht mit dem Original verglichen werden.

Das Material im Anhang der oben angeführten Lektüren lädt ein, sich mit Land und Leuten zu beschäftigen, die den Hintergrund für die Erzählung liefern. In Baden-Württemberg wird der Schwarzwald in der fünften Klasse im Erdkundeunterricht behandelt. Schließlich inspirieren die

Illustrationen von Maren Briswalter (Urachhaus 2009), das Thema im Kunstunterricht aufzugreifen.

Der Pakt mit dem Teufel als literarisches Motiv wird im Rahmen dieses Kanons bereits bei Jeremias Gotthelfs „Die schwarze Spinne“ besprochen.

Unterrichtshilfen

- Schwarz, Rainer, Das kalte Herz, Hörspiel (Litera) 1986
- DVD: Das kalte Herz (Regie: Hannes Rall), 2013, 23 Minuten
- Benedikt Descourvières, Wilhelm Hauffs Erzählung Das kalte Herz: Einführung, Analyse und Unterrichtsmaterialien, Books on Demand 2009
- Lektürekommentar Ernst-Klett Verlag, http://www.klett.de/sixcms/media.php/10/tb_lk_262735.pdf
- Schnierle-Lutz, Ernst-Klett Verlag, http://www.klett.de/sixcms/media.php/229/262735_kalte_kreuzwort.pdf
- Schmidt, Wolfgang G., Materialmappe der Theaterwerkstatt Heidelberg, http://www.theaterwerkstatt-heidelberg.de/uploadverzeichnisse/downloads/das_kalte_herz_mm.pdf

Bewertung

Bedeutung	★★★★☆	herausragendes Stück deutscher Romantik
Attraktivität	★★★☆☆	fantasievoller und spannender Kampf zwischen Gut und Böse; im Original etwas veraltete Sprache
Wertigkeit	★★★★★	das erkaltete Herz symbolisiert den durch Sünde verhärteten Menschen; eindeutig christlich

Klasse: 3 4 5 **6 7** 8 9 10 **11 12 13**
Schulart: GS HS **RS GYM**
Bearbeitung: mkh

Cervantes

Walter **Heichen** (1876-1970)/
Miguel **Cervantes** (1547-1616)

Don Quijote

(1910/2006)/(1605/1615)
Jugendroman (Nacherzählung)

Ausgaben

- Arena (Kinderbuchklassiker), 222 Seiten

Inhalt

Don Quijote hat die Zeit der Ritter verpasst und sucht jetzt in der äußeren Welt vergebens nach Abenteuern. Wir haben es mit einem Idealisten im doppelten Sinne zu tun: Er verschreibt sich der höfischen Etikette, und weil ihm dafür die Kulisse ebenso wie die Komparsen fehlen, deutet er Kraft seiner Fantasie alle Sinneseindrücke um. Aus der Schänke wird eine Festung, aus Weinschläuchen werden Riesen und aus Windmühlen Ungeheuer.

Die Menschen lachen zwar über Don Quijote, nehmen aber willig jene Rollen ein, welche er ihnen zudenkt: Ein Wirt schlägt ihn zum Ritter, der Nachbar begleitet ihn als Knappe, weitere Dorfbewohner inklusive Pfarrer werden Teil seines Ensembles. Wer Narr ist und wer Publikum, bleibt der Deutung des Lesers überlassen. Wann immer Wahrnehmung und Wirklichkeit auseinanderdriften, tut Don Quijote alle Zweifel mit dem Hinweis ab, Zauberer Friston habe wieder einmal Verwirrung gestiftet. Ob die angebetete Dulcinea von Toboso überhaupt existiert, bleibt ebenso unklar wie nebensächlich, da sie lediglich Projektionsfläche für Erwartungen ist.

Don Quijote ist ein Tor, aber kein Trottel. Als ihm eine Schauspieltruppe begegnet, erkennt er sofort den Mummenschanz – obwohl er nun augenscheinlich König, Tod und Teufel gegenübersteht, bindet er sie nicht in seine Imagination ein; vielmehr lobt er die Komödianten, weil durch sie den Menschen die Eitelkeit der Welt ansichtig werde.

Biografische Skizze

Miguel de Cervantes y Saavedra studiert Theologie in Salamanca und nimmt 1571 als spanischer Marine-Infanterist an der Schlacht von Lepanto teil. Mehrfach gerät er in Gefangenschaft, muss auf Galeeren von Türken rudern, ehe ihn der Trinitarier-Orden freikauft. 1605 wird der erste Teil des „Don Quijote“ gedruckt, ein Jahr vor seinem Tod folgt ein zweiter. Sein Vaterland hat Cervantes' Bedeutung auf einem Denkmal zusammengefasst: „Princeps Scriptorum Hispaniae“. 2002 prämierte das Osloer Nobelinstitut „Don Quijote“ als „Das beste Buch der Welt“.

Wertorientierte Beurteilung

Der Junker aus La Mancha will für das Gute kämpfen. Doch seine Abenteuer zeigen, wie lächerlich es ist, Ruhm und Ehre in äußeren Taten nachzujagen. Der Protagonist steht für einen Christen, der sich nicht damit begnügt, im Alltag Christus nachzufolgen, sondern dies auf außerordentliche Weise als Held tun möchte – und dabei höchst sonderbar wirkt. Don Quijote weiß sehr wohl, dass die Liebe zu Gott und dem Nächsten das Ziel allen menschlichen Strebens sein müsse, verkennt aber, dass dies oft sehr unbemerkt geschieht und vor allem etwas mit Innerlichkeit zu tun hat. Viel zu sehr geht es dem Helden um Anerkennung – wenngleich sehr abstrakt, nämlich seitens einer Dame, die nichts von ihm weiß (und von der auch er nichts wissen möchte, weil er sich für viel zu unwürdig hält).

Der naive Idealismus des Junkers berührt, seine kindische Art lässt schmunzeln. Doch als Don Quijote seinem Knappen Sancho die Kunst des Regierens erklärt, bläut er ihm ein, dass ohne Gottesfurcht und Selbsterkenntnis niemand herrschen könne. Ein echter Ritter müsse für die Armen eintreten und für die Gerechtigkeit eintreten. Fjodor Dostojewski, Ortega y Gasset, E. T. A. Hoffmann, G. K. Chesterton und andere halten „Don Quijote“ für die vollkommenste Gestalt christlicher Erzählkunst; Henry Purcell, Georg Philipp Telemann, Felix Mendelssohn, Richard Strauss waren Komponisten, die das Werk in Musik fassten.

Tipps für den Unterricht

Der Text von Cervantes kann erst in der Oberstufe gelesen werden. Eine geeignete Übersetzung fertigte Ludwig von Braunfels an. Für das jüngere Publikum bietet sich die Nacherzählung von Walter Heichen an, die weit mehr zu bieten hat als der weithin bekannte Text von Erich Kästner. Für den Unterricht brauchbare Illustrationen erstellten u. a. Gustave Doré, Jassen Ghiuselev und Stefan Mart.

Fächerübergreifend lässt sich in Geschichte Don Quijotes Ritterbild mit der Wirklichkeit des Mittelalters vergleichen. Reizvoll ist es auch, mit Kindern darüber zu sprechen, wo sich heutige Menschen in Sekundärwelten begeben oder inwiefern sie die Wirklichkeit verzerrt wahrnehmen, weil sie einer fixen Idee nachjagen. Mit älteren Schülern lässt sich thematisieren, dass Don Quijotes Liebe zu Dulcinea von Toboso einer Wahnvorstellung entspringt, der auch heute noch Menschen erliegen: in den Geliebten alles (Un-)Mögliche hineinzuinterpretieren, was mit der realen Person nichts zu tun hat.

Unterrichtshilfen

- Lauterbach, Ullrich (Regie), Don Quijote de la Mancha, Hörspiel (Der Hörverlag) 1962
- Kästner, Erich (Regie), Don Quichotte, Hörspiel (Oetinger), 2006
- Eder, Katja, Don Quichotte – ein Leseprojekt, Cornelsen (einfach lesen), 2009

Bewertung

Bedeutung	★★★★★	nach dem Nobelinstitut: das beste Buch der Welt
Attraktivität	★★★☆☆	tragisch und komisch zugleich; bietet im Unterricht viel Gesprächsstoff und Möglichkeiten zum Aufsatz; bedarf der Erläuterung des Lehrers
Wertigkeit	★★★☆☆	ritterlicher Ehrenkodex; Gott steht im Mittelpunkt des Denkens; allerdings ist das Streben nach Idealen überspannt und deswegen grostek; Frage: Spinnt sich nicht jeder in gewisser Weise seine eigene Welt zurecht?

Klasse: 3 4 5 6 7 **8 9 10 11 12 13**
Schulart: GS HS **RS GYM**
Bearbeitung: mkh/se

Hugo von **Hofmannsthal** (1874-1929)

Der Jedermann

(1911)

Mysterienspiel (Drama)

Ausgaben

- dtv TB, 144 Seiten
- insel taschenbuch, 135 Seiten

Inhalt

„Der Jedermann" ist ein Theaterspiel vom Sterben eines reichen Mannes, der durch seinen Namen pars pro toto für alle Menschen steht, welche die Welt mehr achten als ihren Schöpfer. Gott beauftragt Gevater Tod, den Jedermann vor seinen Richterstuhl zu rufen. Der Protagonist ist gerade damit beschäftigt, Geld in einen Lustgarten zu investieren. Sowohl sein Verhältnis zum Mammon wie auch zum Geschlechtlichen weisen die biblische Ordnung zurück. Gegenüber Bedürftigen ist Jedermann erbarmungslos, er kennt weder Gottes- noch Nächstenliebe. Von den Bekehrungsversuchen der Mutter will er nichts wissen. Mitten in einem Festgelage stellt sich der Tod vor den reichen Prasser, ohne jedoch von den anderen Gästen wahrgenommen zu werden. Nach langem Bitten erhält der Gottlose eine Gnadenfrist von einer Stunde, um sich auf sein Ende vorzubereiten. Verzweifelt versucht Jedermann, irgendetwas aus dieser Welt mitzunehmen, doch allen Treueschwüren zum Trotz, wollen weder seine Konkubine noch sein Vermögensverwalter mit in die Hölle. Selbst der Reichtum verweigert die Gefolgschaft. Nun betreten die „Guten Werke" als personifizierte Allegorie die Bühne; aber sie sind zu schwach. Erst als der Glaube auftritt und auf die unendliche Liebe Gottes hinweist, hat der Jedermann die Kraft, die Gnade der Rechtfertigung anzunehmen. Im letzten Moment wird der Sterbende der Hölle entrissen.

Biografische Skizze

Hugo von Hofmannsthal verzichtet nach einer Habilitation über Victor Hugo auf eine akademische Laufbahn, um Schriftsteller zu werden. Zu seinen Freunden zählen bereits in frühen Jahren der Bildhauer Auguste Rodin, der Komponist Richard Strauss sowie etliche bekannte Schriftsteller, beispielsweise Stefan George, Arthur Schnitzler, Felix Salten, Hendrik Ibsen, Gerhardt Hauptmann. Zeitlebens ist Hofmannsthal Monarchist. Er entstammt dem jüdischen Großbürgertum; sein Großvater war geadelt worden, sein Vater zum Katholizismus konvertiert. Hofmannsthals neue Ideen zur Gestaltung des Theater(raume)s, die er auch in theoretischen Schriften publiziert, setzt er in seinem „Jedermann“ um. Der Suizid seines Sohnes Franz nimmt den Schriftsteller so sehr mit, dass er zwei Tage darauf an den Folgen eines Schlaganfalls stirbt. Obwohl nur Laienmitglied des Drittordens der Franziskaner, ließ er sich in der braunen Kutte der Mönche beerdigen.

Wertorientierte Beurteilung

Wir leben in einer Zeit, in der das Thema „Tod“ tabuisiert wird. Man redet nicht gerne darüber und die medizinischen Möglichkeiten und unser guter Lebensstandard wiegen uns in der Sicherheit, dass uns der Tod nicht leicht ereilen wird. Doch mit der bewussten Erkenntnis der Endlichkeit unseres Erdenlebens eröffnen sich uns auch die Frage nach dem Sinn und Zweck unseres Daseins. Gottes Wort ist der wertvollste Schlüssel, um darauf eine Antwort zu finden.

Mit dem Tod verliert der Mensch die Möglichkeit, das Erlösungswerk Jesu Christi anzunehmen, um ewiges Heil zu erlangen. Das Ende des Lebens ist der Augenblick, in dem nichts mehr ungeschehen gemacht oder verziehen werden kann. Die Stunde unseres Todes bleibt ungewiss – aber kaum etwas in dieser Welt ist sicherer, als dass wir sterben müssen. Die Auseinandersetzung mit dem irdischen Ende kann gleichermaßen erschreckend wie heilsam sein. Nirgends stellt sich die Frage nach dem Sinn des Lebens vehementer als im Angesicht der eigenen Vergänglichkeit. Der „Jedermann“ führt uns vor Augen, dass wir alle ausnahmslos mit dieser Angelegenheit konfrontiert sind. Mit dem Theaterstück wird gezeigt, dass Gott die einzige Hoffnung ist, auf die wir bauen dürfen: Er allein ist unsere Rettung.

Hugo von Hofmannsthal griff mehrere Stoffe der frühen Neuzeit auf, in denen das Verhältnis des Menschen zu Gott thematisiert wird, unter anderem einige Mysterienspiele Calderon de La Barcas. Sein „Jedermann" wird nicht nur jährlich auf den Salzburger Festspielen in Szene gesetzt, sondern durch eine wandernde Schauspielertruppe im ganzen deutschsprachigen Raum fortdauernd zur Aufführung gebracht. Bei dem deutlich evangelistischen Inhalt wundert es, dass sich für das Stück permanent ein Publikum findet.

Tipps für den Unterricht

Eine Übergangsform der mittelalterlichen Mysterienspiele waren die im 15. Jahrhundert aufkommenden Moralitäten, in denen das menschliche Schwanken zwischen Gut und Böse bildhaft dargeboten wurde. Laster und Tugenden kamen als Personen auf die Bühne. In dieser Zeit entstanden die ersten Fassungen des „Jedermann" in den Niederlanden und in England. Der holländische „Elckerlyc" wurde vermutlich 1477 geschrieben und erschien 1495 im Druck. Die erste nachweisbare Ausgabe des englischen „Everyman" stammt aus dem Jahre 1529. Der „Jedermann"-Stoff erfreute sich im 16. Jahrhundert sehr großer Beliebtheit und wurde vielfach bearbeitet, u. a. von Hans Sachs („Hecastus", 1549). Dort sieht man bereits den Einfluss der reformatorischen Lehren, besonders in der Frage der Errettung. In der Urfassung des engl. „Everyman" haben noch die guten Werke erlösende Wirkung und auch die katholischen Sakramentre haben ihren Platz.

Hugo von Hofmannsthal greift für seine Fassung des Spiels auf mehrere Quellen zurück – u. a. auf die englische Fassung „Everyman", Hans Sachs' „Ein comedi von dem sterbenden reichen Menschen, Hekastus genannt", das gereimte Gebet Dürers „Kein Ding hilft für den zeitling Tod" und Georg Simmels „Philosophie des Geldes".

Für den Unterricht bietet sich daher der Vergleich der Urfassung mit Hofmannsthals Bearbeitung an, auch im Hinblick auf die Bedeutung von Werke und Glauben.

Unterrichtshilfen

- Quadflieg, Will (Sprecher), Der Jedermann, Hörbuch Theatermitschnitt, (Deutsche Grammophon), 1958/2008
- Stückl, Christian (Regie), Der Jedermann, DVD Inszenierung im Rahmen der Salzburger Festspiele, 2004
- „Literatur und ihre Zeit – Das Spiel vom „Jedermann" von Hugo von Hofmannsthal". Medienbegleitheft zur DVD 12452 vom Bundesministerium für Unterricht, Kunst und Kultur Österreich

- download unter: http://www.bmukk.gv.at/medienpool/21989/12452_04.pdf
- Marcel Haldenweg „Die Glaube- und Werkeszenen des ‚Jedermann' und ‚Everyman' im Vergleich". E-Book; GRIN Verlag 2002
- Reclam Universal-Bibliothek (16003). Jedermann. Erläuterungen und Dokumente von Heinz Rölleke

Bewertung

Bedeutung	★★★☆☆	Wiederauflage eines Mysterienspiels der Renaissance; wird seit 1920 jährlich in Salzburg aufgeführt
Attraktivität	★★★☆☆	trotz alter Sprache gut lesbar; sehr schön als Inszenierung anzuschauen (auf der Bühne oder als DVD)
Wertigkeit	★★★★★	evangelistische Aussage; sehr gut geeignet, um über den Sinn des Lebens ins Gespräch zu kommen und Anregung zu geben, über den Tod nachzudenken

Klasse: 3 4 5 **6 7 8 9** 10 11 12 13
Schulart: GS **HS RS GYM**
Bearbeitung: mkh

Edna **Hong** (1913-2007)

Tal der Liebe

(1979)

Historische Erzählung

Ausgaben

- SCM R. Brockhaus, Taschenbuch, 206 Seiten

Inhalt

Günther kommt während des Ersten Weltkriegs als Mangelgeburt zur Welt, wird in einer Kammer der Großmutter versteckt und dann nach Bethel abgeschoben. Er leidet unter starker Rachitis. Auch wenn es für seinen Körper zu spät war, sich normal zu entfalten, so doch nicht für seine Seele. Der Junge wird zum ersten Mal bei seinem Namen gerufen, findet zu sich. Günther lernt, mit Menschen zu reden und auch die Sprache des Lobpreises kennen.

An seinem ersten Weihnachtsfest in Bethel wird Günther mit dem Tod seines Freundes Kurt konfrontiert. Schmerzlich stellt er fest, dass alles einen Knacks hat – aber Pastor Fritz erzählt ihm von Jesus, der kam, um alles neu zu machen, und Kurt mit zum himmlischen Vater nahm. Günther lernt auch die Not der Welt kennen, denn während der Weltwirtschaftskrise nimmt sich Bethel vieler Bedürftiger an. Als er während des Konfirmandenunterrichts darüber nachdenkt, welchen Beruf er wählen soll, begreift Günther, wie sehr seine Wahl eingeschränkt ist, was ihn zunächst wütend macht. Doch dann nimmt er sein Schicksal bewusst an, indem er sich entschließt, zur größeren Ehre Gottes zu leben. Schließlich vertraut Frau Julia Bodelschwingh, die Frau von Pastor Fritz, dem Jungen Botengänge an, während ihr Mann ihn bittet, Loblieder zu singen, um Kraft für seine Aufgaben zu bekommen.

Mit der Machtergreifung der Nationalsozialisten wird den Behinderten der Krieg erklärt. Nachdem einige aus Bethel abtransportiert wurden, entdeckt Pastor Paul Braune die Spur eines großen Verbrechens.

Nun geraten die Bodelschwinghschen Anstalten in Bedrängnis, denn ihr Leiter weigert sich, weitere Fragebögen über die ihm anvertrauten Menschen auszufüllen. Auf diese Weise überlebt Günther – und mit ihm etliche andere – das Dritte Reich.

Biografische Skizze

Ab den 30er-Jahren widmet sich Edna Hong gemeinsam mit ihrem Ehemann Howard der Übersetzung der Werke des dänischen Theologen und Philosophen Søren Kierkegaard ins Englische. Über 40 Jahre arbeitet sie am lutherischen St. Olaf College in Minnesota und prägt dort mehrere Generationen von Studenten.

Edna Hong ist 1913 im US-Bundesstaat Wisconsin geboren, wo sie auf einer Farm in einer protestantischen Familie aufwächst. Nach ihrer Ausbildung arbeitet sie zunächst drei Jahre lang als Lehrerin auf dem Land, um Geld zu sparen und sich dann das Studium am St. Olaf College leisten zu können, wo sie bald ihren späteren Gatten kennenlernt. Für ihre Arbeiten erhält Edna 1993 vom Luther Institute in Washington DC den Wittenberg Award. Neben ihrer wissenschaftlichen Tätigkeit schreibt sie Erzählungen religiösen und historischen Inhalts sowie Kinderbücher, die weithin Beachtung finden. Die bekennende Christin ist Mutter von acht Kindern (von denen sie zwei während des Zweiten Weltkriegs aus Lettland adoptiert), hat 20 Enkel und lernt noch 19 Urgroßenkel kennen, bevor sie 2007 im Alter von 94 Jahren stirbt.

Wertorientierte Beurteilung

„Tal der Liebe" ist ein erschütterndes Buch von höchster Aktualität. In keinem anderen Bereich war die Propaganda des Dritten Reichs so nachhaltig wie bei der Schaffung einer allgemeinen Akzeptanz für eine Kultur des Todes. Die heutige Pränataldiagnostik hat vor allem den Sinn, Behinderte zu selektieren und ungewünschte Kinder abzutreiben, während die aktive Sterbehilfe dafür sorgt, Alte und Kranke loszuwerden. Auch bei der Organtransplantation muss man kritisch fragen, ob die Definition des Hirntods nicht eigens erfunden wurde, um einem lebenden Körper brauchbare Teile entnehmen zu können. Abtreibung und Euthanasie finden in unseren Tagen mindestens so viele Befürworter wie unter Hitler. Eben deswegen wird die Tötung von behinderten Menschen im Dritten Reich bei uns weitgehend ausgeblendet. Damals wie heute sind es vor allem Christen, welche sich für den Lebensschutz engagieren und damit eine Außenseiterrolle in der Gesellschaft einnehmen.

Die Geschichte von Günther in Edna Hongs historischer Erzählung zeigt in rührender Weise den Wert eines Menschen auf – unabhängig von seiner Produktivität ist jeder kostbar, weil wir Ebenbilder des Schöpfers sind und Gott für uns ans Kreuz ging. Aus der Perspektive eines behinderten Jungen lernt der Leser Pastor Friedrich von Bodelschwingh (1877-1946) kennen, der ihn dessen Wert erkennen lässt und ihm den Weg zum Glauben weist. In Bethel, Bodelschwinghs Einrichtung zur Betreuung von Menschen mit Behinderung, wurden im Dritten Reich Tausende vor dem sicheren Tod bewahrt, die aufgrund der „Rassehygiene" hätten ermordet werden sollen.

Tipps für den Unterricht

Das Buch ist sprachlich recht einfach (weshalb es ab der sechsten Klasse durchgenommen werden kann), wird aber inhaltlich erst dann ganz erschlossen, wenn die Zeit des Nationalsozialismus im Fach Geschichte behandelt wird. Für die Oberstufe ist die Perspektive des Protagonisten womöglich zu kindlich. Ideal scheint deswegen eine Behandlung in Klasse 8 (Gymnasium) bzw. Klasse 9 (Realschule, Hauptschule), weil dann auch auf den historischen Kontext eingegangen werden kann.

Für ältere Schüler bietet sich der Vergleich mit dem Kriminalroman „Grafeneck" von Rainer Gross an, der die Euthanasie auf der Schwäbischen Alb zum Inhalt hat. Der evangelikale Autor thematisiert Schuld und Vergebung, fragt nach der Bürde, welche auf der zweiten Generation lastet, und macht klar, dass vermeintliche Helden im Kampf gegen das Unrecht selber zum Sünder werden, wenn sie sich unlauterer Mittel bedienen.

Wichtig ist außerdem eine korrekte Darstellung des Widerstands von Christen im NS-Staat. Bodelschwinghs Leistungen werden in tendenziösen Darstellungen relativiert, weil er vor dem Dritten Reich die Sterilisation von Erbkranken erörterte und seine Einrichtungen nicht den heutigen Maßstäben an Komfort entsprechen. In diesem Zusammenhang ist ein Exkurs auf Kardinal von Galen denkbar, der sich durch öffentliche Ansprachen auf katholischer Seite gegen Euthanasie einsetzte. Die heutige Euthansie-Debatte (sowie der Lebensschutz allgemein) stellen den aktuellen Bezug her und sollten in den oberen Klassen unbedingt zur Sprache kommen.

Unterrichtshilfen

- Rainer Gross, Grafeneck, Goldmann 2010
- DVD-Kurzfilm: Heil Emil – Euthanasie im Dritten Reich, Regie Sebastian Kilinski (2011)
- Stefan Rehder, Die Todesengel-Euthanasie auf dem Vormarsch, Sankt Ulrich Verlag 2009
- Joachim Kuropka (Hrsg.), Clemens August von Galen: Menschenrechte – Widerstand – Euthanasie – Neubeginn, Regensburg-Verlag 1998
- Caroline und Philipp von Ketteler, Clemens August von Galen – Der Löwe von Münster: Sein Leben für Kinder erzählt, Aschendorff Verlag 2005
- http://www.theologie-heute.de/OrgantransplantationNEUFORMULIERUNGOSNABRUCK.pdf

Bewertung

Bedeutung	★★☆☆☆	außerhalb der christlichen Leserschaft ein in Deutschland wenig bekanntes Buch
Attraktivität	★★★★☆	einfach zu lesen, einfühlsam und ergreifend
Wertigkeit	★★★★☆	Kritik an Euthanasie; stellt den Wert des menschlichen Lebens dar und zeigt, dass auch Behinderte eine Beziehung zu Gott haben können

Klasse: **2 3** 4 5 6 7 8 9 10 11 12 13
Schulart: **GS** HS RS GYM
Bearbeitung: mkh

Angela **Hunt** (* 1957)

Der Traum der drei Bäume

(1989)
Bilderbuch

Ausgaben

- Brunnen-Verlag, gebunden, 32 Seiten

Inhalt

Angela Hunt erzählt eine alte Legende neu: Drei Bäume träumen von einer grandiosen Zukunft, und ein jeder malt sich aus, was aus ihm später einmal Großartiges wird. Der erste Baum möchte gerne eine Schatzkiste werden, in der unermessliche Reichtümer aufbewahrt werden. Der zweite Baum will das Schiff eines Königs sein, und der dritte wünscht sich, dass er bis in den Himmel wächst. Eines Tages kommen Holzfäller. Der erste wird zu einer Krippe verarbeitet, der zweite zu einem Fischerboot und der letzte zu Balken, die auf einem Haufen jahrelang liegen bleiben. So vergeht die Zeit. Sämtliche Träume scheinen geplatzt – doch dann erweist sich Gottes Vorsehung als viel gewaltiger als die kühnsten Hoffnungen. Das Krippe ist dazu auserwählt, im Stall von Bethlehem dem Jesuskind eine Ruhestätte zu sein. In dem Fischerboot fährt der Herr mit seinen Aposteln über den See Genezareth. Und aus den Balken des dritten Baumes wird das Kreuz der Erlösung gefertigt.

Biografische Skizze

Die US-Amerikanerin Angela Hunt (1957) promoviert in Theologie und wird Autorin von über 100 Büchern. Sie ist mit dem Baptistenpastor Gary Hunt verheiratet. Zusammen mit ihrer Familie lebt sie in Florida. Die meisten ihrer Werke haben einen biblischen Kontext, einige davon werden ausgezeichnet. „Der Traum der drei Bäume“ erhält den „Internationalen WH.Smith-Illustratorenpreis“ sowie den „Gold Book Award“, es wurde in 18 Sprachen übersetzt und ist beim Brunnen Verlag seit Jahren ein Bestseller.

Wertorientierte Beurteilung

Das Buch ist ein rührendes Gleichnis, wie sich der Schöpfer seiner Geschöpfe liebend annimmt und sein Plan jegliche Erwartungen übertrifft. Sämtliche Bäume wissen, dass sie nicht zufällig in die Welt geworfen sind oder aus einer Laune der Natur heraus wachsen. Sie streben nach dem Höchsten, sehnen sich nach Erfüllung, erahnen ihre Berufung. Weil sie aber im Weltlichen verwurzelt sind, bleiben ihre Erwartungen weit hinter dem zurück, was Gott für sie vorgesehen hat. Schmerzhaft erfahren die Bäume das Scheitern ihrer Pläne, doch umso beglückender ist für sie die Realisierung ihrer eigentlichen Bestimmung. In der Verwirklichung des göttlichen Willens findet der Wille der Bäume seine tiefste Erfüllung.

„Der Traum der drei Bäume" vermittelt die Gewissheit, dass Gott alles zum Guten führt – nicht nur im Hinblick auf die Ewigkeit, sondern bereits in dieser Welt. Das Buch macht einsichtig, dass Widrigkeiten nur so lange betrüblich sind, bis der Wille Gottes erkannt und umgesetzt wird. Insofern spendet es Trost und Hoffnung, stärkt Kinder und fördert ihr Vertrauen auf Jesus.

Das angezeigte Werk veranschaulicht aber nicht nur auf vortreffliche Weise die Allmacht und Güte Gottes, es bedient sich dabei auch eines zentralen biblischen Motivs, nämlich das Holz als Präfiguration des erlösenden Kreuzes Christi. Bereits der Baum des Paradieses, an dem der erste Adam zu Fall kam, verweist auf den Stamm des Kreuzes, durch welchen uns Jesus die Erlösung brachte. Rettung bringt ferner die Arche, welche aus Holz gemacht ist – sie ist Sinnbild der Kirche Christi. Ferner wurden die Opfer des alten Bundes auf einem von Holz entfachten Feuer dargebracht. Isaak, der einzige Sohn Sarahs und Träger der Verheißung, trägt das Holz, auf dem er geopfert werden soll, selbstständig auf den Berg Moria, wo Salomon später den Tempel bauen und die Pesach-Lämmer schlachten lässt. Isaak erinnert an Jesus, Gottes einzigen Sohn, in dem sich alle Verheißungen erfüllen, der das Holz des Kreuzes ebenfalls mit eigener Kraft auf einen Berg trägt – und zwar auf jenen, der Morija genau gegenüberliegt. Einstimmig erklärten die Kirchenväter, dass jegliches Holz der Bibel auf das Holz des Kreuzes verweise. Jesus wurde als Kind auf das Holz der Krippe gelegt, denn er kam auf die Welt, um die Gläubigen durch sein Opfer mit Gott zu versöhnen. Jesus nimmt die Zwölf zu sich ins Boot und lehrt von dort. Das Holz seines Kreuzes besiegt den Teufel, wird aber ebenso wie die Arche nur für die Erwählten zum Heil.

Der erste Baum träumte davon eine Schatzkiste zu sein, und tatsächlich ist der Glaube an Jesus die wahre Perle und der Schatz im Acker. Der zweite Baum durfte ein Boot für den Sohn Gottes sein, für Christus, den König, dessen Reich zwar nicht von dieser Welt ist, der aber trotzdem souveräner Herr ihrer Geschichte ist. Der dritte Baum schließlich zeigt, dass wir nur über das Kreuz Jesu in den Himmel gelangen.

Tipps für den Unterricht

„Der Traum der drei Bäume" gehört zu den Schlüsselwerken der Grundschule. Das Buch ist wunderschön gestaltet, die Illustrationen sind kindgemäß, die Schrift groß und der Text leicht zu lesen. Eindrücklich veranschaulichen die Darstellungen den Inhalt. Es empfiehlt sich, die Geschichte nacherzählen und die Kinder passende Bilder malen zu lassen. Außerdem bietet sich ein Vergleich mit einer alternativen Erzählung ähnlichen Inhalts an, die Paulo Coelho unter dem Titel „Die Wünsche der drei Zedern" schrieb. Außerdem gibt es den Text als Sing- und Hörspiel (Buch und CD) von Rolf Krenzer und Siegfried Fietz. Hier wäre ein ganzheitliches Arbeiten möglich.

Unterrichtshilfen

- Rolf Krenzer & Siegfried, Traum der drei Bäume – Sing- und Hörspiel (Lieder und Textheft), Brunnen Verlag 1993
- Audiobuch: Rolf Krenzer & Siegfried, Traum der drei Bäume – Sing- und Hörspiel (CD), Brunnen Verlag 1993
- Esther Kaufmann & Meinulf Blechschmidt, Religionspädagogische Praxis, Arbeitsheft 3/97: Tannenbaum, Christbaum, Kreuzesbaum
- http://www.kphe-kaernten.at/serv/rustb/archiv/krassnitzer/dreibaeume.doc

Bewertung

Bedeutung	★★☆☆☆	alte Legende, neu erzählt; internationaler Bestseller bei christlichen Bilderbüchern
Attraktivität	★★★★★	altersgerecht für Grundschüler mit einfachem Text und ansprechenden Bildern; lässt sich in einem Zug lesen; runde Geschichte mit biblischen Sinnbildern
Wertigkeit	★★★★★	in sich stimmiges Werk zum Thema „Berufung und Vorsehung Gottes"

Klasse: 2 3 4 5 6 7 8 **9 10 11 12 13**
Schulart: GS HS **RS GYM**
Bearbeitung: mkh

Aldous **Huxley** (1894-1963)

Schöne neue Welt

(1946)

Science-Fictionroman

Ausgaben

- Fischer, Taschenbuch, 256 Seiten

Inhalt

„Schöne neue Welt“ ist eine Dystopie, also eine kritische Darstellung der Zukunft, etwa 600 Jahre nach der Gegenwart. Ein Kollektiv von Entwurzelten ist an die Stelle der Familie getreten; statt Personen begegnen uns genormte Typen, die auf ihre soziale Funktion hin konditioniert sind, nämlich zu konsumieren, was die unteren Schichten produzieren. Wen Kaufrausch und pausenlose Unterhaltung anöden, wird einer psychiatrischen Behandlung unterzogen; wer sich ständigem Partnerwechsel oder dem Drogenrausch verweigert, ist ein pathologisches Problem. Der Welteinheitsstaat weckt alle nur erdenklichen Triebe und organisiert deren Befriedigung, denn Zerstreuung und körperliches Wohlbefinden sind gleichermaßen Recht wie Pflicht. Obgleich die Bürger der „Schönen neuen Welt“ in äußerster Freizügigkeit leben, sind sie keineswegs frei, aber sie lieben ihre Sklaverei, da die Annehmlichkeiten ihres Pfefferkuchenhäuschens sie völlig in den Bann schlagen.

Sigmund und Helmholtz, zwei ungleiche Freunde, stellen die hedonistische Gesellschaft infrage und werden am Schluss aus ihr verbannt. Lenina ist mit ihnen befreundet, vermag sich jedoch nicht aus den vorgegebenen Denkblockaden zu befreien. Michel, der in einem Reservat geboren wurde, kommt von außen in die Zivilisation und stellt den Zukunftsstaat infrage. Vom Gott der Bibel hat er zwar gehört, aber in seinem Glauben vermischt er Christliches und Heidnisches mit den Kulturgütern des untergegangenen Abendlandes, zu denen vor allem Shakespeare gehört. Da auch Michel kein festes Fundament hat, zerbricht er an der „Schönen neuen Welt“ und bringt sich am Schluss um.

Biografische Skizze

Aldous Leonard Huxley entstammt einer Familie berühmter Naturwissenschaftler, zieht aber selbst den Beruf des Schriftstellers der Laufbahn eines Akademikers vor. Die erste Novelle verfasst Huxley mit 17 Jahren, den ersten Roman veröffentlicht er mit 22. Während er zunächst als pessimistischer Kritiker auftritt, ist seine zweite Schaffensperiode (ab 1937) von einem buddhistisch dominierten Synkretismus und von Experimenten mit Drogen geprägt.

Huxleys älterer Bruder Julian ist Begründer des evolutionären Humanismus, erster Generalsekretär der UNO und Initiator der „Internationalen Humanistischen und Ethischen Union", einer Vereinigung radikaler Agnostiker, denen sich z. B. die Giordano-Bruno-Stiftung verpflichtet weiß. Der Nobelpreisträger Andrew Fielding Huxley ist ein Halbbruder des Schriftstellers.

Wertorientierte Beurteilung

„Schöne neue Welt" schildert eine Zukunft, die bereits begonnen hat: Abgeschnitten vom Christentum, ist das Leben völlig sinn- und trostlos. Der Roman bietet keine Antworten, wirft aber Fragen auf, indem er Probleme von heute auf das Morgen fortschreibt. Die Bevölkerungspolitik der Zukunft liegt völlig in der Hand des Staates. Jeder entstammt der Retorte. Wer von „Eltern" spricht, gilt als obszön. Klon für Klon ist auf die Bedürfnisse der Gesellschaft abgestimmt. Da es keine Individuen mehr gibt, machen feste Beziehungen keinen Sinn. Wo allen alles gehört und keinem etwas, ist jeder ein Staatsfeind, der an Monogamie denkt oder an Werte jenseits des Einkaufswagens. Persönlichkeiten findet man nirgends, es herrscht das soziale Diktat. Statt Gedanken werden politische Worthülsen und Werbeslogans ausgetauscht. Die Bibel sowie „Die Nachfolge Christi" entdeckt der Protagonist im Giftschrank.

Die „Schöne neue Welt" gründet in dem Glauben an die Machbarkeit und dem Wunsch, alles perfekt zu regeln. Bei dem Versuch, ein Paradies auf Erden zu schaffen, wurde die Hölle eingerichtet. Die Zukunft erweist sich nicht als Erfüllung unserer Sehnsüchte, sondern vielmehr als Versuch, Gott mit den Füßen zu treten. In einem Punkt haben wir die vorliegende Dystopie allerdings schon überholt: Huxleys Welt ist noch heterosexuell – homosexuelle Beziehungen oder Gender Mainstreaming spielen keine Rolle.

Tipps für den Unterricht

Das Buch ist so schockierend, dass es Diskussionen über Bevölkerungspolitik, über Ehe und Sexualmoral, über künstliche Befruchtung und Sterbehilfe, über die Spaßgesellschaft und den Drogenkonsum provoziert. Sicher sollten Schüler nicht mit dem Werk alleine gelassen werden. Um die heutigen Probleme zu besprechen, empfiehlt es sich, auszugsweise „Die globale sexuelle Revolution“ von Gabriele Kuby zu lesen. Neben den ersten sechs Kapiteln sind vor allem Kapitel 14 und 16 bedeutsam. Dagegen können die Kapitel über das Reservat ausgelassen werden.

Fachübergreifend ist der Roman für den Religions- und Englischunterricht sowie für Gemeinschaftskunde interessant. Ein empfehlenswerter Film gegen Abtreibung ist „October Baby“. Der Film „Schöne neue Welt / Geklonte Zukunft“ (1998) ist keinesfalls zu empfehlen.

Unterrichtshilfen

- Poppe, Reiner, Schöne neue Welt, Königs Erläuterungen (Bange), 2008
- Arnold, Heinz, Brave New World, Lektüreschlüssel (Reclam), 2005
- Kuby, Gabriela, Die globale Sexuelle Revolution, Kisslegg 2012
- Kempf, Martina, Frauenfeindlich: Wie Frauen zur Ungeborenentötung gedrängt werden, Gerhard Hess Verlag 2012
- Niccol, Andrew (Regie), Gattaca, 1997; Die Truman Show, 1998; S1m0ne, 2002; In Time, 2011 (alles Spielfilme desselben Regisseurs)
- Wolfschlag, Claus M., Traumstadt und Armageddon – Zukunftsvision und Weltuntergang im Science-Fiction Film, Graz 2007
- Lühdorff, Jörg (Regie), 2030 – Aufstand der Alten, Spielfilm 2007
- Gebrüder Erwin (Regie), Oktober Baby, Spielfilm 2011

Bewertung

Bedeutung	★★★★★	neben „1984“ wichtigster anti-utopischer Roman
Attraktivität	★★★☆☆	Interessant sind nur die ersten und die letzten Kapitel; sprachlich etwas veraltet. Der Lehrer muss immer wieder erklären und begeistern.
Wertigkeit	★★★★☆	Auseinandersetzung mit Klonen, Genmanipulation, Sterbehilfe, Bevölkerungspolitik, Monogamie, Drogen, Virtuelle Realität, Selbstmord, Kultur, Materialismus

Klasse: 2 3 4 **5 6 7** 8 9 10 11 12 13
Schulart: GS **HS RS GYM**
Bearbeitung: mkh

Laura **Ingalls-Wilder** (1867-1957)

Unsere kleine Farm

(1932-1943)

Autobiografische Kinderbuch-Reihe

Ausgaben

- Ueberreuter, gebunden, acht Bände zwischen 108 und 276 Seiten

Inhalt

„Unsere kleine Farm" ist eine autobiografische Kinderbuch-Reihe, in der die Autorin erzählt, wie sie während des 19. Jahrhunderts im Mittleren Westen der Vereinigten Staaten von Amerika heranwuchs. Im Deutschen umfasst die Serie acht Bände und wird durch vier Tagebücher sowie ein Buch über die Kindheit von Lauras Ehegatten ergänzt.

Im ersten Buch beschreibt die Schriftstellerin, wie sie mit ihren Eltern, ihren Geschwistern Mary und Carrie in den Wäldern von Wisconsin wohnt. Während Pa auf Jagd geht und Felder bestellt, sind die Mutter und die Mädchen mit dem Haushalt beschäftigt. Gemütliche Kaminabende, Hausmusik, Weihnachtsbäckerei und Ausflüge bringen Abwechslung in die Wildnis. Im zweiten Buch machen sich die Ingalls' mit dem Planwagen auf in die Prärie, wo sie in der Nachbarschaft zu Indianern lebt. Im dritten Band bekommen die Mädchen zwei Pferde geschenkt, der Vater errichtet das erste feste Haus und die Felder versprechen reiche Ernte. Da droht ein Heuschreckenschwarm, das junge Glück zu zerstören. Buch vier handelt vom erneuten Umzug: Diesmal erhält Pa einen Job in Dakota und die Familie findet am Rand des Silbersees ein neues Zuhause. Hier wird Grace geboren. Im fünften Band muss die Familie einen harten Winter überstehen und im sechsten verdient Laura Geld für ihre erblindete Schwester. Sie nimmt sich vor, Lehrerin zu werden, was sie in Band sieben auch erreicht. Außerdem lernt sie Almanzo kennen, den sie im letzten Buch heiratet.

Biografische Skizze

Laura Ingalls Wilder wächst als Farmerstochter in der Prärie auf, erlernt den Beruf einer Lehrerin und heiratet 1885 Almanzo James Wilder, mit dem sie 65 Jahre bis zu seinem Tod in glücklicher Ehe zusammenlebte. Die vorliegende Reihe wurde auf Drängen von Rose Wilder Lane publiziert (das einzige Kind der Autorin, welches das Säuglingsalter überlebte). Zunächst von Verlagen abgelehnt, eroberte dann eine zweite (für junge Leser bestimmte) Fassung rasch die Bestsellerlisten. Ebenso wie ihre Mutter war Lane vom amerikanischen Pioniergeist beseelt; sie galt Mitte des 20. Jahrhunderts als einer der führenden Köpfe der libertären Bewegung, einer politischen Kraft, welche den Staat möglichst weit zurückdrängen möchte, um der unternehmerischen Eigeninitiative maximalen Raum zu geben.

Wertorientierte Beurteilung

Der christliche Glaube gehört zu den Ingalls wie die Butter aufs Brot: Immer wieder wird gebetet, über die Bibel gesprochen und der Gottesdienst besucht. Evangelistisch ist die vorliegende Reihe jedoch nicht. Sie zeigt, wie eine Familie unter widrigen Umständen ihr Dasein bewältigt, unbewohnte Gegenden durchzieht, sich an der Errichtung der Eisenbahn beteiligt und ihre Kraft in den amerikanischen Traum investiert. Die angezeigten Bücher verdeutlichen den Wert der Freiheit, machen Mut, sein Leben selbst in die Hand zu nehmen und dabei auf Gott zu vertrauen.

Selbstverständlich sind die Ingalls eine Familie mit Vater und Mutter mit ihren leiblichen Kindern, wie das Gras auf ihren Weiden grün ist. Ohne eine verklärte Idylle zu entwerfen oder die traditionelle Rollenverteilung eigens zu thematisieren, wirbt die vorliegende Reihe in unaufdringlicher Weise für die gottgewollte Schöpfungsordnung.

Rückblickend schreibt die Schriftstellerin, dass der Alltag seit ihren Kindertagen in vielen Punkten leichter geworden ist – doch: „Die Dinge, auf die es wirklich ankommt, haben sich nicht geändert. Es ist immer noch das Beste, aufrichtig und ehrlich zu sein, sich an den einfachen Dingen zu erfreuen. Das Beste aus dem zu machen, was wir haben, und auch in schwierigen Situationen nicht den Frohsinn und den Mut zu verlieren." Diese Lebensauffassung zieht sich wie ein roter Faden durch alle Bände. Daneben werden von Episode zu Episode verschiedene menschliche, gesellschaftliche und kulturelle Probleme angesprochen, die auch heute für Schulkinder aktuell sind. Im Gegensatz zur vorbildlichen Familie Ingalls stehen die Olesons, Gemischtwarenhändler in Walnut Grove, bei denen die habgierige Frau den Ton angibt und ihre Kinder zu schwer ertragbaren Nörglern erzieht. Insgesamt ist „Unsere kleine Farm“ ein Werk von zeitloser Gültigkeit, welches auf dem Weg zum Erwachsenwerden unbedingt gelesen werden sollte.

Tipps für den Unterricht

„Unsere kleine Farm“ ist vor allem durch die 206 Fernsehfilme in neun Staffeln bekannt, die auch auf DVD erhältlich sind. Da man im Unterricht lediglich ein Buch der Reihe lesen wird, kann die TV-Serie dazu dienen, vorausgehende Episoden dazustellen bzw. einen Ausblick auf die weitere Geschichte zu geben. Die englische Tonspur auf der DVD ermöglicht das Aufgreifen des Stoffs im Englischunterricht. Außerdem bietet sich an, die nicht gelesenen Bände von Schülern im Rahmen eines Referates vorstellen zu lassen.

Für eine weitergehende Behandlung der Besiedlung des amerikanischen Westens empfehlen sich für ältere Schüler die sieben Janette-Oke-Verfilmungen, deren erster Teil „Liebe wird wachsen“ heißt. Diese DVDs sind explizit evangelikal. Regie führte Michael Landon junior, ein Sohn des Hauptdarstellers der „Unsere kleine Farm“-TV-Serie.

Unterrichtshilfen

- http://www.unserekleinefarm.net/
- Landon, Michael u. a. (Regie), Unsere kleine Farm, TV-Serie in 10 Staffeln 1974-83
- Die große Janette-Oke-Spielfilmreihe 1-3, 3-DVD-Box, Hänssler 2012
- Die große Janette-Oke-Spielfilmreihe 4-6, 3-DVD-Box, Hänssler 2013

Bewertung

Bedeutung	★★★☆☆	Kultivierung des Mittleren Westens der USA aus der Sicht eines Kindes – ein Klassiker als Buch und Film
Attraktivität	★★★★☆	einfach und anschaulich geschrieben; aus dem Leben
Wertigkeit	★★★★☆	Apologie der Familie, der Freiheit und Selbstständigkeit

Klasse: 2 3 4 5 6 7 8 **9 10 11 12 13**
Schulart: GS HS **RS GYM**
Bearbeitung: mkh

Ernst Jünger (1895-1998)

In Stahlgewittern

(1920)

Erlebnisschilderungen nach Tagebucheinträgen

Ausgaben

- Klett-Cotta, gebunden 324 Seiten

Inhalt

In nüchterner Diktion schildert Ernst Jünger den Ersten Weltkrieg, an dem er Teilnehmer und Beobachter zugleich war. Bereits mit 18 Jahren hat der Autor versucht, der Schule durch Eintritt in die Fremdenlegion zu entkommen, als 19-Jähriger meldete er sich freiwillig bei der Reichswehr. „In Stahlgewittern" erzählt von Fronterfahrungen im Füsilier-Regiment, von der Auszeichnung mit dem Eisernen Kreuz, der Beförderung zum Leutnant und Stoßtruppführer. Jünger schildert eine raue, dem Zivilisten unbekannte Welt, ohne pathetisch oder vulgär zu werden: „Wenn das Kühlwasser [für die Maschinengewehre] verdunstet war, wurden die Kästen herumgereicht und unter wenig feinen Scherzen durch ein natürliches Verfahren wieder gefüllt."

Jenseits von Kriegsbegeisterung und Defätismus legt der Schriftsteller Zeugnis dafür ab, dass auch in Grenzsituationen noch Kameradschaft möglich ist. Mehrfach äußert Jünger Mitleid für die Engländer, verschont einen Offizier, als dieser ihm ein Lichtbild seiner Familie zeigt, scheut sich nicht, beim Angriff der Erste zu sein, und bemüht sich, auch den Letzten zu retten. Obwohl der Tod ganze Kompanien ausradiert, ist für Jünger niemand nur Kanonenfutter. Ihm bleiben sogar die Namen der Mannschaftsdienstgrade im Gedächtnis. Ernst Jünger schildert den ersten modernen Krieg in seiner brutalen Unmenschlichkeit als ekstatisches Erlebnis, welches in seiner Übermächtigkeit einer Naturkatastrophe ähnelt. Zum Ende hin nehmen die Gefechte an Heftigkeit zu: Wie im Rausch jagen die Soldaten durch die zerschossenen und vom Regen aufgeweichten

Grabenanlagen. 14-mal wird Jünger von verschiedenen Geschossen getroffen, zuletzt lebensgefährlich. Etliche Männer sterben beim Versuch, ihn aus der vordersten Front zu bergen. Schließlich richtet sich der Schriftsteller selbst auf; Blut läuft aus der Lunge und er kann wieder atmen. Das Buch endet im Lazarett mit der Verleihung des Pour le Mérite.

Biografische Skizze

Ernst Jünger hat mit seiner schriftstellerischen Arbeit die deutsche Geschichte vom Kaiserreich bis zum wiedervereinigten Deutschland begleitet und damit ein einmaliges Zeitdokument geschaffen. Obwohl der Schriftsteller während der Weimarer Republik seine Werke mit nationalem Pathos auflädt, lässt er sich während des Dritten Reichs nicht vereinnahmen, lehnt Ehrungen ab und veröffentlicht 1939 eine Erzählung, die als Kritik am Nationalsozialismus verstanden wurde. Nach dem Staufenberg-Attentat wird Jünger aus der Armee entlassen und sein Sohn wegen regimekritischer Äußerungen an die Front geschickt, was dessen Todesurteil bedeutet. Das Land Baden-Württemberg und die Bundesrepublik Deutschland ehrten Jünger mit mehreren Auszeichnungen. Nach dem Krieg hält sich der Autor aus der Tagespolitik heraus, kann sich aber bissige Kommentare zum Zeitgeschehen nicht verkneifen. Leidenschaftlich beschäftigt er sich mit Käfern und experimentiert mit LSD. Der schillernde Schriftsteller zählt zu den wichtigsten konservativen Autoren Deutschlands – Christ wird er erst mit 101 Jahren. Bleibende Bedeutung haben u. a. seine Essays „Das Abenteuerliche Herz“ (1929) sowie „Der Waldgang“ (1951).

Wertorientierte Beurteilung

„In Stahlgewittern“ wurde 2008 in die Bibliothèque de la Pléiade aufgenommen und gilt als gelungenste Darstellung des großen Krieges aus Erlebnisperspektive. Statt die Ereignisse politisch zu interpretieren, beschreibt Jünger sie knapp und sachlich. Draufgängertum statt Kadavergehorsam kennzeichnen seinen Charakter. Als nüchterner Beobachter enthält sich der Schriftsteller jedweder Wertung. Der Krieg wird als ein plötzlich Ereignis beschrieben, welches über die Menschen hereinbricht. Vor allem das letzte Drittel des Buches veranschaulicht den Schrecken und das Chaos der Schlacht auf unvergleichliche Weise, gibt aber auch inmitten der Unmenschlichkeit Zeugnis von Barmherzigkeit, von Kameradschaft und Überlebenswillen.

Tipps für den Unterricht

Begleitend zur Behandlung des Ersten Weltkriegs ist die Lektüre des angezeigten Buches ein lesenswertes Zeitzeugnis jenseits von Dolchstoßlegende und naivem Pazifismus. Im Laufe der Zeit überarbeitete Jünger das Werk mehrfach, was in der 2013 erschienen kritischen Ausgabe gut dokumentiert ist. Im selben Jahr wurden auch Jüngers Kriegstagebücher ediert, welche den „Stahlgewittern" zugrunde liegen.

Aktuelle Werke von Clark und Fenske eröffnen 100 Jahre nach der Völkerschlacht eine ausgewogene Rückschau. Aus französischer Sicht dokumentierte Maurice Genevoix die Schlacht von Verdun.

Im Zusammenhang mit dem Ersten Weltkrieg steht das Genozid an den christlichen Armeniern, dem Franz Werfel in seinem Roman „Die 40 Tage des Musa Dagh" ein Denkmal gesetzt hat. Interessant ist außerdem eine Beschäftigung mit den Revolutionen ab 1918 und den Freikorps.

Über den Kampf als persönliche Erfahrung schrieb der Vietnam-Veteran Karl Marlantes. Dieses Buch kann vertiefend zur Jünger-Lektüre dazu anregen, über Krieg und Pazifismus nachzudenken.

Unterrichtshilfen

- Hörbuch-CD, In Stahlgewittern, Hörverlag 2014
- Christopher Clark, Schlafwandler – Wie Europa in den Ersten Weltkrieg zog, DVA 2013, Fischer 1990
- Maurice Genevoix, Die von 14, Vat 2014
- Hans Fenske, Der Anfang vom Ende des alten Europa, Olzog 2013
- Karl Marlantes, Was es heißt, in den Krieg zu ziehen, Arche 2013
- Franz Werfel, Die 40 Tage des Musa Dagh

Bewertung

Bedeutung	★★★★☆	bedeutendster Erlebnisbericht aus dem Ersten Weltkrieg
Attraktivität	★★★★☆	Das letzte Drittel des Buches schildert in atemberaubender Weise den Schrecken und das Chaos des Krieges.
Wertigkeit	★★★☆☆	nüchterne Darstellung, die sich einer Wertung enthält; ohne Obszönitäten oder Defäitismus; Menschlichkeit und Kameradschaft werden geschildert

Klasse: 2 3 4 5 6 7 8 9 **10 11 12 13**
Schulart: GS HS **RS GYM**
Bearbeitung: se

Franz **Kafka** (1883-1924)

Die Verwandlung

(1912)

Erzählung

Ausgaben

- Suhrkamp (mit Kommentar), 144 Seiten
- Schöningh (mit Brief an den Vater und Materialien), 206 Seiten
- Reclam XL (Text und Kontext), 108 Seiten

Inhalt

„Als Gregor Samsa eines Morgens aus unruhigen Träumen erwachte, fand er sich in seinem Bett zu einem ungeheuren Ungeziefer verwandelt." Die Illusion, diese unfreiwillige Verwandlung könne nur zeitlich begrenzt sein, wird bald durch das Eintreffen des Prokuristen zerstört. Gregor war Handelsreisender aus ökonomischer Notwendigkeit, um als Einziger seine Eltern und Schwester zu ernähren, nicht etwa weil er den auszehrenden Beruf geliebt hätte. Der Prokurist erkundigt sich von Arbeitgeberseite, wo der Handelsreisende Samsa bleibe. Gregor schiebt seinen neuen Körper mühevoll zur Tür, nur um einsehen zu müssen, dass seine Worte nicht mehr verstanden werden und sein Aussehen Panik unter der Familie und bei dem Prokuristen erregt.

Der Familie scheint nun die Lebensgrundlage entzogen, doch später stellt sich heraus, dass der einst kranke Vater wieder zur Arbeit gehen kann und überdies noch einige Rücklagen vorhanden sind. Gregors Schwester Grete kümmert sich um ihn und setzt ihm Speisen vor, die ihm im Laufe der Zeit zusagen: Verschimmeltes und Ranziges. Gregor wird mehr und mehr zum Käfer und akzeptiert diese Wandlung. Als seine Mutter das Zimmer ausräumen will, um ihm mehr Bewegungsfreiheit zum Krabbeln zu schaffen, klammert er sich allerdings noch an das Bild mit der „Dame im Pelz". Die Mutter deutet dies als Angriff auf sich und fällt in Ohnmacht. Der heimkehrende Vater wirft mit Äpfeln auf den Käfer und verwundet ihn schwer.

Die Verletzung verschlimmert sich und nimmt Gregor allen Appetit. Die Familie vernachlässigt ihn inzwischen. Als er durch seinen dritten „Ausbruch" drei Gäste vertreibt, die sich eingemietet hatten, hat die Familie endgültig genug vom Leben mit dem Insekt. Grete, die ehemals Fürsorgliche, will „es", das Ungeziefer, loswerden. Am folgenden Morgen finden sie seinen Kadaver tot im Zimmer.

Die Erzählung schließt mit einem Familienausflug an einem sonnigen Tag in die freie Luft vor der Stadt.

Biografische Skizze

Franz Kafka wird als erstes von sechs Kindern 1883 in Prag geboren. Sein Vater Hermann Kafka hatte sich vom wandernden Hausierer zum Betreiber eines Galanterie- und Kurzwarengeschäfts hochgearbeitet. Die Kafkas sind in doppelter Hinsicht Minderheiten in der großen Stadt: Einerseits sind sie deutsche, andererseits Juden. Nicht selten kommt es in Kafkas Jugend auch zu handfesten Auseinandersetzungen wegen seines Außenseiterstatus'. Kafka studiert auf den Wunsch des Vaters hin Jura, flieht später nach München und lernt Germanistik. Letztendlich beugt er sich aber dem von ihm stets als übermächtig wahrgenommenen Vater (vgl. Brief an den Vater) und wird Obersekretär der Arbeiter-Unfall-Versicherung – ein Beruf, den er ebenso ungern wie zuverlässig ausfüllt. Wechselnde Beziehungen, vor allem mit Felice Bauer, belasten Kafka sehr, das Schreiben ist und bleibt sein ganzer Lebensinhalt. Ab 1917 verschlechtert sich sein Gesundheitszustand zusehends. Kafka stirbt am 3. Juni 1924.

Wertorientierte Beurteilung

Jeder Beurteilung liegt eine Interpretation zugrunde. Im Falle der Verwandlung gestaltet sich dieses umso schwieriger, je tiefer man in den Text eindringt, um ihm eine objektive Deutung zu entlocken. Dies erklärt auch die Fülle an Deutungsansätzen in der Fachliteratur. Zwischen ödipalen, anti-ödipalen und re-ödipalen Erklärungen stehen biografische oder gattungsorientierte Deutungen nebeneinander. Was bleibt, ist jener Eindruck, dessen sich der Leser nicht verschließen kann, wenn er den Text gelesen hat. Anders als in den Kindheitsmärchen gibt es keine Rückverwandlung, keine Erklärung, keine Erlösung für Gregor. Warum er Käfer wurde, weiß er nicht, und es spielt bald auch keine Rolle mehr. Kafkas Text gibt keine Antworten auf die Rätsel jener Metamorphosis und auch die Fragen bleiben im Nebulösen: Warum? Wie? Wohin? Wer?

Doch nicht nur Käfer Gregor, auch seine Familie verwandelt sich, in ihrem Bemühen, mit der Situation fertigzuwerden. Vater, Arbeitgeber, Gesellschaft, ja selbst die zuerst zärtliche Schwester, wenden sich letztendlich in Ekel vor dem „Zeug" ab.

Die Verwandlung bleibt eine Geschichte des Scheiterns von Familie, Identität, Zeit. Sie bietet dabei keine Lösung an, Fragen können aus ihr allerdings abgeleitet werden. In Anlehnung an ein Wort von Nicolas G. Davila kann man über die Verwandlung sagen: Kafka als Frage zu verstehen kann nützen, ihn als Antwort zu verstehen, führt in die Irre.

Tipps für den Unterricht

Neben der Behandlung der Erzählung bietet es sich an, den geschichtlichen Kontext unter christlicher Perspektive zu analysieren. Als Grundlage kann das Buch „Wie können wir denn leben?" (How should we then live?) von Francis Schaeffer dienen. Sein Werk ist eine Abhandlung der Philosophie und Religion seit der Antike bis zur Moderne. Anhand von Literatur, Politik und Kunst analysiert Schaeffer die Einstellungen, Werte und Gedankengebäude der jeweiligen Epochen. In seinen Kapiteln (9 und 10) über die Moderne erläutert Schaeffer „the age of fragmentation": Malerei, Musik, Philosophie seien sich einig darin, dass die großen Erklärsysteme der Vergangenheit versagt haben und dass eine einheitliche Sinndeutung der Welt unmöglich ist. Diesem Pessimismus folgt in der Literatur nicht nur der Dadaismus. Auch Kafkas Werk ist Zeugnis von der Undurchsichtigkeit der Welt und der Ohnmacht des Individuums vor dem Chaos der Weltkräfte. Neben dem Lernen von Lehrbuchdefinitionen der Epochen und deren Brüchen kann es mithilfe von Schaeffers Gedanken gelingen, eine christliche Perspektive auf Kafkas Werk und die Moderne als Epoche zu gewinnen.

Unterrichtshilfen

- Becker, Elisabeth: EinFach Deutsch – Unterrichtsmodelle: Franz Kafka: Die Verwandlung: Gymnasiale Oberstufe. Schöningh Verlag 1999
- Schallenberger, Stefan: LiteraMedia: Die Verwandlung: Handreichungen für den Unterricht. Unterichtsvorschläge und Kopiervorlagen. Cornelsen Verlag 2002
- Pfeiffer, Joachim: Die Verwandlung/Brief an den Vater. Oldenbourg Interpretationen. Oldenbourg Verlag 1998
- Corbeyran, Eric, Horne, Richard: Die Verwandlung von Franz Kafka als Graphic Novel. Knesebeck Verlag 2010
- Francis, Schaeffer: Wie können wir denn leben? Hänssler Verlag 1977

Bewertung

Bedeutung	★★★★★	eines der bekanntesten Werke Franz Kafkas; Weltliteratur
Attraktivität	★★★☆☆	leicht lesbar; stellt „naiven Leser“ vor Deutungsprobleme, die im Unterricht fruchtbar gemacht werden müssen; Entwicklung statt Spannung steht im Vordergrund
Wertigkeit	★★★☆☆	Die Verwandlung kann als Hilfeschrei des modernen Individuums gelesen werden; jegliche Lösungsperspektive fehlt; der Text entzieht sich der objektiven Deutung.

Klasse: 2 3 4 5 6 7 8 9 10 **11 12 13**
Schulart: GS HS RS **GYM**
Bearbeitung: se

Daniel **Kehlmann** (* 1975)

Ich und Kaminski

(2003)
Roman

Ausgaben

- Suhrkamp, 173 Seiten

Inhalt

Der ebenso ehrgeizige wie selbstverliebte „Kunstkritiker" Sebastian Zöllner hofft mit der Biografie über den alten, blinden Maler Manuel Kaminski seine verkorkste Karriere zu retten. Kaminski, Freund von Picasso und Ziehsohn von Matisse, gelangte vor allem durch seine „Reflexionen" zu Weltruhm. Dieser Werkzyklus besteht aus Bildern von Spiegeln, die das Stillleben in ihrer Mitte unendlich reflektieren. Inzwischen hat sich aber über den einst berühmten Maler der Schleier des Vergessens gelegt. Zöllner hofft auf seinen nahen Tod und das auflammende Interesse an seiner Biografie.

Er sucht (oder vielmehr: drängt sich) Kaminski in den Alpen auf, besticht die Köchin, belügt die Tochter, um am Ende mit dem scheinbar wehrlosen alten Mann allein zu sein und ihn interviewen zu können. Als Zöllner Kaminski mitteilt, dass seine Recherchen ergeben hätten, dass dessen Jugendliebe Theresa Lessing noch lebe und er ihre Adresse kenne, will Kaminski sofort zu ihr nach Norddeutschland aufbrechen. Zöllner wittert seine Chance auf spektakuläre Einblicke in Kaminskis Liebesleben. Doch je länger die spontane Fahrt dauert, desto mehr entpuppt sich der senile Mann – ob nun wirklich blind oder nicht – dem gescheiterten Zöllner als überlegen. Als unterwegs ihr Auto gestohlen wird, die „Reisespesen" immer weiter steigen und Zöllners Beziehung nebenbei zerbricht, setzt auch bei dem narzisstischen jungen Mann ein Reflektionsprozess ein. Am Ende fällt das Zusammentreffen mit Therese Lessing weit harmloser aus als erhofft, doch Zöllner ist – ebenso wie Kaminski – nicht mehr derselbe. Beide fahren am Ende ans Meer, wo Zöllner seine

Notizen zur Biografie ins Meer wirft und Kaminski der kommenden Flut überlässt.

Biografische Skizze

Daniel Kehlmann wird am 13. Januar 1975 in München als Sohn des Regisseurs Michael Kehlmann und der Schauspielerin Dagmar Mettler geboren. Auch sein Großvater Eduard Kehlmann war Schriftsteller. Nach dem Schulabschluss studiert er Philosophie und Literaturwissenschaft. Seit 2001 nimmt Daniel Kehlmann Poetik- und Literaturdozenturen an verschiedenen Universitäten wahr. 2003 gelingt ihm der internationale Durchbruch mit „Ich und Kaminski". Wiewohl Kehlmanns Werke keinen explizit theologischen Charakter haben, spielen religiöse Fragestellungen eine Rolle. Vor allem die conditio humana spielt in seinen Werken eine große Rolle. Ob Gauss und Humboldt in der „Vermessung der Welt" oder Zöllner und Kaminski – häufig dreht sich die komplexe Handlung um extreme Persönlichkeitstypen, um ihr persönliches und gesellschaftliches Scheitern. Das „Seufzen der Kreatur" (Röm 8) und die Todesproblematik spielen dabei hintergründig immer eine tragende Rolle.

Wertorientierte Beurteilung

Kehlmanns Buch ist ein Roman über Kunst und den Kunstbetrieb. Kaminskis Malerei erscheint dabei als Spiegel seiner Selbstauffassung. Die Spiegelkonstellationen der „Reflexionen" sind ebenso wie die verzerrten Fratzen des „Spätwerks" Deutungen des eigenen Selbst des alten Künstlers. Auf ihrer spontanen Reise nach Norddeutschland treffen Zöllner und Kaminski den gescheiterten Künstler Karl Ludwig, der Kaminski in ein Gespräch über Hieronymus Boschs „Garten der Lüste" verwickelt. Ob Bosch wirklich „den Teufel gemalt" habe, bezweifelt Kaminski zuerst, vielleicht sei es das Monster am Bildrand rechts? „Weiter oben", meint Karl Ludwig. „Der Mann, der aus einem Baum wächst." Dieser Baummensch ist – so wird angenommen – ein Selbstporträt Boschs. Kaminski versteht: Das Böse ist vielleicht gar nicht so fern vom eigenen Selbst. Dem selbstverliebten Zöllner bleibt diese Einsicht verwehrt. Er erkennt weder seine eigene verzweifelte Lage noch seine jämmerliche Figur. Ständig wird sein überzogenes Selbstbewusstsein zum Gespött seiner Umgebung. Doch sooft er in den Spiegel blickt, bleibt ihm die Realität seines physischen und seelischen Scheiterns verwehrt.

„All unsere Weisheit […] umfasst im Grunde eigentlich zweierlei: die Erkenntnis Gottes und unsere Selbsterkenntnis. Diese beiden aber hängen vielfältig zusammen."[1] Während der Roman an keiner Stelle eine christliche Perspektive entwickelt, ist jedoch die Frage nach Selbst- und Sündenerkenntnis eine genuin christliche. Kaminskis Kunst eröffnet ihm einen Spiegel der eigenen Unzulänglichkeit, Zöllner jedoch bleibt ein Gefangener der eigenen Hybris.

Tipps für den Unterricht

Fächerverbindend bietet es sich an, eine Analyse der besprochenen Kunstwerke in den Deutschunterricht zu integrieren, dies betrifft nicht nur die Schlüsselszene um Boschs „Garten der Lüste". Darüberhinaus liegt eine Auseinandersetzung mit der Frage, was (moderne) Kunst „kann", natürlich nahe.

Unterrichtshilfen

- Becker, Wolfgang: Ich und Kaminski (Film, 2014)

Bewertung

Bedeutung	★★☆☆☆	ein intelligenter moderner deutscher Roman vom Erfolgsautor Daniel Kehlmann
Attraktivität	★★★★☆	intelligente, lustige Dialoge; Satire über Kunst und den Kunstbetrieb; fesselnde Handlung; tragikomischer Protagonist
Wertigkeit	★★☆☆☆	Selbsterkenntnis und Sündenerkenntnis als (Neben-)Thema; Kunst als Möglichkeit der Auseinandersetzung mit der eigenen Identität; Spott über Arroganz und Hybris

---

[1] So beginnt die „Institutio Christianae Religionis" des Reformators Johannes Calvin.

Klasse: 2 3 4 5 6 7 8 **9 10** 11 12 13
Schulart: GS **HS RS GYM**
Bearbeitung: se

Charlotte Kerner (* 1950)

Blueprint

(1999)

Roman

Ausgaben

- Beltz & Gelberg, 208 Seiten

Inhalt

„Die Kloner aber handeln nicht aus Liebe, bringen nichts zusammen, sondern spalten. Sie machen aus einem zwei oder vier oder acht … Sie sind das dritte Geschlecht des dritten Jahrtausends, und auch das greift die Götter an und will selbst Schöpfer sein. Denn SIE sprach: Lasst mich einen Menschen machen nach meinem Ebenbild. Im Namen der Mutter, der Tochter und des heiligen Gen-Geistes."

Als die berühmte Pianistin und Komponistin Iris Sellin im Alter von 30 Jahren erfährt, dass sie unheilbar an Multipler Sklerose erkrankt ist, muss sie sich der Tatsache stellen, dass ihre Karriere in absehbarer Zeit zu Ende sein wird. Durch einen Zeitungsartikel angeregt, spielt sie mit dem Gedanken, sich klonen zu lassen, um der Welt eine zweite Iris zu schenken und somit ihr Talent nicht „sterben" zu lassen. Ihr Vorhaben gelingt und so wächst ihr Klon-Zwilling Siri ganz behütet auf mit dem Lebensziel, eine begabte Pianistin zu werden. Je älter Siri wird, umso schwieriger gestaltet sich die Beziehung zwischen Mutter und Tochter, die gleichzeitig auch Zwillinge sind. Es fällt Siri unglaublich schwer, ihre Identität zu finden. Sie ist gefühlsmäßig ständig zwischen Liebe und Hass hin- und hergerissen. Als dann, im Alter von 16 Jahren, ihr erstes Konzert vor großem Publikum total danebengeht und ihre Mutter sie durch ihre Reaktion völlig bloßstellt, wendet sich Siri endgültig von der Musik ab. Sie zieht von zu Hause aus und verlässt ihre Heimatstadt, um bei Janneck, mit dem sie schon seit Kindertagen befreundet ist, einzuziehen. In Siris 19. Lebensjahr wird immer deutlicher, dass sich der Gesundheitszustand ihres Muzwi (so nennt Siri ihre Mutter) immer mehr verschlechtert, was nicht spurlos an Siri vorübergeht. Sie kämpft mit Depressionen und wird erst mit dem Tod ihrer Mutter endlich frei. Sie ist nun frei, ihre schon zuvor erwachsene Liebe für die Kunst ganz zu entfalten, und wird durch ihre Skulpturen und Installationen berühmt.

Biografische Skizze

Charlotte Kerner wird 1950 in Speyer geboren. Nach ihrem Studium der Volkswirtschaft und Soziologie verbringt sie 1978 ein Jahr in China und schreibt nach ihrer Rückkehr ihr erstes Buch über ihre dort gemachten Erfahrungen und die Stellung der chinesischen Mädchen und Frauen. Das besondere Interesse der Journalistin, die u. a. für GEO-Wissen, ZEIT und EMMA gearbeitet hat, gilt bis heute medizinischen Themen, wobei immer Menschen und menschliche Extremsituationen ihre Neugier wecken. 1987 erhält Charlotte Kerner erstmals den Jugendliteraturpreis für ihre Biografie „Lise, Atomphysikerin. Die Lebensgeschichte der Lise Meitner". Mehrfach standen ihre Bücher auf der Auswahlliste für den Literaturpreis, den sie 2000 zum zweiten Mal für „Blueprint – Blaupause" bekam.

Wertorientierte Beurteilung

„Blueprint" wirft wichtige Fragen auf, denen wir uns angesichts des medizinischen Fortschritts stellen müssen. Warum wollen wir eigentlich klonen? Dürfen wir uns zu Schöpfern neuen Lebens erheben? Welche Folgen hätte das für die Betroffenen und unsere ganze Gesellschaft? Erfolg um jeden Preis? Brauchen wir noch Ehe und Familie? Das Buch zeigt eine kritische Sicht, gibt dabei aber keine Antworten, sondern regt den Leser zum Nachdenken an. Wichtig ist hier, dass der Lehrer mit den Schülern die Fragen aus biblischer Sicht beleuchtet, um eine Meinungsbildung aus christlicher Perspektive anzuregen.

Da die Erzählerin eine Jugendliche ist, kommt auch das Thema „Sexualität" vor. Siri verliebt sich in den Freund ihrer Mutter und möchte ihn verführen. Sie will ihre Mutter ausspielen, ahmt sie am Telefon nach und lädt Kristian am Abend zu sich ein. Im Dunkeln nähert sie sich ihm, doch es kommt nicht zu mehr als einem Kuss, da Kristian sie erkennt. Siris falsches Verständnis von Liebe und Partnerschaft entspringt mangelnden Vorbildern: Der Lebensstil ihrer Mutter schließt Werte wie Treue und Verbindlichkeit nicht ein, einen Vater hat sie „natürlich" nicht.

Tipps für den Unterricht

Fächerübergreifend kann mit dem Fach Gemeinschaftskunde die gesellschaftspolitische, mit dem Fach Biologie die naturwissenschaftliche Dimension des Klonens thematisiert werden.

Es lohnt überdies, eine literarische Reise in das Topos der Schöpfungstätigkeit des Menschen zu machen: Fausts Homunkulus und Shelleys Frankenstein zeigen Vision und Albtraum des Klonens, die auch noch die Moderne bewegten: die Hybris, dass das Geschöpf zum Schöpfer wird.

Unterrichtshilfen

- „Blueprint" im Unterricht: Lehrerhandreichung zum Jugendroman von Charlotte Kerner (Klassenstufe 8-12, mit Kopiervorlagen und Lösungsvorschlägen) (Beltz Praxis / Lesen – Verstehen – Lernen) von Gerald Merkel, Beltz Verlag
- Interpretationshilfe Deutsch/Charlotte Kerner: Blueprint. Blaupause. Von Hans-Georg Schede, Stark Verlagsgesellschaft
- EinFach Deutsch – Unterrichtsmodelle: Charlotte Kerner: Blueprint. Blaupause, Klassen 8-10; von Timotheus Schwake, Schöningh Verlag im Westermann Schulbuch

Bewertung

Bedeutung	★★★☆☆	mit dem deutschen Jugendliteraturpreis prämierter Roman
Attraktivität	★★★★☆	ungewöhnliche Adoleszenzgeschichte; Problematik des Klonens bleibt stets relevant und interessant für Jugendliche
Wertigkeit	★★★★☆	klare Bezüge zum Schöpfungsbericht der Bibel; Problematik des Klonens wird deutlich aufgezeigt: Hybris, Narzissmus, Todesfurcht und Identitätsunsicherheit

Klasse: 2 3 **4 5 6** 7 8 9 10 11 12 13
Schulart: **GS HS RS GYM**
Bearbeitung: mkh

Rudyard **Kipling** (1865-1936)

Das Dschungelbuch

(1894/95)

Geschichtensammlung

Ausgaben

- Dressler, gebunden, 218 Seiten
- Reclam, Taschenbuch, 236 Seiten

Inhalt

„Das Dschungelbuch" umfasst im Original zwei Bände, die insgesamt 16 verschiedene Erzählungen und Gedichte über den indischen Urwald enthalten. Über die Hälfte der Episoden beschäftigt sich mit einem Findelkind Mowgli, das bei Wölfen aufwächst (Mowglis Brüder), von Affen entführt wird (Kaas Jagd) und schließlich wieder zu den Menschen zurückkehrt (Tiger! Tiger!). Die weiteren Geschichten haben mit dieser Haupthandlung wenig zu tun.

Mowglis Abenteuer beginnen mit einem Überfall des Tigers Shir Khan, der die Eltern des Jungen tötet. Wölfe nehmen sich seiner an. Ein Bär und ein Panther bringen dem Findelkind bei, wie es in der Wildnis überlebt; sie lehren ihn auch die Sprache der Tiere und das Gesetz des Dschungels. Dieser Ordnung steht das anarchistische Chaos der Bandologs gegenüber, einer wilden Affenbande. Obwohl Mowgli sich bewährt, wird er von einigen Wölfen abgelehnt. Eine Weile versucht er, als Hirte bei den Menschen zu leben, geht dann aber doch wieder in den Dschungel und behauptet letztlich seinen Platz im Wolfsrudel.

Biografische Skizze

Rudyard Kipling wird als Sohn eines britischen Kunstprofessors in Bombay geboren, verbringt der Schulbildung wegen seine Kindheit und Jugend in England, kehrt dann ins Gebiet des heutigen Pakistan zurück und wohnt schließlich in den USA, Südafrika sowie England. Kipling erhält 1907 den Literatur-Nobelpreis. Sein Werk besticht durch eine detailgetreue Schilderung des indischen Subkontinents (insbesondere sein Roman „Kim"), ist aber wegen imperialistischer Gedanken nicht unumstritten. In seinem Gedicht „The White Man's Burden" spricht er von der Verpflichtung der Kolonialherren, den Wilden die Zivilisation zu bringen. Offen bekannte sich der Autor zur Freimaurerei; bereits als Minderjähriger wurde er in die Loge „Hope and Perseverance" aufgenommen. Kiplings Schriften beinhalten märchenhafte Elemente, teilweise kann man sie sogar als Fantasy bezeichnen (z. B. „Puck. Geschichten aus alten Tagen").

Wertorientierte Beurteilung

„Das Dschungelbuch" ist ein Entwicklungsroman; er erzählt, wie Mowgli als schutzbedürftiger Säugling von Wölfen angenommen wird, schildert seine verspielte Kindheit und zeigt dann auf, wie er mit dem Gesetz des Dschungels konfrontiert wird, sich erfolgreich dem Leben stellt und dank seines Verstandes zum Herrn über die Tierwelt wird.

Das angezeigte Buch gehört zu den Grundlagen der Pfadfinderpädagogik: Es liefert die Spielidee für die Wölflingsstufe und thematisiert, wie das Kind in der Auseinandersetzung mit der Natur zum selbstbewussten Burschen heranreift. Viele christliche Jugendgruppen knüpfen an der Pfadfinderpädagogik an, manche beziehen sich explizit auf Kiplings Werk. In jenem Jahr, als der britische General Baden-Powell das erste Pfadfinderlager durchführte, erhielt Kipling den Nobelpreis – sein „Dschungelbuch" war damals in aller Munde. Bis heute hat es seinen Platz als ein herausragendes Werk der Jugendliteratur behauptet und nur wenig an seiner exotischen Faszination eingebüßt, auch wenn Begriffe wie „Autorität", „Selbstzucht" und „Ordnung" heute anders klingen als im viktorianischen England und die geringschätzige Schilderung des Affenvolkes als kolonialistischer Chauvinismus gegenüber eingeborenen Völkern interpretiert werden mag.

Tipps für den Unterricht

Fächerübergreifend kann das vorliegende Buch behandelt werden, wenn in Erdkunde oder Biologie über den indischen Dschungel gesprochen wird; in Geschichte bietet es eine Illustrierung des Kolonialzeitalters.

Hinsichtlich der heutigen Situation, da viele Schüler nicht mehr bei Vater und Mutter aufwachsen, bietet die Geschichte des Findelkindes Mowgli einen Anlass, um die Situation der fehlenden oder zerbrochenen Familie zu problematisieren. Ferner kann über Außenseiter gesprochen und mit einem Sozialtraining in der Klasse verbunden werden.

Aufgrund der klaren Charaktere, die sehr typisiert sind, bietet sich schließlich an, Sequenzen als Theater nachzuspielen und gemeinsam das Verhalten der Tiere zu reflektieren.

Unterrichtshilfen

- Reitherman, Wolfgang (Regie), Das Dschungelbuch (Walt Disney), Spielfilm 1967
- http://www.gutenberg.org/etext/236
- http://www.4teachers.de/?action=material&id=28991
- http://www.mediamanual.at/mediamanual/workshop/pdf/kinder kino/tiere_im_film.pdf
- http://www.kultur-bad-vilbel.de/media/file/Burgfestspiele/2013_ MM_Dschungelbuch.pdf
- http://www.dschungelwien.at/media/uploads/dschungel_seiten/ padagogik/begleitmaterial/begleitmaterial_das_dschungelbuch.pdf

Bewertung

Bedeutung	★★★☆☆	international renommierter Jugendbuchklassiker mit beeindruckender Schilderung des indischen Dschungels; Autor bekam den Literaturnobelpreis
Attraktivität	★★☆☆☆	die Abenteuer in der Wildnis sind auch heute noch spannend zu lesen
Wertigkeit	★★★☆☆	gehört zu den Grundlagen der Pfadfinderpädagogik; thematisiert das Erwachsenwerden in der Natur

Klasse: 2 **3 4** 5 6 7 8 9 10 11 12 13
Schulart: **GS** HS RS GYM
Bearbeitung: mkh

Max **Kruse** (* 1921)

Der Löwe ist los

(1952)

Kinderbuch

Ausgaben

- Thienemann, 160 Seiten, gebunden (mit Illustrationen)

Inhalt

Aus dem Tiergarten der kleinen Stadt Irgendwo ist der Löwe ausgebrochen. Dank der guten Frau Wisstihrschon, weiß natürlich bald jeder Bescheid; überall herrscht große Aufregung und Panik. Mit viel Humor berichtet Max Kruse aus dem Alltag der kleinen Stadt: vom verwirrten Zoowärter Krume, dem Gärtnerehepaar Blume, dem Briefträger Marke, dem Raben Ra und all den vielen anderen Bewohnern mit sprechenden Namen.

Bald stellt sich jedoch heraus, dass der Löwe eigentlich ganz harmlos ist – der Ausbruch war nur ein Versuch, wieder in seine afrikanische Heimat zu gelangen. Nachdem er es im ersten Band schafft, in einem Waschzuber zurück nach Afrika zu segeln, warten im zweiten und dritten Band noch weitere Abenteuer auf Kim, Pips, Löwe und deren Freunde aus Irgendwo. Die Kinder besuchen Onkel Guckaus auf der Leuchtturminsel, retten den Kakadu vor den Papageienfressern und treffen schließlich in Sultanien wieder mit Löwe zusammen.

Biografische Skizze

Max Kruse gleichnamiger Vater ist Bildhauer, seine Mutter Käthe Kruse entwirft die nach ihr benannten Stoffpuppen. Die Künstlerfamilie präferiert auch pädagogisch kreative Modelle. Als Kind besucht Max Kruse kurzzeitig die Odenwaldschule, später befreien ihn die Eltern durch Krankschreibung vom regulären Schulbesuch.

Nach dem Krieg etabliert er die von der DDR enteignete Fabrik seiner Mutter im Westen, ist dann als Werbetexter tätig und veröffentlicht 1952 mit „Der Löwe ist los“ seine erste Erzählung. Dass in ihr die Sprachspiele im Vordergrund stehen und der Autor wenig Tiefgreifendes vermitteln will, ist wohl seinem damaligen Brotverdienst geschuldet. Das Buch wird 1965 von der Augsburger Puppenkiste für das Fernsehen aufgenommen. In diesem Jahr geht Kruse seine dritte Ehe ein.

Während die „Löwe“-Serie völlig harmlos ist, schreibt er die ebenfalls als Marionetten-Film inszenierte Urmel-Geschichte mit der Absicht, den Evolutionsgedanken für Kinder attraktiv zu machen. Ab da schreibt Kruse Agitations-Prosa und seine Weltanschauung wird immer bedenklicher. Heute ist der Schriftsteller wissenschaftlicher Beirat in der agressiv-atheistischen Giordano-Bruno-Stiftung; zuletzt schrieb er mehrere Bücher gegen das Christentum.

Wertorientierte Beurteilung

„Der Löwe ist los“ eignet sich als eine der ersten Ganzschriften für Grundschüler. Die Geschichte ist unterhaltsam, aber nicht besonders tief; sie besticht vor allem durch ihren einzigartigen Sprachwitz. Wie die meisten Bücher der 50er-Jahre ist sie grundsolide und in mancherlei Punkten politisch unkorrekt. Gerade dies macht die Erzählung in unserer Zeit zu etwas Besonderem und steigert ungewollt das humorvolle Vergnügen, welches sich bei der Lektüre einstellt. Im Gegensatz zu Max Kruses anderen Texten wurde sein Erstlingswerk nicht als ideologische Agitation geschrieben, sondern aus Freude an der Sprache. Diese beim Leser entfachen zu können, ist der große Verdienst des angezeigten Romans.

Tipps für den Unterricht

Die Sprache ist lebendig und facettenreich, sie hält oft noch weitere Bedeutungen versteckt, regt zum Nachdenken an und auch zum Schmunzeln. Es macht Freude, zusammen mit Schülern die Wortbastelei von Max Kruse zu entdecken, wie er mit Homonymen spielt und mit doppelten Bedeutungen. Jeder Abschnitt ist ein linguistisches Labyrinth. Satz für Satz können Sprachschätze entdeckt und geborgen werden. „Der Löwe ist los“ stellt unter Beweis, wie vielgestaltig Ausdrücke verwendet werden können, und schult das Empfinden für die Möglichkeiten, mit Text zu variieren. Parallel zur Lektüre bietet es sich an, grammatikalische Themen zu behandeln, die dann nicht mehr steif und abstrakt sind, sondern einen besonderen Reiz bekommen.

Unterrichtshilfen

- Verfilmung: „Der Löwe ist los“, Augsburger Puppenkiste (2004)
- Audio CD: „Der Löwe ist los“, Fischer Sauerländer 2003

Bewertung

Bedeutung	★★☆☆☆	Frühwerk eines bekannten Kinderbuchautoren
Attraktivität	★★★★★	überaus lustige Sprache; liest sich sehr gefällig
Wertigkeit	★☆☆☆☆	sprachlicher Nonsens ohne Tiefgang

Klasse: 2 3 4 **5 6 7** 8 9 10 11 12 13
Schulart: GS **HS RS GYM**
Bearbeitung: mkh

Wolfgang **Kuhn** (1928-2001)

Mit Jeans in die Steinzeit

(1988)

Historischer Jugendroman

Ausgaben

- dtv, 240 Seiten

Inhalt

Die 13-jährige Isabelle verbringt die Sommerferien bei ihren Verwandten in Südfrankreich. Schon einige Tage vor ihrer Ankunft haben Suzanne, Phillipe und Regis in der Umgebung bemerkenswerte Funde gemacht. Zusammen mit ihrer Cousine Isabelle entdecken sie dann bei einem Ausflug eine riesige unterirdische Höhle aus der Steinzeit. In dieser Grotte können die Kinder die Geschichte über mehrere Jahrtausende zurückverfolgen.

Doch das Unternehmen wird schon bald zu einem gefährlichen Abenteuer. Auf ihren Erkundungen verirrt sich Isabelle und wird durch einen Erdrutsch vollständig von den anderen getrennt. Während diese ein Suchmanöver starten, macht Isabelle eine Zeitreise und erlebt nun nicht nur anhand der Funde, sondern ‚hautnah' das Leben der Cromagnon-Menschen. Sie ist beeindruckt von der Geschicklichkeit dieser Menschen und den schönen Dingen, die sie herzustellen wissen. Diese alten Gestalten flößen ihr zugleich Angst als auch Ehrfurcht ein.

Biografische Skizze

Wolfgang Kuhn ist nach Dozententätigkeiten in Trier und Koblenz von 1962 bis zu seinem Ruhestand Biologieprofessor in Saarbrücken – zunächst an der der PH, später an der Universität. Für viele Jahre lehrt er außerdem an dem katholischen Studienhaus St. Lambert in Lantershofen sowie an der von Joseph Ratzinger mitbegründeten Gustav-Siewerth-Akademie in Bierbronnen, wo er mit Dozenten von Wort und Wissen zusammenarbeitet.

Kuhn beschäftigt sich intensiv mit Grenzfragen zwischen Biologie und Theologie, wobei er insbesondere die Evolutionstheorie infrage stellt. Bis ins Alter bewahrt er sich seine jugendliche Lebendigkeit, lädt Studenten in den Zoo ein, um ihnen zu zeigen, wie sehr sich Mensch und Affe unterscheiden. Die vorliegende Lektüre entsteht nach einer Exkursion mit Studenten nach Südfrankreich; der in sich abgeschlossene Fortsetzungsband „Die grüne Maske" ist ebenfalls das Ergebnis einer Studienfahrt. Kuhn war stets um Verständlichkeit und Anschaulichkeit bemüht. In bebilderten Taschenbüchern liefert er einem breiten Publikum Argumente gegen Darwin; auch seine zwei Romane kritisieren implizit die These von der Entwicklung der Arten. Anders als seine Kollegen, die sich mit Intelligent Design beschäftigen, versteht Kuhn die Schöpfungstage als Äonen und geht von einem hohen Alter der materiellen Welt aus.

Wertorientierte Beurteilung

Das erfolgreiche Jugendbuch ist auf den ersten Blick eine spannende Erzählung, welche durch die Entdeckung der Höhlenmalereien von Lascaux inspiriert wurde. „Mit Jeans in die Steinzeit" bietet jedoch mehr als ein oberflächliches Abenteuer auf prähistorischer Kulisse: Es stellt den Bezug der Steinzeit zur Gegenwart her und präsentiert diese Zivilisationsstufe als Parallelkultur. Die Kinder fühlen sich bei den Steinzeitmenschen zu Hause, sie können sich mit ihnen normal unterhalten, bewundern ihre Kunstfertigkeit und nehmen ihre Intelligenz als selbstverständlich hin. Sie begegnen vollwertigen Menschen und keineswegs Halbtieren.

Die Lektüre rückt die Prähistorie in unsere Nähe, sie fasziniert und bietet den idealen Anlass, um über den Gang der Geschichte nachzudenken.

Tipps für den Unterricht

Die Lektüre bietet die Möglichkeit, das Thema „Steinzeit" aus biblischer Sicht zu behandeln, nämlich die zivilisatorische Stufe als Parallelkultur darzustellen und darüber zu sprechen, dass die Menschen früherer Jahrtausende ebenso wenig als halbe Tiere bezeichnet werden dürfen wie heutige Nomaden. Insbesondere das Buch „Bibel – Schöpfung – Evolution" von Reinhard Junker und Fred Hartmann bieten Ideen und Materialien zu einem Fächer übergreifenden Unterricht, der auch Geschichte und Religion mit berücksichtigt.

Unterrichtshilfen

- Junker, Hartmann, Bibel – Schöpfung – Evolution, Christliche Verlagsgesellschaft 2009
- Waldherr, Franz: EinFach Deutsch – Unterrichtsmodelle: Wolfgang Kuhn: Mit Jeans in die Steinzeit: Klassen 5-7, Schöningh
- „Hartwig, U.: Literaturkartei: Mit Jeans in die Steinzeit, Verlag an der Ruhr, ca. 80 S. A4, Papphefter
- Geisbach, Michaela: einfach lesen! – Für Lesefortgeschrittene: Niveau 2 – Mit Jeans in die Steinzeit: Ein Leseprojekt nach dem Jugendbuch von Wolfgang Kuhn, Cornelsen Verlag 2005
- http://www.verlag20.de/unterrichtsmaterial/6446
- http://www.dtv.de/_pdf/lehrermodell/70144.pdf?download=true
- http://www.4teachers.de/?action=show&id=6868

Bewertung

Bedeutung	★★☆☆☆	moderner Jugendbuchklassiker
Attraktivität	★★★☆☆	Abenteuerbuch, über dessen Spannung man streiten kann
Wertigkeit	★★★☆☆	Eine biblische Darstellung der Steinzeit kann mithilfe des Buches herausgearbeitet werden.

Klasse: 2 3 **4 5 6** 7 8 9 10 11 12 13
Schulart: **GS HS RS GYM**
Bearbeitung: mkh

Selma **Lagerlöf** (1858-1940)

Nils Holgerssons wunderbare Reise

(1906)

Erzählung über Schweden

Ausgaben

- Arena, geb., 246 Seiten
- Dressler, geb., 319 Seiten
- Reclam, TB, 460 Seiten

Inhalt

„Nils Holgerssons wunderbare Reise" ist das Abenteuer eines Jungen, der aus der Vogelperspektive seine schwedische Heimat kennenlernt. Weil er ein Wichtelmännchen ärgert, statt mit seinen Eltern den Gottesdienst zu besuchen, schrumpft er auf die Größe eines Däumlings zusammen. Gemeinsam mit einem Gänserich vom heimischen Hof begleitet Nils ein Jahr lang die Wildgänse. Während dieser Reise muss er sich mehrfach bewähren; von einem widerspenstigen Burschen reift er zu einem hilfsbereiten Menschen heran. Geläutert durch seine Abenteuer übernimmt Nils Verantwortung für seine Mitgeschöpfe.

Im Original umfasst das Buch 55 Kapitel. Diese Episoden sind jeweils in sich abgeschlossene Geschichten; sie erzählen von Freundschaft und Vergebung, behandeln aber auch Themen wie „Armut" und „Kinderarbeit". Vom südlichen Schonen bis ins nördliche Lappland lernt Nils die Sagen seines Vaterlands kennen, begegnet König Oskar II. und sogar Selma Lagerlöf, die noch eine Idee für ein Kinderbuch sucht, welches von Schweden handeln soll. Da kommt ihr der fahrende Däumling gerade gelegen.

Biografische Skizze

Selma Lagerlöf gilt als bedeutendste Autorin Schwedens; 1909 erhält sie als erste Frau den Nobelpreis für Literatur. Der christliche Glaube spielt in ihrem Werk eine herausragende Rolle. Sowohl väterlicher- wie mütterlicherseits kann die Schriftstellerin etliche Pfarrer als Vorfahren ausweisen. Aus einer wohlhabenden Kaufmannsfamilie stammend, muss sie miterleben, wie der heimatliche Gutsbesitz Mårbacka aufgrund einer Wirtschaftskrise verkauft wird. Der Erfolg als Schriftstellerin erlaubt ihr, den Hof später wieder zu erwerben. Die unverheiratete Autorin betont die Würde der Frau, deren Berufung sie darin sieht, das Zuhause in eine Stätte des Friedens und der Geborgenheit zu verwandeln. Außerdem engagiert sie sich für Juden, die ab 1933 aus Deutschland flüchten; der Schriftstellerin Nelly Sachs rettet Lagerlöf das Leben.

Wertorientierte Beurteilung

Bei dem Werk handelt es sich um eine Auftragsarbeit des schwedischen Lehrerverbandes, der von der Schriftstellerin ein Lesebuch für den Heimatunterricht verlangte. Anfänglich bemängelte die Schulbehörde, dass die Inhalte in Form einer unterhaltsamen Erzählung vermittelt werden, welche obendrein märchenhafte Züge tragen. Kirchenvertreter hingegen wünschten sich eine deutlichere Belehrung und mehr biblische Bezüge.

Doch gerade die Art und Weise, wie Lagerlöf das Buch verfasste, macht es zu einem echten Klassiker von zeitloser Gültigkeit: Eine Botschaft ist der Handlung weder aufgesetzt noch künstlich hinzugefügt – vielmehr bilden Inhalt und Form ein ausgewogenes Ganzes. Deshalb wirkt die Erzählung echt: moralische Aussagen sind ein integraler Bestandteil und wirken niemals erzwungen. Tatsächlich ist „Nils Holgersson“ Schulbuch und Kunstwerk zugleich. Während der Leser den kleinen Jungen auf seinen Abenteuern begleitet, lernt er die verschiedenen Landschaften Schwedens kennen, die Leute mit ihren Trachten und Lebensweisen, ihre Kultur, ihre Geschichte und ihre Geschichten. Dabei wandelt sich der Held – und vielleicht wird nebenbei auch der Leser dazu angestoßen, einige Dinge in seinem Leben zu überdenken.

Tipps für den Unterricht

Eine vereinfachte (und gekürzte) Fassung erleichtert das Lesen ungemein. Wo der Lehrer möchte, kann er Kapitel aus dem Original ergänzen. Der episodenhaft angelegte Roman lädt zum Nacherzählen einzelner Geschichten ein, ebenso zum Erstellen neuer Episoden. Wenn im Fach Erdkunde über Schweden gesprochen wird, bietet die Lektüre eine ideale Vertiefung.

Unterrichtshilfen

- Unzer, Christa, Nils Holgersson, (Cornelsen-Reihe: einfach lesen!) 2009
- Mahrhofer-Bernt, Christina, Materialien und Kopiervorlagen zur Klassenlektüre „Nils Holgersson", Igel 2012
- Weiss, Norbert, Das Spiel der Wildgänse, Verlag der Maßstäbe 2006 (Interpretation)
- Schwieder, Wolfram, Auf den Spuren Nils Holgerssons durch Schweden, Insel 2008
- Fant, Kenne (Regie), Die wunderbare Reise des Nils Holgersson, Spielfilm 1962
- Folken, Peter (Bearbeitung), Die wunderbare Reise des kleinen Nils Holgersson mit den Wildgänsen, Hörspiel (Sauerländer) 1980
- Köhler, Juliane (Sprecher), Nils Holgerssons wunderbare Reise durch Schweden, Hörbuch (Der Hörverlag) 2007
- http://www.europaschulen.de/fileadmin/evaluationen/05_06/Eva%20Goethe%20Gymn%202006_n.pdf

Bewertung

Bedeutung	★★★★☆	Jugendbuchklassiker einer christlichen Autorin, die als erste Frau den Literatur-Nobelpreis bekam
Attraktivität	★★★☆☆	spannend, unterhaltsam, lehrreich
Wertigkeit	★★★☆☆	Freundschaft, Vergebung, Nächstenliebe; die Schönheit Nordeuropas wird lebendig

Klasse: 2 3 4 5 6 **7 8 9 10 11 12 13**
Schulart: GS HS **RS GYM**
Bearbeitung: mkh

Auguste **Lechner** (1905-2000)/
Vergil (70-90 v. Chr.)

Aeneas

(1967/29-19 v. Chr.)
Nacherzählung eines Vers-Epos'

Ausgaben

- Arena, Taschenbuch, 327 Seiten
- Marix, gebunden, 170 Seiten (zusammen mit zwei weiteren Büchern in einem Band)

Inhalt

Die Geschichte von Aeneas ist ein Lobpreis auf die Größe Roms und verkündet dessen nie endende Herrschaft. Der trojanische Fürstensohn flieht aus seiner brennenden Vaterstadt, um nach einer Irrfahrt durch das Mittelmeer nach Latium zu gelangen, wo seine Nachkommen die Stadt Rom gründen.

Nach einem Seesturm landet der Protagonist zunächst in Karthago, dessen Königin Dido sich unsterblich in ihn verliebt. Obwohl sie den Helden für sich gewinnt, wendet sich dieser auf das Geheiß Jupiters von ihr ab, um seine Verheißung zu erfüllen. Verzweifelt legt Dido Hand an sich.

Eine weitere Etappe von Aeneas' Irrfahrt ist Sizilien, wo er sich mit Wettspielen aufhält und vier seiner Schiffe verliert. An der Westküste Italiens trifft der Held auf die Sybille von Cumae, welche die künftige Größe Roms prophezeit. Danach beginnen die Kämpfe um das neue Land.

Biografische Skizze

Eigentlicher Verfasser der „Aeneis" ist der römische Dichter Vergil, der den Versepos zwischen 29 und 19 v. Chr. in zwölf Büchern niederschrieb. Kaiser Augustus unterstützte das Entstehen und verhinderte nach dem Tod des Dichters, dass das unvollendete Werk gemäß dem Willen des Verstorbenen vernichtet wurde.

Auguste Lechner ist durch ihre Nacherzählung antiker und mittelalterlicher Stoffe bekannt, die sie nach dem Zweiten Weltkrieg für ihre drei Enkelkinder schreibt. Aus dem Tiroler Adelsgeschlecht Neuner von Breitenegg stammend, heiratet sie 1927 Dr. Hermann Lechner, den Leiter des Tyrolia Verlags, der auch ihre Bücher verlegt. Die Schriftstellerin bekommt 1956 den österreichischen Staatspreis für Kinder- und Jugendliteratur verliehen und gewinnt 1982 den Europäischen Jugendbuchpreis.

Wertorientierte Beurteilung
Die Geschichte Europas muss als Rezeption der Bibel einerseits und der Antike andererseits (Humanismus) begriffen werden. Auch für den Christen ist die Auseinandersetzung mit griechisch-römischen Schriften interessant, wenn man die Geistesgeschichte unseres Kontinents verstehen möchte. Vergil stellt die prominenteste Schnittstelle dar: Unmittelbar vor der Geburt Christi schöpft er aus der Fülle der klassischen Literatur und verweist auf einen Heilsbringer, welchen er womöglich im ersten römischen Kaiser sieht, der nach einem Jahrhundert der Bürgerkriege für Ruhe sorgt. Kommentatoren des Mittelalters meinten, dass Vergils Schriften Prophezeiungen Jesu enthalten, etwa das vierte Buch der Hirtengedichte (Eklogen), welche die Geburt eines göttlichen Kindes verheißen, eines Friedefürsten, mit dem eine Zeitenwende kommt. In der vorliegenden Aeneas erhält er gleichnamige Held Weissagungen der Sybille von Cumae, einem Orakel, welches die ewige Herrschaft Roms verkündet, was historisch als Lobpreis des Kaiser Augustus gedeutet werden muss, davon aber losgelöst einen bis heute aktuellen Bezug aufweist.

Als Haupteigenschaft des trojanischen Prinzen wird seine Frömmigkeit genannt: Weil er alleine nichts vermag, opfert er stets den Göttern, unterwirft sich ihrem Willen und rettet aus seiner brennenden Heimatstadt die Penaten. Die „Aeneis“ war Vergils Antwort auf die Forderung des Kaisers, einen Lobpreis über ihn zu verfassen, eine „Augusteis“. Sie ist das römische Pendant zu Homers „Odyssee“.

Tipps für den Unterricht
Die Erzählung ist ein fächerübergreifender Schlüsseltext zum Selbstverständnis des Römischen Reichs und dem Denken des Mittelalters, des Humanismus und der Aufklärung. Eine eigene Interpretation hat die Dichtung seitens der katholischen Kirche erfahren, welche die ewige Herrschaft Roms auf das Papsttum bezieht.

Parallel zur Lektüre ist eine Besprechung in den Fächern Geschichte und Religion unerlässlich. Voraussetzung ist, dass der Lehrer über das notwendige Fachwissen verfügt. Geeignet insbesondere für Schüler, die Latein lernen.

Unterrichtshilfen

- Jahn, Stefanie, Vergil-Aeneis-Lehrerband, Vandenhoeck & Ruprecht 2013
- Köhler, Thomas (Regie), Aeneis, Hörspiel (Der Audio Verlag) 2008
- Glücklich, Hans-Joachim, Vergils Aeneis im Unterricht Vandenhoeck & Ruprecht 2004
- Haecker, Theodor, Vergil – Vater des Abendlands, Hegner 1935
- Suerbaum, Vergils Aeneis – Epos zwischen Geschichte und Gegenwart, Reclam 1999
- Herfurtner, Rudolf, Das Trojanische Pferd, (Bilderbuch) Betz 2008
- http://www.katharinen.ingolstadt.de/projekte/kglatein/materialien.htm
- http://www.br.de/radio/bayern2/sendungen/radiowissen/deutsch-und-literatur/aeneis-vergil-einsatz-im-unterricht100.html

Bewertung

Bedeutung	★★★★★	römisches Volksepos; Grundlage zum Verständnis des von der Antike geprägten Abendlandes
Attraktivität	★★☆☆☆	stellt hohe Anforderungen an Lehrer und Schüler
Wertigkeit	★★☆☆☆	Erzählung um heidnische Götter

Klasse: 2 3 4 5 **6 7 8** 9 10 11 12 13
Schulart: GS HS **RS GYM**
Bearbeitung: mkh

Auguste **Lechner** (1905-2000)

Die Nibelungen

(1951)

Nacherzählung eines Versepos'

Ausgaben

- Arena, Taschenbuch, 231 Seiten
- Marix, gebunden, 132 Seiten
  (zusammen mit zwei weiteren Büchern in einem Band)

Inhalt

In den Wirren der Völkerwanderung verlieben sich Siegfried aus Xanten und die burgundische Prinzessin Kriemhild. Um sie heiraten zu können, muss Siegfried für König Gunter, den Bruder seiner Erwählten, die isländische Fürstin Brunhild gewinnen, welche über unglaubliche Kräfte verfügt. Der Held aus Xanten ist, seit er einen Drachen besiegte, mit wunderbaren Artefakten ausgestattet, durch die er Gunter unbemerkt Beistand im Kampf gegen Brunhild leistet. Es kommt zur Doppelhochzeit, doch bald schon sind Kriemhild und Brunhild so sehr zerstritten, dass Hagen, die rechte Hand Gunters, nur noch einen Ausweg sieht: Er meuchelt Siegfried hinterrücks und vernichtet später dessen Schatz, damit Kriemhild sich keine Verbündeten erkaufen kann. Die Witwe ist derart verbittert, dass sie den Hunnenkönig Etzel (Attila) heiratet, um sich mit seiner Hilfe an Hagen zu rächen. Da aber König Gunter, ihr Bruder, treu zu seinem Lehnsmann steht, reißt der Konflikt das ganze burgundische Volk in den Untergang.

Biografische Skizze

Der Verfasser des Nibelungenliedes ist unbekannt; im 13. Jahrhundert wurde es verschriftlicht. Unter den Nacherzählungen für Jugendliche ist unter anderem jene von Auguste Lechner zu empfehlen, da sie Widersprüche behutsam zu glätten versucht, sich weitgehend an das Original hält und kürzt, was für Jugendliche uninteressant ist.

Auguste Lechner (1905-2000) ist durch ihre Nacherzählung von Sagen bekannt, die sie nach dem Zweiten Weltkrieg für ihre Enkelkinder schreibt. Aus einem alten Tiroler Adelsgeschlecht stammend, heiratet sie 1927 Dr. Hermann Lechner, den Leiter des katholischen Tyrolia Verlags. Das Werk ist das Erstlingswerk der Schriftstellerin.

Wertorientierte Beurteilung

Das Nibelungenlied ist ein Schlüssel zum Verständnis unseres Volkes. Es spielt in einer Zeit, da es lediglich germanische Stämme gab und von den „Deutschen" noch gar nicht die Rede war, trug dann aber später wesentlich zur Identitätsbildung und Nationwerdung bei. Seit der Wiederentdeckung des Stoffs im Jahr 1755 setzte sich seine Aufarbeitung mit zeitgenössischen Fragen auseinander: Die Figuren des Versepos wurden zu Symbolen, zu Metaphern, sogar zu Idealtypen – das Sujet insgesamt zum Mythos. Es spricht für das Selbstverständnis der Deutschen, wenn der Eintritt in den Ersten und das Durchhalten im Zweiten Weltkrieg als „Nibelungentreue" hochstilisiert wurde, wobei man den düsteren Hagen auffallend positiv konnotierte. Eine der wenigen christlichen Nachdichtungen lieferte Reinhold Schneider mit „Die Tarnkappe".

Unabhängig von seiner Rezeption ist das Nibelungenlied auch deswegen interessant, weil es die Zeit der Völkerwanderung aus der Sicht des Hochmittelalters beleuchtet und darstellt, wie die heidnischen Germanen allmählich Christen wurden. Einerseits sind die Beteiligten noch im paganen Denken verwurzelt, welches insbesondere Treue und Rache fordert (auch leben sie in einer fantastischen Sagenwelt) – andererseits haben Kirchgang und höfische Sitte schon ihren festen Platz. Im Übrigen steht Dietrich von Bern nach allgemeiner Lesart für den Ostgotenkönig Theoderich den Großen, also jenen Herrscher, der den Arianismus in den germanischen Völkern förderte und die Gottheit Jesu leugnete.

Tipps für den Unterricht

Parallel zur Behandlung des Mittelalters sind „Die Nibelungen" eine Pflichtlektüre. Manches muss kritisch beleuchtet werden, etwa die verabsolutierte Treue. Um deutsche Geschichte zu verstehen, ist eine Auseinandersetzung mit dem Stoff unerlässlich. Gerade in den Schlusskapiteln ist das Buch von Auguste Lechner recht blutig.

In Musik ist ein Vergleich mit Richard Wagners Oper „Der Ring der Nibelungen" möglich. Mehr als beim Nibelungenlied machte der Komponist allerdings Anleihen bei der isländischen Völsunga-Saga, die aus dem späten 13. Jahrhundert stammt. Diesen alten Stoff dichtet J. R. R. Tolkien in „Die Legende von Sigurd und Gudrun" nach. Erstmals erwähnt wird das Geschlecht der Wälsungen im angelsächsischen Beowulf aus dem 8. Jahrhundert.

Unterrichtshilfen

- Wapnewski, Peter (Sprecher und Kommentator), Das Nibelungenlied, Hörverlag 2006
- Rinke, Moritz, Die Nibelungen, rowohlt 2002 (Rezeptionsgeschichte)
- Ursula Schulze, Das Nibelungenlied (Reclam 1997) – Interpretation
- Arbeitsmaterial vom Olzog Verlag zum Lechner Buch bei: eDidact.de (42 Seiten, PDF)
- http://www.lehrer-online.de/dyn/bin/361139-362929-1-nibelungen_projektbeschreibung.pdf
- http://www.opernloft.de/downloads/jmhumderring.pdf
- http://poechlarn.at/Nibelungenlied.391.0.html?&no_cache=1&sword_list[]=nibelungen
- http://www.manfrieds-trelleborg.de/articles.php?article_id=76

Bewertung

Bedeutung	★★★★★	deutscher Nationalepos
Attraktivität	★★★☆☆	Für jüngere Schüler nur bedingt geeignet.
Wertigkeit	★★☆☆☆	Aus biblischer Sicht ist manches zu hinterfragen.

Klasse: 2 3 4 5 6 7 8 9 10 **11 12 13**
Schulart: GS HS RS **GYM**
Bearbeitung: mkh

Nikolai **Leskow** (1831-1895)

Der Gaukler Pamphalon

(1887)

Kunstlegende

Ausgaben

- Patmos, 112 Seiten
- Reclam, 92 Seiten

Inhalt

„Der Gaukler Pamphalon" zeigt in erschütternder Weise auf, wie begrenzt der Mensch ist und dass alles Heil allein von Gott kommt. Der in Damaskus lebende Gaukler fristet in den Augen der Welt ein schändliches Dasein, weil er sich bei den reichen Kunden der Hetären als Alleinunterhalter verdingt. Zu ihm wird Hermias geschickt, der einst Statthalter in Byzanz war, dann aber dem Evangelium gemäß allem Geld und aller Macht entsagte, um Christus nachzufolgen. Nach Jahren der Einsamkeit in der Wüste bedrückt Herimas der Gedanke, wer in dieser verderbten Welt überhaupt noch Rettung finden kann, worauf er zu Pamphalon geführt wird. Über etwaige Sünden des Gauklers schweigt das Buch, aber es erzählt von seiner echten Nächstenliebe in einem Milieu der Ehrlosen, welche durch die Sünden der scheinbar Ehrenhaften erniedrigt werden.

„Ich glaube, dass ich selber nichts Gutes aus mir zu machen verstehe", stellt Pamphalon schwermütig fest, denn Gutes bringe nur der Allmächtige zuwege. Dies habe er gelernt, als er gegenüber Gott ein Gelübde brach: Er hatte einen anständigen Lebenswandel versprochen, wenn sich ihm die Gelegenheit dazu biete. Im Suff hatten ihm die Reichen Geld hingeworfen und jeder wollte sich mit einer noch größeren Summe Geltung verschaffen. Doch statt eine bürgerliche Existenz zu begründen, verschenkt der Gaukler sein Vermögen an eine Frau aus untadeligem Hause, die ihre Keuschheit opfern wollte, um ihre Kinder aus den Händen von skrupellosen Verbrechern loskaufen zu können und sie so vor der Verstümmelung zu bewahren. Magna war unter anderem deswegen in widrige Umstände geraten, weil der Nachfolger des gottesfürchtigen Statthalters von Byzanz (Hermias) seine Macht missbrauchte. Mit seiner Lebensgeschichte zeigt der an sich selbst zweifelnde Gaukler dem selbstgerechten Einsiedler die Größe und Barmherzigkeit Gottes auf und dieser wird von seinem Eigendünkel geheilt.

Biografische Skizze

Anders als die bekannten russischen Autoren seiner Zeit entstammt Leskow eher einfachen Verhältnissen und verlässt das Gymnasium ohne Abschluss. Obwohl er jahrelang Angestellter einer englischen Firma ist, gilt er als russischster aller russischen Schriftsteller. Westliche Einflüsse sind bei ihm ebenso wenig festzustellen wie politische Agitation. Auch wenn er gesellschaftliche Missstände aufzeigt und Reformen fordert, geht es ihm um das Ausloten der menschlichen Seele, meist sogar explizit um den christlichen Glauben. Veränderungen gegenüber ist er skeptisch. Leskow fühlt sich den Altgläubigen zugehörig und hat trotz seiner othodoxen Religiosität protestantische Tendenzen. Seine Protagonisten sind starke, wahrheitssuchende Charaktere, die sich vor allem durch Herzensweite und Opfermut auszeichnen. Ebenso wie Leskow sind sie in ihrem Tun kompromisslos, was sie aber nicht davon abhält, ihr Handeln kritisch zu reflektieren.

Wertorientierte Beurteilung

„Der Gaukler Pamphalon" ist eine frei nacherzählte Legende aus dem „Prolog", wie man die Sammlung von byzantinischen Heiligenviten (10./11. Jahrhundert) nennt. Abweichend vom Original baut Leskow die Bedeutung der Frauen aus, die der Hetären ebenso wie die der vom Schicksal gebeutelten Magna samt ihrer ehemaligen Freundinnen, welche nichts mehr von ihr wissen wollen, als sie verarmt: weder die kluge Fotina noch die gelehrte Taora, noch die keusche Silvia. Ihre Tugend hält der Prüfung der Selbstgerechtigkeit nicht stand, während sich die Gedemütigten als gottgefällig erweisen. Eine gewisse Polemik war wohl von Leskow intendiert, wie wir aus einem unveröffentlichten Vorwort wissen.

Der vorliegende Text ist voller Wendungen und Verwicklungen. Er wirft Fragen auf, für die es keine leichten Antworten gibt. Die gefallene Welt wird als Labyrinth dargestellt, in dem wir gefangen sind: Das Elend scheint unentrinnbar, darf aber nicht mit der Sünde gleichgesetzt werden, die der Text an keiner Stelle gutheißt. Verschiedene Charaktere fühlen sich bedrückt von der knetenden Hand des Töpfers, der Gefäße zu seiner Ehre formt (Röm 9,21; vgl. Jes 45,9), was mitunter recht schmerzhaft sein kann. Durch die Lektüre wird der Leser herausgefordert, sein eigenes Verhältnis zu Gott zu reflektieren. In der ergreifenden Geschichte über echte und falsche Narren geht es weder um ein Bekenntnis noch um theologische Spitzfindigkeiten, sondern um die Liebe (1Kor 13,13) zu Gott und dem Nächsten (1Jo 3-4).

Tipps für den Unterricht

Die vorliegende Lektüre lässt sich in knapp drei Stunden laut vorlesen und bietet wegen ihres geringen Umfangs eine gute Möglichkeit, intensiv am Text zu arbeiten. Etliche Passagen fordern zur kontroversen Diskussion heraus; sie sind willkommene Anlässe für Erörterungen und Essays. Im Mittelpunkt steht die Frage nach einer konsequenten Christusnachfolge, wie unsere Liebe zu Jesus sich im täglichen Leben umsetzen lässt. „Der Gaukler Pamphalon" macht deutlich, dass Erlösung nicht durch unser Tun geschieht und Glaube etwas anderes ist, als das Erfüllen von Moralvorschriften. Trotzdem bleibt die Frage, wie sich Gottes- und Nächstenliebe im täglichen Leben umsetzen lassen. Für Leskow ist es keineswegs belanglos, was wir tun – es zeigt aber auf, dass Gottes Walten umfassender ist, als wir es uns vorstellen können. Parallel zum Deutsch-Unterricht bietet sich an, die Predigten von Aurelius Augustinus über den ersten Johannesbrief im Fach Religion zu lesen.

Unterrichtshilfen

- Russische Klassiker, Box 5 Novellen und Erzählungen, 10 CDs, Steinbach sprechende Bücher
- Augustinus, Gott ist die Liebe – Predigten über den 1. Johannesbrief, Herder 1940

Bewertung

Bedeutung	★★☆☆☆	lehrreiches Werk eines der bedeutendsten russischen Autoren
Attraktivität	★★★☆☆	ist so spannend geschrieben, dass es sich in einem Zug lesen lässt; es macht neugierig und ist voller Wendungen; die Auflösung scheinbarer Gegensätze regt sehr an
Wertigkeit	★★★☆☆	tief gehendes, christliches Buch von überkonfessioneller Gültigkeit; stellt die eigene Selbstgerechtigkeit auf den Prüfstand; stimmt milde und barmherzig; Staunen vor Gottes Größe

Klasse: 2 3 4 5 6 7 8 9 10 **11 12 13**
Schulart: GS HS RS **GYM**
Bearbeitung: se

Gotthold Ephraim **Lessing** (1729-1781)

Nathan der Weise

(1779)

Ideendrama

Ausgaben

- Reclam, 172 Seiten
- Schöningh, 192 Seiten

Inhalt

Zur Zeit des dritten Kreuzzugs (1189-1192) kommt der Jude Nathan mit Reichtümern beladen von einer Geschäftsreise zurück in sein Haus in Jerusalem, nur um herauszufinden, dass seine Tochter Recha, sein größter Schatz, um ein Haar Raub der Flammen geworden wäre. Ihr Retter war ein junger Tempelherr, den Recha für einen Engel, Nathan jedoch für einen gewöhnlichen Menschen hält. Im Gespräch mit Nathan offenbaren sich des Tempelherrn antijüdische Resentiments, welche die Worte des Juden aber bald in Freundschaft umzuwandeln wissen, denn ebenso wie Nathan lehnt der Tempelherr jede „Menschenmäkelei" (Rassismus) und „fromme Raserei" (Absolutheitsanspruch einer Religion) ab.

Unterdessen plagen den Saladin Geldsorgen. Seine Schwester Sittah verleitet ihn dazu, Nathan eine Falle zu stellen, um an sein Vermögen zu gelangen. Halb unwillig stellt Saladin Nathan daraufhin die Frage, welche Religion die wahre sei. Nathan antwortet mit der berühmten Ringparabel:

Ein Vater dreier Söhne besitzt einen Ring, der vor Gott und Menschen angenehm mache und der über Generationen vom Vater auf den Sohn weitergegeben wird. Da der Vater alle drei gleich lieb hat, lässt er von einem Künstler Duplikate herstellen und hinterlässt jedem Sohn einen Ring. Die Söhne geraten in Streit, wer der wahre Erbe sei, und gehen vor den Richter. Dieser entscheidet: Da keiner vor Menschen angenehm sei, sondern alle streitsüchtig, müsse der wahre Ring verloren sein. Jeder solle glauben, sein Ring sei der wahre, und bemüht sein, die Kraft des Rings zu entfalten.

Inzwischen hat sich der Tempelherr in Recha verliebt. Als er herausfindet, dass sie eine Christin und adoptiert ist, trägt er den Fall vor den Patriarchen Jerusalems, auch weil er Nathans Ablehnung einer Heirat befürchtet. Der Patriarch will den Juden daraufhin auf dem Scheiterhaufen brennen sehen.

Am Ende stellt sich aber heraus, dass Recha und der Tempelherr leibliche Geschwister und Kinder von Assad, dem Bruder Saladins sind. Somit sind alle Protagonisten (und damit auch ihre Religionen) miteinander verwandt.

Wertorientierte Beurteilung

Der Toleranzgedanke bildet den Mittelpunkt des Stücks, welcher in der Klimax des Dramas, der Ringparabel, seinen Höhepunkt findet. In dieser formuliert Lessing literarisch, was er im Streit mit dem konservativen Hamburger Hauptpastor Goetze in theologischen Schriften postulierte: Laut Lessing gebe es eine „natürliche Religion", die im Laufe der Zeit durch Menschen in verschiedene „positive Religionen" verändert worden sei. Keine könne daher einen Absolutheitsanspruch aufstellen, sondern müsse sich der eigenen geschichtlichen Bedingtheit und Verwandtschaft mit den anderen Religionen bewusst sein.

Lessing lässt dabei zum einen außer Acht, dass nicht nur die Nachfolger der drei Religionen diesen Anspruch erhoben, sondern dieser in den frühesten Offenbarungstexten festgehalten wurde (2Mo 20,2-3; Joh 14;6; Sure 3,19). Wenn sich die „Buchreligionen" in einem gleichen, dann in ihrer Erkenntnis, was Gott ist: der Schöpfer der Welt, der Ansprüche (Gebote) an seine Geschöpfe stellt. Lessing reduziert diese Feststellung auf die bloße Geltungssucht der Nachfolger (Brüder).

Zum Zweiten gleichen sich die Ringe in der Parabel aufs Haar. Dies kann von den Buchreligionen nicht gesagt werden. Stellt Jesus uns Gott als gnädigen Vater vor, der sich zu den Menschen herabneigt (Joh 3,16), sieht der Islam („Unterwerfung") in Gott den gewalttätigen Gesetzgeber des Kosmos. Kreuz und Demut und Feindesliebe – dies alles sind zentrale Glaubensinhalte des Christentums, welche sich im Judentum nur als Schattenbild (Hebr 10,1), im Islam gar nicht in diesem Sinne finden.

Nathan ist allem Übernatürlichen gegenüber kritisch. Rechas Wunderglauben widerlegt er durch materialistisch-naturalistische Gegenhypothesen. Am Ende stellt er ihr Bedürfnis, an ein besonderes religiöses Ereignis zu glauben, als Stolz (im Mittelalter die größte aller Todsünden) bloß: „Der Topf von Eisen will mit einer silbern Zange gern aus der Glut gehoben sein." Die Schwärmerei kontrastriert er mit Tatkraft, denn „wie viel [ist] andächtig schwärmen leichter als gut handeln". Nathan erweist sich in allen Stücken als Figur der Aufklärung, der den tatkräftigen Menschen zum Maß alles Seienden macht (Protagoras).

Biografische Skizze

Gotthold Ephraim wird am 22. Januar 1729 als Sohn des Kamenzer Archidiakons Johann Gottfried Lessing geboren. Gottholds Vater ist streng-lutherisch orthodox und bereitet seinen Sohn erst selbst, dann über eine Lateinschule auf das Theologiestudium vor. Dieses beginnt Gotthold in Leipzig, wechselt dann aber zur Medizin, später diversifiziert sich sein Studium vollends. Lessing wird zum Gelehrten und arbeitet als Berater, Dramaturg, Bibliothekar. Neben seiner schriftstellerischen Tätigkeit, die ihm bald Ruhm einbringt, veröffentlicht er religionskritische und aufgeklärte Schriften, die sich bis zum sog. „Fragmentenstreit" mit dem Hamburger Hauptpastor Goetze steigern und ihm ein Publikationsverbot einbringen. Lessing erkrankt 1779 und stirbt 1781 als führender Vertreter der deutschen Aufklärung.

Tipps für den Unterricht

Gehört „Nathan der Weise" in den christlichen Literaturunterricht? Durchaus. Kein anderes Werk veranschaulicht so deutlich die moderne Auffassung von individualisierter Religion, nach der jeder „nach seiner Façon selig werden" (Friedrich II.) könne. Eine Auseinandersetzung mit der aufklärerischen Argumentation kann neben ihrer Bedeutung für die Moderne auch ihre Kurzsichtigkeit offenlegen. Eine christliche Apologetik kann an mehreren Stellen ansetzen (Quellenlage des NT, Indizien für die Auferstehung, Bezug von Jesu Leben zum AT), Ausgangspunkt kann dabei der polemische „Briefwechsel" zwischen Goetze und Lessing sein. Es muss darauf hingewiesen werden, dass eine dementsprechende Erarbeitung und Vorbereitung sehr zeitintensiv ist, da bisher kein christliches Unterrichtsmaterial zum Werk existiert. Umso wichtiger ist eine ausführliche Vorbereitung der Behandlung des Werkes im Unterricht.

Unterrichtshilfen

- Diekhans, Johannes, Schünemann, Luzia: EinFach Deutsch – Unterrichtsmodelle: Gotthold Ephraim Lessing „Nathan der Weise". Schöningh 2003 (Bezug zur Schöningh Textausgabe!)
- Große, Wilhelm: Stundenblätter Deutsch. G. E. Lessing: Nathan und die Literatur der Aufklärung. Mit CD-Rom: Sekundarstufe II. Klett 2004

Bewertung

Bedeutung	★★★★★	Vorbildcharakter für die moderne Auffassung von Religion; eines der bekanntesten Werke der Aufklärung
Attraktivität	★★★☆☆	wenig Handlung, viel Dialog; Lösung des Konflikts wirkt aufgesetzt; an vielen Stellen Anknüpfungspunkte für Diskussion und Debatte
Wertigkeit	★☆☆☆☆	Problematik von Wahrheit und Religion im Vordergrund; Möglichkeit einer argumentativen Auseinandersetzung mit relativistischem Denken; absolut religionskritisch

Klasse: 2 3 4 5 6 7 8 **9 10 11 12 13**
Schulart: GS HS **RS GYM**
Bearbeitung: mkh

Clive Staples **Lewis** (1898-1963)

Die große Scheidung

(1946)

Fantastische Erzählung

Ausgaben

- Johannes, Taschenbuch, 141 Seiten
- Brunnen, gebunden, 176 Seiten

Inhalt

Inhalt des Buches ist „die große Scheidung" zwischen Himmel und Erde im Gericht Gottes. Ein Ich-Erzähler schildert seine fiktive Reise durch das Jenseits, wo er Verstorbenen begegnet, die im Angesicht der Ewigkeit mit den eigenen Lieblosigkeiten konfrontiert werden. Der Protagonist wird Zeuge von dramatischen Begegnungen zwischen Menschen und deren Bekannten aus ihrem Leben. In Form von Dialogen offenbart sich die Haltung der unterschiedlichen Charaktere und damit auch, wer zu Gott auf den Berg emporsteigt bzw. wer hinab zur Stadt geht, um sich in Selbstsucht und Hass zu verzehren. Himmel und Hölle sind strikt voneinander getrennt. Erlösung erfährt nur, wer im Stande ist, Vergebung zu schenken sowie diese anzunehmen.

„Die große Scheidung" kann als ein Gewissensspiegel verstanden werden, der die Selbstgerechtigkeit ebenso wie die Menschenfurcht anprangert, Lauheit genauso wie Hochmut. Episode für Episode werden neue Personen vorgestellt: Da ist der Spießer, der glaubt, immer anständig gewesen zu sein, und sich weigert, in Gesellschaft eines Mörders den Himmel zu betreten – weil er Gerechtigkeit statt Barmherzigkeit fordert, wählt er die trostlose Stadt. Da ist ein gelehrter Bischof, der lieber über die Existenz Gottes diskutieren möchte, als ihn persönlich zu schauen. Da ist die Mutter, die ihren Sohn nicht loslassen will, und da sind weitere Menschen, die sich ihrer Erlösung selbst in den Weg stellen.

Biografische Skizze

Clive Staples Lewis ist Professor für Literatur des Mittelalters und der Renaissance in Oxford und Cambridge. Mit dem frühen Tod seiner Mutter zerbricht in den Kindertagen sein Glaube. Lewis wird Hegelianer und beschäftigt sich mit Mythen. In Oxford verwickelt ihn sein Kollege J. R. R. Tolkien, der Autor von „Der Herr der Ringe", in Gespräche über den Glauben. 1931 wird C. S. Lewis Christ, schließt sich der anglikanischen Kirche an.

Bekannt wird der Autor vor allem durch seine Sachbücher, die in einfacher Sprache und eindrücklichen Bildern den christlichen Glauben verteidigen. Seine Narnia-Bücher zählen zu den Kinderbuchklassikern der Weltliteratur.

Wertorientierte Beurteilung

Im Jahr der Französischen Revolution veröffentlichte William Blake „The Marriage of Heaven and Hell", ein Gedicht, welches die Hölle ganz unbiblisch als einen Ort der Freiheit darstellt, an dem man sich ungehemmt Vergnügungen hingeben kann. Die Leugnung, dass die Hölle als Ort der ewigen Verdammnis existiert, wurde zum Gemeingut liberaler Theologen. Als Entgegnung auf die „Hochzeit von Himmel und Hölle" schrieb C. S. Lewis über ihre Scheidung. Diese Erzählung veranschaulicht die geistliche Wirklichkeit auf surreale Weise, wird aber nie im eigentlichen Sinn fantastisch. Das Buch macht transparent, dass sich der Mensch selbst weit mehr schaden kann, als es der Teufel vermag, denn der einzige Weg in die Hölle ist die eigene Entscheidung, mit welcher Gott abgelehnt wird.

Während seiner Reise trifft der Ich-Erzähler auf George MacDonald, der ihn durch das Jenseits begleitet, so wie einst Dante von Vergil begleitet wurde. Im tatsächlichen Leben von C. S. Lewis war MacDonalds Roman „Phantastes" ein Meilenstein auf seinem Weg zum Christentum. Der Auftritt des presbyterianischen Pastors erklärt den theologischen Rahmen des Buches.

Tipps für den Unterricht

Das Buch liest sich die ersten 40 Seiten etwas schleppend: Lange wird eine Stadt beschrieben, aus der sich die Verstorbenen zum Ort des Gerichtes aufmachen. Theologisch bedarf vor allem dieser Teil der Interpretation. Gewinnbringend ist der Hauptteil des Buches, wo einzelne Personen vorgestellt werden, deren Äußerungen Anlass zum Klassengespräch bieten. „Die große Scheidung" regt zur Vertiefung des Glaubenslebens an und ist vor allem für jene Schüler geeignet, die sich bereits mit der Bibel auseinandergesetzt haben.

Unterrichtshilfen

- Lewis, C. S., Was man Liebe nennt, Brunnen 1986
- Lewis, C. S., Pardon, ich bin Christ, Brunnen 1986
- Lewis, C. S., Dienstanweisung für einen Unterteufel, Herder 2011
- http://www.cslewis.org/resources/studyguides/Study%20Guide%20-%20The%20Great%20Divorce.pdf
- http://schoolhouseteachers.com/wp-content/uploads/2013/01/AdamAndrews_STcom_January2013.pdf

Bewertung

Bedeutung	★★★☆☆	Unterschätztes Buch; als Erzählung angelegt, greift es viele Themen auf, mit denen sich Lewis in seinem apologetischen Werk beschäftigte
Attraktivität	★★★☆☆	Gefordert ist die Auseinandersetzung mit der eigenen Lebensführung. Der Lehrer muss erklären und begeistern.
Wertigkeit	★★★★★	Eine ausgesprochen christliche Erzählung; sie regt zur Reflexion über unser Verhältnis zu Jesus an; ein Ansporn, allzu Menschliches hinter sich zu lassen, um in der Liebe zu Jesus Christus zu wachsen.

Klasse: 2 3 **4 5 6** 7 8 9 10 11 12 13
Schulart: **GS HS RS GYM**
Bearbeitung: mkh

Clive Staples **Lewis** (1898-1963)

Die Chroniken von Narnia

(1950-1956)

Fantastische Kinderbuchreihe

Ausgaben

- Brendow, Taschenbuch, sieben Einzelbände
- Ueberreuter, gebunden, sieben Einzelbände
- Ueberreuter, gebunden, 523 Seiten (Sammelband)

Inhalt

Die Narnia-Chroniken umfassen sieben Fantasy-Bücher für Kinder, welche die christliche Heilsgeschichte in einer Parallelwelt symbolisch darstellen. Die Helden sämtlicher Bücher stammen aus England, die auf unterschiedliche Weise in die fantastische Parallelwelt gelangen und dort in die Auseinandersetzung zwischen Gut und Böse verwickelt werden.

Der erste Teil handelt von der Schöpfung Narnias durch den Löwen Aslan und den Sündenfall dieser Welt. In „Der König von Narnia" opfert sich Aslan für einen Verräter und bricht dadurch die Macht der Weißen Hexe: Der endlose Winter endet, nun beginnt der Frühling. „Der Ritt nach Narnia" beschäftigt sich mit dem Islam und handelt davon, dass sowohl der Prinz eines fantastischen Morgenlandes wie auch Aslan in doppelter Gestalt auftauchen, man also Mühe hat, Original und Täuschung zu unterscheiden. Im vierten Band wird erzählt, dass Narnia den Glauben verloren hat – Aslan, sprechende Tiere und Zwerge werden für Einbildungen früherer Zeit gehalten. Gemeinsam mit einigen Gefährten kämpft „Prinz Kaspian von Narnia" für die alte Ordnung. „Die Reise auf der Morgenröte" thematisiert das Zeitalter der Entdeckungsfahrten. „Der silberne Sessel" beschäftigt sich mit einem Sohn von Kaspian, der von einer Hexe in einem Bergwerk gefangen gehalten wird. Die Chroniken schließen mit der Apokalypse, wo sich ein Esel als Löwe ausgibt und die feindlichen Kalormen ins Land holt, welche für die Moslems stehen. Am Ende wird eine neue Welt geschildert, das „wahre“ Narnia.

Biografische Skizze

C. S. Lewis ist ein nordirischer Schriftsteller, der in Oxford und Cambridge als Literaturwissenschaftler arbeitet. Nach seiner Bekehrung schreibt der Anglikaner neben zahlreichen apologetischen Werken auch christliche Belletristik. Einem breiten Publikum wird Lewis durch seine Narnia-Chroniken bekannt; weltweit verkaufen sich rund 100 Millionen Exemplare. Drei Bücher dieser Reihe werden mit großem Aufwand verfilmt.

Wertorientierte Beurteilung

Für C. S. Lewis ist die Fantasie ein Modus, um Dinge darzustellen, die wir mit unseren Sinnen nicht fassen können. Ausführlich schreibt er darüber in seinem Essay „Transposition“ (Umwandlung; in: Der innere Ring). Fantastische Literatur wird von Christen unterschiedlich bewertet. Während die einen allegorische Möglichkeiten aufgreifen – hier z. B. Aslan als Bild für Jesus, den Löwen aus dem Stamme Juda, oder das Sprechvermögen der Tiere als Indiz der geretteten Schöpfung –, befürchten andere durch die Vermischung von Fiktion und Wirklichkeit negative Auswirkungen auf das Welt- und Gottesbild von Kindern.

Wer sich auf Zwerge und Einhörner einlassen will, der kann in dem angezeigten Werk eine wahre Fundgrube von biblischen Themen entdecken. Weil es unmöglich ist, diese auch nur bruchstückhaft vorzustellen, sei auf die Literatur hingewiesen, welche unten auf dieser Seite unter der Rubrik „Unterrichtshilfen“ angeführt ist.

Tipps für den Unterricht

Nachdem etliche Kinder die Kinofassungen kennen, erscheint es wenig sinnvoll, eines der verfilmten Bücher zu lesen. Entsprechende DVDs können jedoch als Appetitanreger dienen, um z. B. (ab Klasse 7) „Der letzte Kampf“ durchzunehmen. In diesem Fall wäre zu überlegen, die ersten sechs Bände von Kindern in Form von Referaten vorstellen zu lassen. Für Grundschüler empfiehlt sich „Das Wunder von Narnia“ (Band 1), aber auch „Der König von Narnia“.

Unterrichtshilfen

- Sammons, Martha C., Der Reiseführer durch die Welt von Narnia, Brendow 2006
- Schwarzkopf, „Der König von Narnia" – Materialien für den Unterricht, Brendow 2007
- Mühling, Markus, Gott und die Welt in Narnia, Brendow 2005
- Smith, Mark Eddy; Aslan, der Löwe von Narnia, Brunnen 2005
- Hooper, Walter, C. S. Lewis – A Complete Guide to His Life and Work, Harper 1996
- Duriez, Colin, Tolkien und C. S. Lewis – Geschenk der Freundschaft, Brendow 2005
- Green, A., „Der König von Narnia" als Projekt für den Religionsunterricht, Grin 2007
- http://www.materialserver.filmwerk.de/arbeitshilfen/ChronikenvonNarnia_AH.pdf
- http://www.tosa-verlag.com/download/unterricht/Prinz_Kaspian_von_Narnia.pdf
- http://www.gew-hb.de/Binaries/Binary10855/Narnia_Arbeitsblaetter.pdf
- Adamson, Andrew, Der König von Narnia, Spielfilm 2005
- Adamson, Andrew, Prinz Kaspian von Narnia, Spielfilm 2008
- Apted, Michael, Die Reise auf der Morgenröte, Spielfilm 2010
- Schepmann, Philipp (Sprecher), Chroniken von Narnia, Hörbücher (Brunnen) 2005

Bewertung

Bedeutung	★★★★☆	christlicher Kinderbuchklassiker der Weltliteratur
Attraktivität	★★★★★	spannend und kindgerecht
Wertigkeit	★★★☆☆	Wertung davon abhängig, ob man grundsätzliche Probleme mit fantastischer Literatur hat

Klasse: 2 3 4 5 6 7 8 **9 10 11** 12 13
Schulart: GS HS **RS GYM**
Bearbeitung: mkh

Alessandro **Manzoni** (1785-1873)

Die Verlobten

(1827)

Historischer Roman

Ausgaben

- Aufbau, Taschenbuch 2009, 812 Seiten (mit Anmerkungen)
- Insel Verlag, 2008, Taschenbuch, 871 Seiten (mit einem Nachwort vom Übersetzer)

Inhalt

Lucia und Renzo, ein junges Paar aus einem mailändischen Bauerndorf, stehen kurz vor ihrer Hochzeit. Don Rodrigo jedoch, ein bösartiger Burgherr, hat es aus einer Laune heraus auf die schöne Lucia abgesehen. Einen Tag vor dem Fest bedroht der Tyrann den Pfarrer, die Trauung nicht zu vollziehen. Die Verlobten können im letzten Augenblick vor Don Rodrigo fliehen. Lucia kommt mit ihrer Mutter Agnese in einem Kloster unter, während Renzo nach Mailand gelangt. Kaum in Sicherheit, muss er sich gleich wieder aus dem Staub machen, da er sich an einem Aufstand beteiligt hat und dafür gehängt werden soll. Schließlich taucht er bei Verwandten unter.

Don Rodrigo bittet den berüchtigten „Ungenannten", einen im ganzen Land gefürchteten Adligen von der übelsten Sorte, das unschuldige Mädchen aus dem Kloster zu entführen. Der Ungenannte verschleppt Lucia in seine Festung. Während die Gefangene in ihrer Kammer betet, wird der Sünder immer unruhiger, ihn plagt das Gewissen, er denkt über sein Leben und den Tod nach. Am nächsten Morgen sucht er, von einer unbekannten Macht getrieben, einen Geistlichen auf, dessen Worte von der Liebe und Barmherzigkeit Gottes ihn zur Umkehr bringen. Völlig gewandelt schützt der Ungenannte das Mädchen vor Don Rodrigos Zugriff.

Endlich könnte die Trauung vollzogen werden, aber der Hungersnot folgen Krieg und Pest. Nach vielen Schwierigkeiten findet Renzo Lucia im

Lazarett wieder; sie verzeihen Don Rodrigo, welcher Opfer des „Schwarzen Todes“ (die Pest) wird. Bald darauf kann die so lang ersehnte Hochzeit gefeiert werden. Am Schluss bleibt die Einsicht, „dass das Unglück zwar des Öfteren eintritt, weil man ihm dazu Gelegenheit geboten; dass aber auch das vorsichtigste und harmloseste Gehaben nicht zu genügen vermag, es von uns fern zu halten, und dass es endlich, wenn es, verschuldet oder unverschuldet, hereinbricht, durch das Vertrauen auf Gott gemildert und einem besseren Leben dienstbar gemacht werden kann.“

Biografische Skizze

Der Mailänder Alessandro Manzoni ist der berühmteste italienische Dichter der Neuzeit. Zu seinen Freunden und Bewunderern zählt Johann Wolfgang von Goethe, Guiseppe Verdi schreibt für ihn sein Requiem. Nach dem Wiener Kongress engagiert sich Manzoni für die Unabhängigkeit seines Landes. 1808 heiratet der Schriftsteller die Calvinistin Henriette Blondel, unter deren Einfluss er Jansenist wird, also ein Christentum lebt, was sehr von der Vorsehung bestimmt ist und die Willensfreiheit ablehnt. Diese streng moralische und innerliche Form der Frömmigkeit ähnelt dem Pietismus, grenzt sich selbst aber vom Protestantismus ab. An dem vorliegenden Werk schreibt Manzoni 20 Jahre.

Wertorientierte Beurteilung

„Die Verlobten“ ist in zweierlei Hinsicht ein christliches Buch: Zum einen ist es ein Zeugnis der Liebe, die durch das Warten wächst und den Wert der Ehe einsichtig macht – zum anderen ist es ein Beispiel vom Walten Gottes, dessen Plan von den bösen Taten der Menschen nicht durcheinandergebracht wird, sondern dessen Herrlichkeit sich gerade darin zeigt, dass die Schlechten sich bekehren oder scheitern, während Kindern Gottes auch in dieser Welt Gerechtigkeit zuteilwird. Allen Machenschaften tyrannischer Menschen zum Trotz schließen die Brautleute am Schluss den Bund der Ehe. Obwohl von zwei Adligen bedrängt, kann das einfache Bauernmädchen seine Reinheit bewahren. Umkehr und Buße des Ungenannten werden auf mehr als 100 Seiten beschrieben – wohl eine der ergreifendsten Bekehrungen in der Weltliteratur, ein glaubhaftes Beispiel, wie Gott das Herz eines Sünders berührt.

Tipps für den Unterricht

Der Roman spielt zur Zeit des Dreißigjährigen Krieges in Italien und veranschaulicht damit ein wichtiges Thema des Geschichtsunterrichts. Einige Personen sind sogar historisch, beispielsweise die Statthalter von Mailand, der Vater der Nonne von Monza oder der Kardinal Federico Borromeo, ein Cousin des von Rom heilig gesprochenen Karl Borromeus.

Im Religionsunterricht bietet sich an, parallel zur Lektüre über Willensfreiheit und Prädestination zu diskutieren. Außerdem lässt sich mit dem Buch die Frage nach dem Sinn einer Verlobung stellen, einer Zeit des Wartens, Prüfens und Reifens, nach dem Wert von Enthaltsamkeit und wie es um das christliche Verständnis der Ehe bestellt ist. Das Buch kann Ansporn dafür sein, Sexualität ausschließlich der Ehe vorzubehalten – ungeachtet aller Anfechtungen von außen.

„Die Verlobten" lädt schließlich dazu ein, Don Rodrigo und den Unbenannten mit den zwei Schächern am Kreuz zu vergleichen, zwei Übeltätern, von denen der eine in seiner Todesstunde zu Gott fand, während der andere ihn lästerte. Da der angezeigte Roman sich intensiv mit der Bekehrung beschäftigt, sollte auch im Unterricht über Umkehr und Buße gesprochen werden – aber auch über die Vergebung, welche die Verlobten dem verstockten Don Rodrigo zuteilwerden lässt.

Unterrichtshilfen

- Audio-CD: Der Audio Verlag 2004, 2 CDs
- http://commons.wikimedia.org/wiki/Category:I_promessi_sposi
- http://de.wikipedia.org/wiki/I_Promessi_Sposi

Bewertung

Bedeutung	★★★★☆	gilt nach Dantes „Die göttliche Kommödie" als wichtigstes Werk der italienischen Literatur
Attraktivität	★★★☆☆	sehr anschaulich geschriebenes Buch, welches trotz seines Alters für interessierte Schüler attraktiv ist
Wertigkeit	★★★★★	Beispiel für Beharrlichkeit und Treue von Liebenden, die in ihrer Verlobungszeit den Machenschaften böser Menschen widerstehen und zuletzt durch die Gnade Gottes heiraten; das Buch veranschaulicht Gottes Allmacht und Barmherzigkeit; Bekehrung eines Sünders

Klasse: 2 3 **4 5 6** 7 8 9 10 11 12 13
Schulart: GS HS RS GYM
Bearbeitung: mkh

William Shakespeare

Andrew **Matthews** (* 1948)

Die schönsten Shakespeare-Geschichten

(2001)

Nacherzählungen von Skakespeare-Dramen

Ausgaben

- Kerle, gebunden, 128 Seiten

Inhalt

In dem vorliegenden Sammelband sind acht Theaterstücke von Shakespeare versammelt; empfehlenswert sind folgende:

- „Romeo und Julia“ ist die Geschichte zweier Liebender, die aus verfeindeten Familien stammen. Das Mädchen versucht einer von ihren Eltern arrangierten Zwangsheirat zu entgehen, indem sie einen Schlaftrunk nimmt. Romeo hält seine Freundin für tot, weshalb er sich umbringt. Daraufhin begeht Julia Suizid.
- „Viel Lärm um nichts“ handelt von zwei Paaren, die erst nach einigen Wirren zueinander finden: Claudio will Hero lediglich ihres Geldes wegen heiraten, was der intrigante Don Juan zu vereiteln sucht. Umgekehrt heiraten Benedikt und Beatrice nur, weil Dritte die gegenseitige Wertschätzung vortäuschen.
- „König Heinrich V.“ hat die historische Schlacht von Azincourt zum Inhalt. Nach erbittertem Kampf besiegeln Engländer und Franzosen durch eine Hochzeit den Frieden.
- „Macbeth“ lässt sich durch eine Weissagung motiviert zum König von Schottland krönen, räumt seine Widersacher aus dem Weg, verliert aber schließlich alles.
- „Antonius und Cleopatra“ erzählt von der tragischen Liebe des römischen Triumvirs zur ägyptischen Königin.
- Der dänische Prinz „Hamlet“ will Rache an dem Mörder seines Vaters nehmen, nachdem ihm der Geist des Verstorbenen den Täter genannt

hat. Tatsächlich gelingt es ihm, den Mörder zu richten, er selbst aber wird Opfer einer Intrige.

Biografische Skizze

William Shakespeare (ca. 1564-1616) gilt als bedeutendster Dramatiker der Weltliteratur. Vieles von seinem Leben liegt im Dunkeln; manche Forscher behaupten sogar, die ihm zugeschriebenen Stücke stammen von einer dritten Person, weil man einem Schauspieler weder die Sprachgewalt noch das historische Wissen zutraut. Der Autor war Christ: Welcher Denomination er angehörte, ist jedoch umstritten.

Andrew Matthews (1948) ist Lehrer für englische Literatur; er fertigte u. a. Nacherzählungen zum Sagenkreis von König Arthur sowie zu den Märchen von Hans Christian Andersen an. Matthews lebt in Berkshire, Großbritannien.

Wertorientierte Beurteilung

Die Theaterstücke Shakespeares sind die Urmeter aller dramatischen Werke – kein literarisches Thema sparen sie aus. Gewaltig in der Sprache, tiefsinnig in der Reflexion, reich an historischem Wissen, gewähren sie Einblick in das Wesen des Menschen, seine Schwächen und Leidenschaften ebenso wie seine Größe, machen sein Handeln verständlich und zeigen auf, wie tragisch es mit dem Wollen Dritter verschränkt ist oder wie komisch es anmuten kann, wenn sich die Helden den Widrigkeiten des Lebens stellen. Die Shakespeare-Geschichten schöpfen aus der Fülle unserer abendländischen Kultur und bilden einen Maßstab für alles, was danach an dramatischen Texten geschaffen wurde. Shakespeare nimmt den Menschen so in den Blick, wie er ist: ein Sünder, der sich nach Liebe und Erlösung sehnt, aber auch nach Macht und Anerkennung. Weil diese Sichtweise eine realistische ist, können die Handlungsträger nicht immer vorbildlich sein. Sie sind eben in die Verwicklungen des Lebens verstrickt. Doch anders als bei moderner Literatur bleibt stets klar, was gut und was böse ist – niemals wird das Schlechte als nachahmenswert dargestellt, niemals lebt die Geschichte davon, sich am Obszönen, Brutalen oder Lästerlichen zu ergötzen. Ein Problem besteht allerdings darin, dass die Helden zuweilen den Freitod wählen, um der Tragödie ihres Lebens zu entkommen. Hier muss klar gesagt werden, dass dies kein Ausweg darstellt. Womöglich wählte Shakespeare entsprechende „Lösungen", um das Publikum zu schockieren und auf diese Weise zum Nachdenken anzuregen, etwa ob Zwangsheirat legitim ist oder die Liebe stärker als die Feindschaft zwischen zwei Familien.

Tipps für den Unterricht

Der prosaische Duktus der Nacherzählung erleichtert jungen Lesern den Einstieg in die klassische Literatur, welche oft im Ruf steht, langweilig zu sein. Die Stücke sind jeweils auf die Rahmenhandlung verkürzt: Auf Kosten formaler Qualitäten geht es allein um eine Darbietung des inhaltlichen Kerns. So lernen Heranwachsende den Stoff kennen, haben Freude daran und bekommen Appetit auf mehr. In der Regel wird es Eltern kaum zumutbar sein, das Buch für ihr Kind zu kaufen. Deshalb empfiehlt sich in der Schule der Einsatz des Hörbuchs. Die Unterrichtseinheit kann dann durch die Branagh-Verfilmung von „Henry V." fortgesetzt werden sowie eine Lektüre der Serie „einfach klassisch" (Cornelsen), etwa Shakespeares „Romeo und Julia" oder Schillers „Wilhelm Tell".

Unterrichtshilfen

- Matthews, Andrew, Die schönsten Shakespeare-Geschichten, Hörbuch (Jumbo) 2009
- Kindermann, Barbara, Romeo und Julia; Ein Sommernachtstraum; Viel Lärm um nichts (sowohl als bebilderte Nacherzählungen wie auch als Hörbücher erhältlich)

Bewertung

Bedeutung	★★★★★	Urmeter aller dramatischen Werke
Attraktivität	★★★☆☆	kindgerecht aufgearbeitet
Wertigkeit	★★★☆☆	die menschliche Existenz wird als Tragödie begriffen

Klasse: 2 3 4 5 6 **7 8 9** 10 11 12 13
Schulart: GS **HS RS GYM**
Bearbeitung: ske

Karl **May** (1842-1912)

Weihnacht

(1897)

Wildwestroman

Ausgaben

- Karl-May-Verlag, 500 Seiten

Inhalt

Der Roman ist in zwei Teile gegliedert. Im ersten Teil schildert der Ich-Erzähler Karl May seine Jugend im kaiserlichen Deutschland. Er ist armer Student und schreibt kleine Gedichtchen, um ein paar Groschen zu verdienen, wobei eines sogar einen Wettbewerb gewinnt und geringen Ruhm erntet: das Gedicht „Weihnacht". Mit seinem Freund Carpio zieht May in den Ferien durch Böhmen und trifft die arme Auswandererfamilie Hiller, die in die USA ziehen möchte. Dieses Treffen sowie das Gedicht werden für die Abenteuer, die sich Jahre später zutragen, einige Bedeutung haben.

Im zweiten Teil des Buches ist May bereits der berühmte Westmann „Old Shatterhand", der durch Zufall Frau Hiller wiedertrifft, deren Mann von den Krähenindianern entführt worden ist. Gleichzeitig belauscht Old Shatterhand die kriminellen Pläne eines Gangsters, der sich als frommer „Prayer-Man" ausgibt (und u. a. sein Gedicht „Weihnacht" in Buchform verkauft). Die Suche nach Hiller und die Vereitelung der Pläne des Prayer-Man fallen zusammen und nach vielen Abenteuern finden er und sein Blutsbruder Winnetou nicht nur Hiller wieder, sondern auch Carpio, der im Wilden Westen sein Glück hat suchen wollen. Dabei taucht immer wieder das Jugendgedicht Mays auf, das sich als roter Faden durch die Handlung zieht.

Wertorientierte Beurteilung

„‚Ja, ich weiß, wer [das Gedicht] gedichtet hat', erwiderte Hiller abweisend, ‚ein unreifer Knabe, der noch voll Ammenmärchen steckte. Diese

Redereien vom Heiligen Christ, von Sünde und Vergebung, vom Heiland und sonstigen himmlischen Dingen sind doch nur geistige Jungenstreiche. Kein vernünftiger Mensch kann daran glauben.'" Hillers Verbitterung mag aufgrund seiner üblen Erfahrungen verständlich sein, doch Old Shatterhand stellt sich ihm entgegen. Er nimmt den Vorwurf der Kindlichkeit im Bezug auf den Glauben gerne an, stellt aber ebenso klar, dass Vernunft, Kraft und Erfahrung nicht im Widerspruch zum christlichen Glauben stehen.

Dieser wird aber nicht nur in der Klimax des Buches thematisiert, sondern durchdringt es an allen Stellen. Der opportunistische Prayer-Man, der zweifelnde Hiller, der naive Carpio, die Studentengeschichte stellen alle dar, dass wahrer Glaube Sünde, Tod und Zweifel besiegt. Mays Spätwerk, das sich vom reinen Abenteuer löst und symbolhaft christliche Themen stärker aufgreift, wirft in dieser Reiseerzählung seine Schatten voraus. Old Shatterhand verkörpert den weltgewandten Westmann, dessen Körperkraft und Verstand von allen bewundert werden. Der Roman „Weihnacht" zeigt so deutlich wie kaum ein anderer Roman Mays, dass Shatterhands Glaube seinen anderen Qualitäten in nichts nachsteht, ja das Fundament für sie bildet. Für viele Schüler kann der Roman ein Einstieg in die Welt Karl Mays sein, dessen sämtliche Romane vom christlichen Glauben durchzogen sind.

Das Verhältnis der weißen und roten „Rassen" spielt in allen Wild-West-Romanen Mays eine große Rolle. Seine Texte sehen sich heute dem Vorwurf ausgesetzt, rassistischen Ressentiments Raum zu geben, welche die „weiße Rasse" der „roten" als überlegen darstelle. Andere hingegen meinen, dass die Wertschätzung Mays für die naturnahen Indianer deutlich zutage trete und dass verallgemeinernde Aussagen über Kultur und Verhalten bestimmter Zivilisationen im historischen Kontext des 19. Jahrhunderts gesehen werden müssten und vor diesem Kontext Mays Romane eine Toleranz und Offenheit zeigten, die bemerkenswert sei (vgl. „Winnetou", „Durchs Wilde Kurdistan").

Biografische Skizze

„Mit seinen Reiseerzählungen hat er einen Mythos geschaffen, deren größter er selber war." So schrieb die ZEIT zum 100. Todestag Mays und war damit Teil des Chorus der Feuilletons, der Mays Werk zwar als bedeutend würdigte, aber sowohl Autor als auch Gehalt des Werks kritisch betrachtete.

May wird 1842 als fünfter Sohn von 14 Kindern einer bettelarmen Weberfamilie geboren. Dennoch ist eine frühere Förderung des kreativen Jungen durch Musik- und Kompositionsunterricht möglich. Nach der Schulzeit möchte May selbst Lehrer werden, wird aber vom Lehrerseminar wegen Diebstahls (sechs Kerzen) ausgeschlossen. Nach einem Gnadenersuch darf May als Lehrer arbeiten, wird aber nach erneutem Diebstahl sechs Wochen eingekerkert. Nach der Freilassung gibt er Privatunterricht, wird aber bald wegen Betrügereien steckbrieflich gesucht. Es folgen zwei längere Haftstrafen. Im Gefängnis Zwickau ist May für die Bibliothek verantwortlich und liest zahlreiche Reiseromane. Während seiner zweiten Haft in Waldheim (1870-1874) erfährt May eine „innere Wandlung", die vor allem auf die Bekanntschaft mit dem Anstaltskatecheten Kochta zurückzuführen ist.

May beginnt nach seiner Entlassung, für die zahlreichen neuen Zeitschriften und Verlage seiner Zeit zu schreiben, und erlangt einige Berühmtheit. Der Durchbruch gelingt mit den Reiseerzählungen, die sein Verleger Fehsenfeld nun in Buchform herausgibt. Mays Ruhm stehen zahlreiche Kritiker gegenüber. Seine Behauptung, er sei Old Shatterhand bzw. Kara Ben Nemsi, erschlichene Doktortitel und Amtsbezeichnungen stellen Mays Charakter infrage.

Um 1900 reist May zum ersten Mal in den Orient, später nach Amerika. Daraufhin beginnt er Abstand von neuen Abenteuererzählungen zu nehmen und schreibt vor allem allegorisch-christliche Romane, in denen sein Pazifismus stark zum Ausdruck kommt. Am 30. März 1912 stirbt Karl May als einer der bekanntesten und umstrittensten Autoren Deutschlands.

Tipps für den Unterricht

Ein Klassensatz dieses Buches ist finanziell nicht leicht zu stemmen. Allerdings haben viele Bibliotheken, Privathaushalte und auch Internet-Büchereien noch gebrauchte Exemplare, die man für den Unterricht nutzen kann.

Die veraltete Rechtschreibung in vielen dieser älteren Ausgaben fällt dem Deutschlehrer sofort ins Auge (z. B. daß). Die Abweichung von der modernen Norm muss nicht als Gefahr für die Orthografie betrachtet werden, sondern kann als Chance zur Thematisierung von Sprachentwicklung allgemein und Rechtschreibreformen im Speziellen genutzt werden.

Unterrichtshilfen

- Einige Materialien zu Karl Mays Leben, der May-Rezeption und seinem Werk finden sich auf der Website der Karl-May-Gesellschaft (www.karl-may-gesellschaft.de)
- Hörspiel-CD: Old Cursing, Brendow 2012
- Buck, Rainer, Karl May – Der Winnetou-Autor und der christliche Glaube, Brendow 2012

Bewertung

Bedeutung	★★☆☆☆	einer der meistgelesenen deutschen Autoren; 200 Millionen Auflage weltweit
Attraktivität	★★★★☆	spannender Abenteuerroman; Wild-West-Schauplatz; Old Shatterhand als starke Identifikationsfigur
Wertigkeit	★★★★☆	Glaube als zentrales Thema; Umgang mit Zweifel und Schwäche wird thematisiert; Erlösungswerk der Weihnacht wird mit den Abenteuern des Romans verknüft

Klasse: 2 3 4 5 6 7 8 9 **10 11 12 13**
Schulart: GS HS RS **GYM**
Bearbeitung: ske

Conrad Ferdinand **Meyer** (1825-1898)

Das Amulett

(1873)

Novelle

Ausgaben

- Suhrkamp (80 Seiten Text)
- Reclam (76 Seiten)

Inhalt

Hans Schadau wächst nach dem Tod seiner Eltern bei seinem Onkel in Bern auf, der ihn gemäß der Lehre Calvins unterweist und erzieht. Eines Tages kommt ein Fechtmeister aus Böhmen nach Bern, der Hans anleitet und in ihm einen zwar gelehrigen, aber langsamen und schwerfälligen Schüler findet. Der Böhme muss kurz darauf aufgrund eines Mordverdachts fliehen und lässt Schadau als mittelmäßig bis schlechten Fechter zurück. Hans zieht es in die Welt; er möchte nach Paris und bei General Coligny in der Reiterei anheuern, wie einst sein Vater getan, und im Krieg der (protestantischen) Niederlande gegen (das katholische) Spanien mitfechten.

Unterwegs überrascht ihn ein Gewitter, vor dem er Zuflucht in einem Wirtshaus sucht, wo er bedeutungsvolle Bekanntschaften macht: den Katholiken Wilhelm Boccard, den Parlamentrat Chatillon und seine geheimnisvolle Nichte Gasparde. Ihr erstes Gespräch dreht sich um ihre unterschiedlichen religiösen Ansichten, v. a. um die Vorsehung und die Marienverehrung. Schadaus Landsmann Boccard erzählt von seiner wundersamen Heilung in der Jugend, als ihm die Heilige Mutter Gottes von Einsiedeln zu Hilfe kam. Er trägt ihr Amulett immer bei sich.

In Paris angekommen, findet Schadau Anstellung bei Coligny als Schreiber und gewinnt Chatillon als Gönner, bei dem er auch oft verkehrt, nicht zuletzt wegen der reizenden Gasparde. Als Schadau sie vor den zudringlichen Nachstellungen des Grafen Guiche beschützt, kommt es zum Duell. Schadau, ein schlechter Fechter, besiegt Guiche. Doch er überlebt nur, weil Boccard ihm vorher aus Angst um seinen Freund Schadau das Amulett ins Wams gesteckt hat. Es verhindert den tödlichen Stoß.

Dieser „Mord" an einem katholischen Grafen heizt die Stimmung in Paris noch weiter gegen die protestantischen Hugenotten auf. Es kommt zum Mordversuch gegen General Coligny, der ihn tödlich verwundet zurücklässt. Eine Spirale der Gewalt wird losgetreten. Der Hass der katholischen Mehrheit gegen die protestantische Minderheit findet ihre Klimax in der Bartholomäusnacht, in der die protestantischen Viertel brennen und Tausende ihr Leben verlieren. Boccard schützt seinen Freund Schadau und hilft bei der Rettung Gespardes. Das frisch vermählte Paar flieht aus dem hermetisch verriegelten Paris nur durch die Hilfe eines ihnen freundlich gesinnten Torwächters, der sich als der Fechtmeister aus Böhmen herausstellt.

Biografische Skizze

Conrad Meyer gilt neben Gottfried Keller und Friedrich Dürrenmatt als bedeutendster deutschsprachiger Schriftsteller der Schweiz. 1825 wird er in eine calvinistische Patrizierfamilie geboren. Sein Vater stirbt früh. Der junge Conrad fällt zunehmend in Depressionen, bricht erst die Matura, später das Jurastudium ab. Je mehr er sich vom gesellschaftlichen Leben abkehrt, desto mehr wendet er sich der Lyrik sowie historischen Studien zu. Durch ein großes Erbe findet Meyer Zeit und Muße, sich der Literatur und Reisen zu widmen. Seine ersten Gedichtbände finden keinen Verleger, der Durchbruch gelingt ihm erst 1872 mit „Huttens letzte Tage", einem Versepos über den Ritter Ulrich von Hutten, der am Ende seines Lebens den Kampf für die Reformation und wider das Papsttum rechtfertigt. Drei Jahre später heiratet Meyer Luise Ziegler, die ihn bis zu seinem Tod 1898 pflegt.

Meyers Texte sind thematisch von historisch-religiösen Stoffen geprägt, die sich verstärkt mit den konfessionellen und politischen Konflikten des 16. und 17. Jahrhunderts beschäftigen. Das Werk spiegelt dabei seinen protestantischen Glauben wider, womit er einen Gegensatz zu seinem Landsmann und atheistischen Zeitgenossen Gottfried Keller bildet.

Wertorientierte Beurteilung

Im Mittelpunkt des Werkes steht der Konflikt der christlichen Konfessionen. Zum einen spielt dieser auf der politischen Markoebene eine zentrale Rolle, da die geplante Befreiung der Niederlande (protestantisch) von den Spaniern (katholisch) sowohl eine klare religiöse als auch eine machtpolitische Komponente besaß. Zum anderen finden wir eine Spiegelung des Konflikts auf der persönlichen Mikroebene, v. a. im Aufeinandertreffen des katholischen Boccard mit dem protestantischen Schadau. Ihr erstes Gespräch im Wirtshaus eskaliert beinahe, doch am Ende befreunden sich beide und Boccard rettet Schadau sogar mehrfach das Leben. Zentraler Verbindungspunkt ist ihre gemeinsame Geburt, ihr gemeinsames Vaterland. Und dieses ist auch die Lösung, die der Text für den konfessionellen Konflikt anbietet: Während der „Bruderkampf" auf politischer Ebene – vermischt mit Machtinteressen und Clientelkalkül – unvermeidlich scheint, kann er auf der persönlichen Ebene entschärft werden. Denn bei aller Differenz verstehen sich Schadau und Boccard als Schweizer und daher als Brüder. Ihre irdische, gemeinsame Abstammung ist dabei eine Metapher ihres himmlischen, gemeinsamen Bürgerrechtes (Phil 3,20) und ihrer gemeinsamen Abstammung vom Vater (Eph 4,6). Diese ökumenische Grundhaltung prägt das Werk, ohne jedoch die theologischen Differenzen zu verwischen.

Das Amulett wird in modernen Betrachtungen als Toleranzwerk aufgefasst und gerne mit Lessings Nathan verglichen. Doch die aufklärerische Toleranz ist das Resultat einer relativistischen Weltanschauung: Wenn es keine Wahrheit gibt, müssen alle Glaubensüberzeugungen gleichrangig behandelt werden. Meyers Toleranzgedanke hingegen gründet im Gebot der Nächstenliebe: Auch in der Ablehnung, ja selbst in Feindschaft gegen eine Idee oder ihren Träger, sind Demut und Liebe christliche Pflicht, denn „Mein ist die Rache, redet Gott" (Meyers Gedicht „Die Füße im Feuer" ist eine Exposition dieser Überzeugung). In diesem Sinne ist die Novelle eine sehr gute Gegenüberstellung zum Toleranzgedanken der Aufklärung, der seinen Siegeszug heute fortsetzt.

Tipps für den Unterricht

Eine kommentierte Ausgabe mit Worterklärungen auf der Textseite ist unbedingt empfehlenswert. Bereits der komplexe, hypotaktische Satzbau ist eine Herausforderung für junge Leser, weswegen Textkommentare zu Personen, Geschehnissen und veralteten Begriffen notwendig sind, um die Lektüre zu entlasten.

„Das Amulett" eignet sich hervorragend einerseits um die Epoche des Realismus zu betrachten und andererseits um die Textsorte „Novelle" zu behandeln. Straffheit, Rahmenerzählung, dramatische Struktur etc.

lassen sich gut mithilfe des Textes erarbeiten. Besonders das Amulett als durchgängiges, für die Handlung in mehrfacher Hinsicht zentrales Symbol („Falke“) kann einen Brennpunkt der Analyse bilden.

Meyer schrieb während der Behandlung des Stoffes zur Bartholomäusnacht auch mehrere Gedichte, welche als Vertiefung dienen können (v. a. „Füße im Feuer“, „Hugenottenlied“, „Ein Pilgrim“).

Unterrichtshilfen

- Meyer, Conrad: Das Amulett. Text und Kommentar. Suhrkamp 1998 (mit Worterklärungen, ausführlichem Textkommentar zum historischen Hintergrund etc. sowie einer Auswahl an Gedichten im Stoffumfeld der Bartholomäusnacht)

Bewertung

Bedeutung	★★☆☆☆	mäßig bekannte Novelle eines leider zu wenig beachteten Autors
Attraktivität	★★★☆☆	Vorentlastung notwendig; Sprache und Stil sehr herausfordernd; Novellenform besticht durch Kürze und Straffheit der Handlung
Wertigkeit	★★★★★☆	Wichtige theologische Themen werden aufgegriffen, v. a. Katholizismus, Freiheit und Gnade. Text bietet Lösung für Religionsstreitigkeiten an: Toleranz aus Nächstenliebe.

Klasse: 2 3 4 5 6 **7 8 9 10** 11 12 13
Schulart: GS HS **RS GYM**
Bearbeitung: mkh

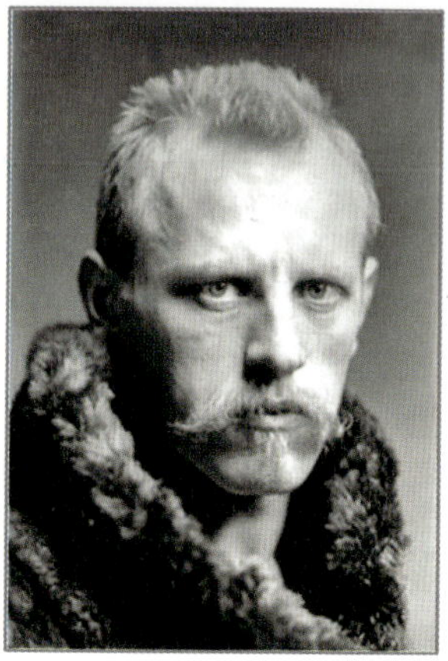

Fridtjof **Nansen** (1861-1930)

In Nacht und Eis

(1896)

Erlebnisbericht nach Tagebucheinträgen

Ausgaben

- Edition Erdmann 2011, gebunden, 319 Seiten

Inhalt

Fridtjof Nansens Arktis-Expedition (1893-1896) dürfte zu den wagemutigsten Entdeckungsreisen gehören, die je unternommen wurden. Davon ausgehend, dass zwischen den neusibirischen Inseln und Grönland eine Eisdrift besteht, die direkt über den Nordpol führt, ließ Nansen sein speziell angefertigtes Schiff einfrieren, hoffend, dass dieses nicht zerquetscht würde, sondern sichere Behausung bot, während das Gefährt von alleine auf das gewünschte Ziel zutrieb. An Bord der Fram befand sich eine handverlesene Crew aus zwölf Männern und Proviant für fünf Jahre.

Nach 16 Monaten bezweifelte Nansen, dass sein festgefrorenes Boot den Pol erreichen würde, weshalb er mit Hjalmar Johansen die Fram verließ, um die fehlenden 660 km mit Hundeschlitten zurück zu legen. Ob sie ihr Expeditionsschiff je wieder finden würden, war mehr als fraglich. Die Temperatur fiel bis auf -40 Grad, wodurch jeder Stopp zur Qual wurde. Die vereisten Hundeleinen verknoteten sich, wenn die Tiere bei einer Rast durcheinandersprangen. Teilweise töteten sich die Huskys gegenseitig; später brachte Nansen schwache Tiere gezielt um, weil er Nahrung für die übrigen benötigte. Eispressungen und Verwerfungen verlangsamten das Fortkommen so sehr, dass die Rationen nicht mehr für den Rückweg gereicht hätten. Als schließlich die Chronometer stehen blieben und eine Bestimmung des Längengrades unmöglich wurde, beschlossen die beiden Abenteurer, den Rückweg in Richtung Franz-Josef-Land anzutreten.

Immer wieder brachen die Männer im Eis ein, wurden von Eisbären attackiert und mussten gegen das lebensfeindliche Klima kämpfen. Abseits vom Pol jagten sie Robben und Vögel. Am offenen Meer angekommen, schlugen sie zunächst Quartier auf einer Eisscholle auf und nutzen die Zeit, um ihre Ausrüstung zu reparieren. Weil die Kajaks nur unzureichend vertäut waren, trieben sie aufs Meer, so dass Nansen ihnen hinterherschwimmen musste, um sie zurückzubekommen.

Im August 1895 erreichten die Forscher eine bislang nicht kartografierte Insel, die später nach Nansens Frau und seiner kleinen Tochter Eva-Liv benannt wurde. Da nun allmählich die Polarnacht hereinbrach, gruben die Abenteurer mit den Kufen ihrer Schlitten eine Höhle, in der sie überwinterten. Erst im nächsten Frühjahr konnten sich die Gefährten wieder auf den Weg machen, wobei sie auf offener See ein Walross angriff. Schließlich wurden die Männer von einem englischen Polarforscher gefunden und gelangten im Spätsommer 1896 zurück in ihre Heimat, wo auch wenig später die Fram eintraf.

Biografische Skizze

Fridtjof Nansen wird 1861 bei Christiania (heute: Oslo) geboren, wo er in Zoologie promoviert. Noch keine 32 Jahre alt, begibt er sich auf die hier beschriebene Expedition, welche ihn zwar nicht ganz bis zum Nordpol führt, ihn aber über Nacht berühmt und finanziell unabhängig macht. Unter der Besatzung der Fram befinden sich mindestens zwei gläubige Christen, einige Schlittenhunde sind nach biblischen Personen benannt. Der Abenteurer ist in einem evangelischen Umfeld aufgewachsen, geprägt von einem sehr frommen Vater. Während der Jugend führt er viele theologische Diskussionen. Durch sein Biologiestudium ist er aber von Darwin beeinflusst worden und tritt aus der norwegisch-lutherischen Kirche aus. Er stirbt ohne geistlichen Beistand und lässt seinen Leichnam verbrennen. Erstaunlicherweise kann man in Nansens Schriften viele Bezüge zum Glauben finden.

Nansen gilt als Leitfigur der Polarforschung; ab 1897 ist er als Professor tätig. Er kämpft für die Unabhängigkeit seines Landes von Schweden; auf seine Bitte hin nimmt Prinz Carl von Glücksburg 1906 die norwegische Krone an. Im selben Jahr wird Nansen Botschafter in England. Nach dem Ersten Weltkrieg setzt er sich für Flüchtlinge aus Russland ein, engagiert sich für die von den Türken verfolgten Armenier. Im Völkerbund spricht er sich gegen Sklaverei und gegen Deutschlands Reparationszahlungen aus. 1922 erhält Nansen den Friedensnobelpreis. In den letzten Jahren vor seinem Tod gründet und unterstützt er die antisozialistische Fredrelandslaget-Stiftung.

Wertorientierte Beurteilung
„In Nacht und Eis" ist ein Appell, sein Leben in die Hand zu nehmen und etwas daraus zu machen. Das Buch ermutigt zu Forscherdrang und Männlichkeit; es ist ein Bekenntnis gegen Verweichlichung und Mittelmäßigkeit. Nansens Charakter formte sich während seiner Forschungsreise: Aus einem hochmütigen Abenteurer wurde ein Held von großer Ausgeglichenheit. Der Verzicht auf Annehmlichkeiten, Beharrlichkeit, Willenskraft und Opferbereitschaft prägten seine Persönlichkeit und machen den Entdecker auch heute zu einem Vorbild. Im Übrigen kann das Buch ein Einstieg in die Lektüre von Tagebüchern und Lebensbeschreibungen herausragender Menschen sein, deren Beispiel stets interessant ist.

Tipps für den Unterricht
Das angezeigte Werk dürfte insbesondere Jungs mitreißend. Etwaige Längen, die durch monotone Tagesabläufe und Wiederholungen entstehen, kann der Lehrer durch Zusammenfassungen kürzen. Im Zusammenhang mit der Berufsorientierung bietet es sich an, über das Thema „Berufung" zu sprechen, über Talente und Visionen und dass Gott für jeden Schüler einen großartigen Plan hat. Im Fach Religion lässt sich über biblische Berufungen reden, etwa über Abraham, der in die Ferne zog und dafür viele Strapazen auf sich nahm. Allgemein geht es um Willenskraft und Vorsehung.

In Erdkunde kann der Nordpol behandelt werden, aber auch Skandinavien, die Barentssee und Grönland. Außerdem kann man auf weitere Forschungsreisen des 19. Jahrhunderts verweisen, etwa durch die Hör-Features der Reihe „Abenteuer und Wissen" im Headroom-Verlag (z. B. Sven Hedins Durchquerung der Takla Makan, das Wettrennen von Scott und Amundsen zum Südpol, Livingstones Suche der Nilquellen). Die Originalforschungsberichte sind bei der Edition Erdmann verlegt und eignen sich als Themen für Referate. Ein wunderbarer Film über den Südpol ist „Die Reise der Pinguine"; er leistet nebenbei eine Werbung für den Lebensschutz.

Unterrichtshilfen

- Wissens-Feature-CD: Fridtjof Nansen – 1000 Tage im Eis, Headroom 2011
- Hörspiel: In Nacht und Eis (drei Teile, Regie: Heinz Dieter Köhler), WDR 1961
- Hörbuch-CD: In Nacht und Eis, Audiobuch 2007
- Hörspiel-CD: Fridtjof Nansen – ein Leben für die Freiheit, Seyffert Production 2011
- http://www.polarjahr.de/Unterrichtsmaterialien.156+M54fa89991ad.0.html
- http://www.fdb.uni-bonn.de/fdb/Projekte/AnArk/Pflanzen/AB_Ark_An.pdf
- http://www2.klett.de/sixcms/list.php?page=geo_infothek&node=Arktis
- Sven Hedin, Durch Asiens Wüsten, Edition Erdmann 213 (319 Seiten)
- Wissens-Feature-CD: Takla Makan – Schätze unter glühendem Sand, Headroom 2008
- Wissens-Feature-CD: Scott und Amundsen – Das Rennen zum Südpol, Headroom 2007
- http://www.nobelprize.org/nobel_prizes/peace/laureates/1922/nansen-lecture.html
- http://www.unz.org/Pub/Forum-1929dec-00360

Bewertung

Bedeutung	★★★☆☆	prägte und motivierte ganze Generationen von Entdeckern; Buch eines weltweit bekannten Abenteurers, Forschers, Politikers und Friedensnobelpreisträgers
Attraktivität	★★★☆☆	inhaltlich sehr spannendes Jungenbuch; jedoch wenig gefällige Sprache, teilweise mit Längen
Wertigkeit	★★★☆☆	Bekenntnis gegen Verweichlichung; Plädoyer für Opferbereitschaft und Willenskraft

Klasse: 2 3 4 5 **6 7** 8 9 10 11 12 13
Schulart: GS HS **RS GYM**
Bearbeitung: se

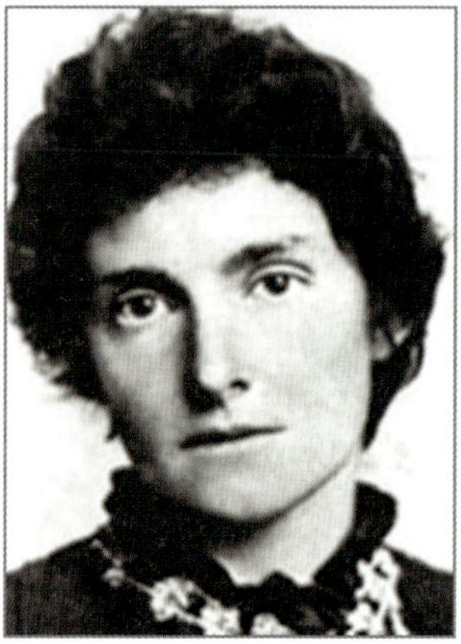

Edith **Nesbit** (1858-1924)

Die Eisenbahnkinder

(1906)

Jugendroman

Ausgaben

- Insel, Taschenbuch, 203 Seiten

Inhalt

„Ist es nicht viel schöner, wenn du dir vorstellst, dass wir alle in einem Buch vorkommen, das der liebe Gott schreibt? Wenn ich schriebe, könnte ich Fehler machen. Aber der liebe Gott weiß immer, wie die Geschichte richtig ist und wie sie aufhören muss – so, wie es für uns am besten ist.“

Roberta, Peter und Phyllis leben mit ihren Eltern in einer Londoner Vorstadt. Der Vater hat eine gut bezahlte Arbeit und sie wohnen in einem modernen, komfortablen Haus mit Angestellten. Die Mutter nimmt sich viel Zeit für ihre Kinder, spielt mit ihnen, liest vor und schreibt auch selbst Geschichten für die Kinder. Sie sind eine glückliche Familie, bis eines Tages etwas Unerwartetes passiert. Der Vater ist gerade von einer längeren Reise zurückgekehrt und alle freuen sich, endlich wieder Zeit mit ihm verbringen zu können, als es an der Tür klingelt und zwei Herren kommen, um mit dem Vater das Haus zu verlassen. Die Kinder merken, dass etwas nicht in Ordnung ist, aber weder Dienstmädchen noch Mutter geben genaue Auskünfte. Sie wissen nur, dass die Männer schlechte Nachrichten brachten, der Vater eine Weile fortbleiben wird und sie keine weiteren Fragen stellen sollen. Ihr Leben ändert sich schlagartig. Die Mutter ist oft weg, die Angestellten werden nach und nach entlassen und sie müssen aufs Land ziehen, in ein Häuschen an der Eisenbahnstrecke. Die Kinder arrangieren sich sehr gut mit der neuen Situation und helfen der Mutter, wo sie können. Da die Mutter nun den ganzen Tag beschäftigt ist, mit ihren Geschichten Geld zu verdienen, und die Kinder nicht mehr zur Schule gehen können, gehen die Kinder alleine los und erkunden die Umgebung. Sie lernen Leute kennen, die bei der Bahn arbeiten, und machen neue Bekanntschaften unter den Zugreisenden. Es ergeben sich einige Situationen, in denen sie anderen helfen können, und so gewinnen sie durch ihre Freundlichkeit viele Herzen. Durch einen Zeitungsartikel findet Roberta heraus, dass ihr Vater zu Unrecht im Gefängnis ist. Doch der Segen, den die Kinder ausgeteilt haben, kommt wieder zu ihnen zurück, und so gelingt es durch einen ihrer neuen Freunde die Unschuld des Vaters zu beweisen und die Familie wieder glücklich zu vereinen.

Biografische Skizze

Edith Nesbit wird am 19.8.1858 als jüngstes von sechs Geschwistern in Kennington, England, geboren. Sie erlebt eine sehr unstete Kindheit. Ihr Vater stirbt, als sie erst drei Jahre alt ist. Dieser Verlust, die Sehnsucht nach einer Vaterfigur, taucht auch immer wieder in ihren Büchern auf.

Im Alter von 19 Jahren lernt sie Hubert Bland kennen und heiratet ihn drei Jahre später, als sie bereits im siebten Monat schwanger ist. Die Ehe verläuft nicht sehr harmonisch, da Hubert untreu ist. Als ihre Freundin Alice Hoatson ein uneheliches Kind bekommt, adoptiert sie es als ihr eigenes und gestattet Alice, als Hausmädchen bei ihnen zu wohnen. Doch als Edith erfährt, dass ihr Mann der Vater des Kindes ist, fordert sie, dass Mutter und Baby ausziehen, doch Hubert droht damit, sie zu verlassen. So bleiben beide in der Familie, und als Alice 13 Jahre später erneut von Hubert ein Kind bekommt, adoptiert Edith auch dieses. Edith selbst bekommt fünf Kinder, von denen aber nur drei das Erwachsenenalter erreichen.

Nesbit beschäftigt sich sehr mit den Ideen von William Morris, einem Vertreter des utopischen Sozialismus, und ist 1884 zusammen mit ihrem Mann unter den Gründern der Fabian Society, der ersten sozialistischen Organisation Englands.

Als die Geschäfte ihres Mannes schlecht laufen und sie in finanzielle Schwierigkeiten kommen, beginnt Edith, mit ihren Schriften Geld zu verdienen und Kinderbücher zu verfassen. Im Alter von 59 Jahren heiratet sie ein zweites Mal. Mit ihrem Mann Thomas Tucker baut sie ein kleines Haus an der Küste von Kent, wo sie 1924 an Lungenkrebs stirbt.

Obwohl man es anhand von Edith Nesbits Biografie nicht erwartet, so findet man gerade in „Die Eisenbahnkinder" und einigen ihrer Gedichte klare Ausdrücke des christlichen Glaubens und tiefen Gottvertrauens.

Wertorientierte Beurteilung

Edith Nesbit ist vor allem bekannt für ihre Fantasy-Literatur („Die Kinder von Arden“, „Der Sandelf“). Doch auch ihr idyllischer Familienroman mutet an wie aus einer anderen Welt. Vor dem Hintergrund der Industrialisierung in England und dem Zerfall der Familie, zeigt der Roman einen kleinen heilen Kosmos, in den von außen das Übel dringt, das den Vater entreißt. Trotz dieses Verlustes hält die Familie das Band der Liebe zusammen. Die Mutter sorgt sich um ihre Kinder, die Geschwister helfen einander, die älteste Tochter übernimmt die Rolle einer erwachsenen Frau, wo sie kann. Der Glaube an Jesus Christus spielt im Roman keine tragende Rolle, und doch taucht er hier und da explizit als Handlungsmotivation auf (siehe Zitat oben).

Die Kinder erleben viele Abenteuer und tun ihren Nächsten Gutes. Durch ihre Freundlichkeit, ihren Mut, ihren Respekt und ihre Aufgeschlossenheit gewinnen Sie am Ende ihren Vater zurück. Sie können streiten, aber auch vergeben. In vielerlei Hinsicht sind die „Eisenbahnkinder“ vorbildliche Figuren, aber ohne den „Heiligenschein“ der Erbauungsbüchlein jener Zeit.

Tipps für den Unterricht

Während viele Familien heute aufgrund von Scheidungen zerbrechen, ist es im Roman die Anschuldigung der Spionage. Doch das Grundproblem bleibt gleich: die zerbrochene Familie. Wie gehen Familien damit um, wenn Vater oder Mutter gehen? Kann man sich daran gewöhnen? Oder einfach schweigen? Der Roman gibt vielfältige Möglichkeiten, über Familienzusammenhalt und -zerbruch ins Gespräch zu kommen. Dies kann über produktions- und handlungsorientierte Methoden wie z. B. den Tagebucheintrag, das Schreibgespräch oder einen inneren Monolog geschehen.

Unterrichtshilfen

- Hörbuch, CD, Eisenbahnkinder, Kehl Verlag 2008

Bewertung

Bedeutung	★★☆☆☆	eher im anglo-amerikanischen Sprachraum bekanntes Buch
Attraktivität	★★★★☆	idyllischer Familienroman des 19. Jahrhunderts; Spannungsbogen um Verlust der Vaterfigur; einfache Sprache
Wertigkeit	★★★★☆	harmonisches Familienbild; intakte Geschwisterbeziehung; tugendhaftes Handeln steht im Vordergrund; Glaube der Familie eher implizit

Klasse: 2 3 4 5 6 7 8 **9 10 11 12 13**
Schulart: GS HS **RS GYM**
Bearbeitung: mkh

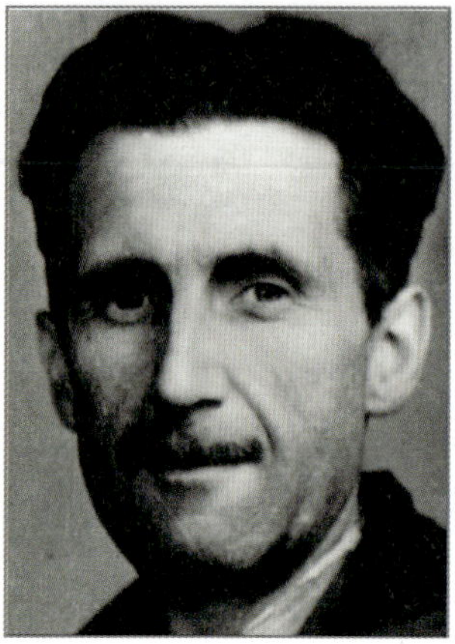

George **Orwell** (1903-1950)

Farm der Tiere

(1945)

Fabel

Ausgaben

- Diogenes, Taschenbuch, 144 Seiten

Inhalt

In dem Werk übernehmen Tiere die Herrschaft auf einem Bauernhof, um Wohlstand für alle seine Bewohner zu ermöglichen.

Doch bald errichten die Schweine eine Diktatur, durch welche sie sich selbst bereichern. Der Leitsatz „Alle Tiere sind gleich“ wird durch eine neue Parole ergänzt: „... aber manche sind gleicher.“ Ein Gebot nach dem anderen stellen die Schweine auf den Kopf. Obwohl sämtliche Erträge brüderlich geteilt werden sollen, behalten die Unterdrücker die Äpfel für sich, schlafen in menschlichen Betten, tragen Kleider und trinken Alkohol, was gemäß den Regeln der Revolution alles nicht statthaft ist.

Nachdem der rabiate Keiler Napoleon seinen klugen Konkurrenten Schneeball ausgeschaltet hat, macht er diesen für jeglichen Misserfolg verantwortlich; er unterstellt ihm sogar, mit dem Farmer kollaboriert zu haben. Mithilfe junger Bluthunde setzt Napoleon seinen Willen durch, schließlich lässt er von ihnen Hühner hinrichten. Ohne den versprochenen Wohlstand zu erlangen, arbeiten die Tiere immer härter, wählen Napoleon zum Präsidenten ihrer Republik und werden Zeugen, wie dieser mit anderen Farmern paktiert. Am Ende lässt sich nicht mehr unterscheiden, wer Mensch und wer Schwein ist.

Biografische Skizze

George Orwell wird in Indien geboren, besucht in England Schule und College, geht aber 1921 nach Burma, um dort für die britische Polizei zu arbeiten. Entsetzt vom Vorgehen der Kolonialherren verdingt er sich in Paris und England als Tagelöhner. 1937 kämpft Orwell im spanischen

Bürgerkrieg auf Seiten der Trotzkisten, denen moskautreue Kommunisten in den Rücken fallen. Von 1941 bis 1943 textet er für die britische Kriegspropaganda, kündigt aber diesen ersten gut bezahlten Job seines Lebens, weil er es nicht verkraftet, zensiert zu werden. Bis zum Erscheinen von „Animal Farm" (1945) lebt Orwell in Armut; fünf Jahre später stirbt er an einer Lungenkrankheit, die er sich aufgrund seines einfachen Lebensstils zugezogen hat. Während seiner College-Zeit hat er Vorlesungen bei Aldous Huxley gehört; später bekommt er Kontakt zu H. G. Wells. Ebenso wie diese beide Autoren schreibt Orwell eine Dystopie: „1984", sein eigentliches Hauptwerk. Obwohl Orwell sich oft kritisch über das Christentum geäußert hat, verfügt er dennoch, im Ritus der anglikanischen Kirche beerdigt zu werden.

Wertorientierte Beurteilung
In „Animal Farm" reflektiert Orwell das Scheitern der russischen Oktober-Revolution durch den „Verrat" des Stalinismus an der sozialistischen Idee, verarbeitet aber auch seine Erfahrungen während des spanischen Bürgerkriegs, wo verschiedene linke Gruppen sich gegenseitig schadeten.

Losgelöst von diesen historischen Bezügen macht das Buch eine zeitlos gültige Aussage hinsichtlich der *conditio humana*: Wir Menschen sind schwach, neigen zum Bösen, in jedem von uns steckt ein Schwein. Anschaulich wird in Form einer Parabel dargestellt, wie Macht korrumpiert und die Regierenden hohe Ideale verraten, um sich Privilegien zu sichern. Obwohl Orwell selbst Sozialist war, stellt er den Sinn von Revolutionen infrage. Ebendies macht „Farm der Tiere" so interessant, weswegen es in Zeiten des Kalten Krieges gerade von westlichen Kapitalisten gelesen und in Umlauf gebracht wurde. Tatsächlich verabreicht das angezeigte Werk eine Impfung gegen Fortschrittsglauben und Philanthropie.

Tipps für den Unterricht
Begleitend zur Aufarbeitung des Kommunismus im Geschichtsunterricht gibt es wohl kein geeigneteres Buch als „Animal Farm". Diese Pflichtlektüre ist Vergangenheitsbewältigung par excellence. Als humorvolle Ergänzung kann zu dem Thema der Filmklassiker „Ninotschka" (von Ernst Lubitsch mit Greta Garbo, 1939) empfohlen werden. Eher traurig (und leider mit zwei schlüpfrigen Szenen) ist: „Das Leben der anderen" (Regie: Florian Henckel von Donnersmarck, 2006).

Unterrichtshilfen

- Batchelor und Halas (Regie), Farm der Tiere, Zeichentrickfilm 1954
- Marchfelder, Manfred (Regie), Farm der Tiere, Hörspiel (Der Audio Verlag) 2003
- Kohn, Martin, Animal Farm – Unterrichtsmodelle für die Schulpraxis, 2005
- Orwell, George, Farm der Tiere, Königs Erläuterungen Band 109, Bange 2008
- Orwell, George, Animal Farm, Sparknotes 2004 (Arbeitsmaterial)
- Hermes, Rüdiger, Animal Farm – Inhalt, Hintergrund, Interpretation, Mentor 2006
- Edvin Snore (Regie), Sowjet Story, kritischer Dokumentarfilm über die Sowjetunion 2008
- http://www.kinderkinobuero.de/downloads/cartoon_movie/Animal_Farm.pdf

Bewertung

Bedeutung	★★★★☆	scharfe Kritik am real existierenden Kommunismus aus der Feder eines enttäuschten Sozialisten; Weltliteratur
Attraktivität	★★★★☆	als Fabel leicht zu lesen; kann in seiner politischen Bedeutung aber nur mit Unterstützung des Geschichts- und Gemeinschaftskundelehrers erfasst werden
Wertigkeit	★★★☆☆	entlarvt politische Phrasen und stellt sie dem Handeln der Regierenden gegenüber; Missbilligung totalitärer Systeme

Klasse: 2 3 4 **5 6 7** 8 9 10 11 12 13
Schulart: GS **HS RS GYM**
Bearbeitung: se

Raquel J. **Palacio** (o. A.)

Wunder

(2013)
Roman

© Russel Gordon

Ausgaben

Hanser Verlag, 384 Seiten

Inhalt

„Ich heiße übrigens August. Ich werde nicht beschreiben, wie ich aussehe. Was immer ihr euch vorstellt – es ist schlimmer."

Seit seiner Geburt muss der zehnjährige August Pullman damit leben, dass sein Gesicht trotz vieler Operationen entstellt ist. Seine Eltern und die ältere Schwester Olivia lieben ihn sehr und haben immer versucht, ihn vor Anfeindungen von außen zu beschützen. Aus diesem Grund wurde August bisher auch von seiner Mutter zu Hause unterrichtet. Mit dem Eintritt in die fünfte Klasse sieht Augusts Mutter einen guten Zeitpunkt, ihren Sohn für die Middle School anzumelden. Wie viele andere Kinder seines Alters beginnt hiermit ein neuer Lebensabschnitt mit neuen Bekanntschaften und Herausforderungen. Nach anfänglicher Ablehnung dieses Vorschlags lässt August sich darauf ein und stellt sich der Realität „Schule". Wie zu erwarten stößt er dabei auf viel Ablehnung und macht sehr schmerzliche Erfahrungen, die er aber gerade auch wegen einigen guten Freunden zu meistern lernt. Dieser Prozess geht auch an seinen Mitmenschen nicht spurlos vorüber.

Biografische Skizze

Raquel Jaramillo lebt mit ihrem Mann und zwei Söhnen in New York. Nachdem sie 20 Jahre als Buchcovergestalterin tätig ist, bringt sie 2012 ihren Debütroman „Wonder" unter dem Pseudonym Raquel J. Palacio heraus. Die Idee für dieses Buch bekommt sie durch ein persönliches Erlebnis. Als Jaramillo mit ihren Söhnen ein Eiscafé besucht, trifft sie dort auf ein Mädchen mit Gesichtsanomalien. Ihr dreijähriger Sohn reagiert mit lautem Schreien, während ihr älterer Sohn das Mädchen entsetzt anstarrt. Peinlich berührt verlässt sie sofort das Café. Im Nachhinein ärgert sie sich über ihre überstürzte Reaktion und denkt noch lange darüber nach, wie sie besser hätte handeln sollen. Am Abend hört sie im Radio das Lied „Wonder" von Natalie Merchant, dessen Text sie sehr berührt, und beginnt sofort mit dem Schreiben ihres Buches.

Neben dem Buch hat sie in den USA auch die „Choose Kind"-Kampagne („Wähle Freundlichkeit") initiiert.

Wertorientierte Beurteilung

Im Vergleich zu den meisten modernen Jugendbüchern zeigt dieses Buch ein wirklich schönes und liebevolles Familienbild, obwohl es natürlich auch Konfliktsituationen gibt. Durch die sehr gut gewählte Idee, die verschiedenen Personen aus ihrer Perspektive erzählen zu lassen, kann sich jeder Leser sehr gut in die Charaktere hineinfühlen und ihre Gedanken und Handlungen viel besser verstehen. Jeder Schüler wird sich darin in irgendeiner Weise wiederfinden können.

Obwohl Integration von Behinderten bereits von vielen Schulen aufgefriffen wird, haben die meisten Schüler eher selten bis nie mit Kindern Umgang, die anders sind als das, was wir als „normal" bezeichnen. Gerade deshalb ist dieses Buch sehr gut geeignet, sich Gedanken darüber zu machen, wie man selbst reagieren würde, wenn man August Pulmann begegnen würde.

Aber letztendlich geht es in diesem Buch nicht nur darum, offener gegenüber Behinderten zu sein, sondern darum, generell mehr Freundlichkeit im Umgang mit anderen zu zeigen.

Die Autorin sagt selbst: „Ich hoffe, dass die Kinder die Erkenntnis mitnehmen, dass ihre Taten nicht unbeachtet bleiben, sondern gesehen werden. Vielleicht nicht unmittelbar oder offensichtlich, doch wenn sie gemein sind, dann wird irgendwer darunter leiden. Wenn sie freundlich sind, dann wird es irgendjemandem besser gehen. Die Entscheidung liegt bei jedem selbst: Entweder erregen sie Aufmerksamkeit durch Freundlichkeit oder durch Gemeinheit. Sie selbst müssen entscheiden, wie sie sein möchten. Weder ihre Freunde noch ihre Eltern treffen diese Entscheidungen: Sie selbst müssen dies tun."

Allerdings fehlt dem Buch die christliche Perspektive. Es geht nicht von einem durch Sünde gefallenen Menschen aus, der entfernt von Gott zu nichts Gutem fähig ist (Röm 3,10). Das höchste Gebot beinhaltet die umfassende Gottesliebe, mit der die wahre Nächstenliebe einhergeht.

Tipps für den Unterricht

Mr. Browns Maximen spielen eine große Rolle im Roman. Integrativ kann in der Klasse über den Unterschied von Maxime, Motto und Sprichwort nachgedacht werden. In höheren Stufen bietet sich das Feld der Aphorismen als zu entdeckendes Neuland an.

Unterrichtshilfen

- http://www.literaturfestival.com/kjl/unterrichtsmaterial/palacio.raquel.j.wunder.unterrichtseinheit.pdf/view – Unterrichtsmaterial erstellt von Studenten der Freien Universität Berlin
- www.choosekind.tumblr.com – englische Webseite der „Choose Kind"-Kampagne mit großer Auswahl an Unterrichtsmaterial und Ideen zur Buchbesprechung

Bewertung

Bedeutung	★★★☆☆	modernes Jugendbuch; besonders im angloamerikanischen Raum sehr erfolgreich; soll verfilmt werden
Attraktivität	★★★★☆	interessantes Thema; nah an der Lebenswelt der Schüler (Schulleben und Umgang mit Gleichaltrigen); sprachlich leicht verständlich
Wertigkeit	★★★★☆	Das Thema „Nächstenliebe" und Freundlichkeit steht hier im Mittelpunkt, allerdings fehlt eine christliche Perspektive. Ein sehr harmonisches Familienbild wird gezeigt.

Klasse: 2 3 4 5 6 7 8 **9 10 11** 12 13
Schulart: GS **HS RS GYM**
Bearbeitung: mkh

Grit **Poppe** (* 1964)

Weggesperrt

(2009)

Zeitgeschichtlicher Roman

Ausgaben

- Cecilie Dressler Verlag, 336 Seiten

Inhalt

Anja gerät ein Jahr vor dem Mauerfall in die Maschinerie der DDR-Umerziehung. Weil ihre Mutter einen Ausreiseantrag in den Westen stellt, wird sie inhaftiert und die Tochter kommt zunächst in ein Durchgangsheim, dann in einen Jugendwerkhof und schließlich in den Geschlossenen Jugendwerkhof Torgau.

Grundlos ihrer Freiheit beraubt, gezielt schikaniert, gedemütigt, isoliert, zerbrochen, sollen die Jugendlichen zu sozialistischen „Persönlichkeiten“ umgeformt werden. Zwangsarbeit und politische Indoktrination bestimmen die Haft. Der Druck der Aufseher wird durch die Gruppendynamik unter den Jugendlichen verschärft. Gonzo schluckt Spülmittel, um in ein Krankenhaus zu kommen und so eine Zeit lang Ruhe zu haben.

Anja gelingt die Flucht: Sie schlägt sich zu Verwandten durch, doch ihre Anwesenheit bringt diese in Schwierigkeiten. Bevor das Mädchen von der Polizei eingefangen wird, erhält sie von ihrem Cousin ein Heft mit Rilke-Gedichten, in dem ihr vor allem der „Panther“ auffällt, dessen Eingepferchtsein sie auf ihre eigene Zwangslage bezieht.

Zurück im Jugendwerkhof bessert sich durch einen Lehrerwechsel Anjas Lage für kurze Zeit. Als eine Erzieherin das Mädchen damit provoziert, dass sie ihr einen Brief der Mutter vorenthält, schlägt Anja die Erzieherin im Affekt nieder. Sie muss in den Geschlossenen Jugendwerkhof Torgau. Rilkes Gedicht spendet ihr Trost.

Nach einer abermaligen Flucht lebt die Protagonistin in Leipzig bei Aussteigern in einer Hausruine. Am Rande wird die wichtige Rolle der Christen zur Wendezeit thematisiert. Das Buch endet mit einer Protestkundgebung im Oktober 1989. Der Widerstand der Polizei ist gebrochen, das Ende der Diktatur nahe.

Biografische Skizze

Als Tochter eines DDR-Bürgerrechtlers darf Grit Poppe wegen der oppositionellen Haltung ihres Vaters zunächst kein Abitur machen. Nach einer Lehre arbeitet sie im DEFA-Studio für Spielfilme und absolviert dann ein Studium am Leipziger Literaturinstitut, was auch ohne Hochschulreife möglich ist. Ab 1989 engagiert sich die Autorin bei der Bürgerbewegung „Demokratie Jetzt“ (DJ), um die SED zu entmachten und die Stasi aufzulösen. Sie organisiert Demonstrationen und besetzt ein Gefängnis. Als DJ zusammen mit anderen Bürgerbewegungen des „Bündnis 90“ und den Grünen fusioniert, steigt Poppe aus der Politik aus. Einige ihrer Bücher thematisieren das Leben in der DDR und die Wendezeit, manche davon haben fantastische Elemente. Für das Buch „Weggesperrt“ erhielt Grit Poppe den Gustav-Heinemann-Friedenspreis für Kinder- und Jugendbücher. Auf Rückfrage erklärt die Autorin, dass sie nicht christlich sei, sich aber humanistischen Werten verpflichtet wisse.

Wertorientierte Beurteilung

„Weggesperrt“ behandelt die Willkür und die menschenverachtenden Zwangsmaßnahmen eines Unrechtsstaates. Das Werk dürfte eines der wenigen Jugendbücher sein, die sich kritisch mit dem Sozialismus auseinandersetzen. Unterdrückung und Manipulation werden als Mittel vorgestellt, die sich jegliche Diktatur, gleich welcher Couleur, bedient. Von einer Erzieherin im Jugendwerkhof wird Rilkes Gedicht sogar als „faschistisch“ bezeichnet, was zeigt, dass die Gegnerschaft zum Nationalsozialismus nicht davor gefeit ist, seinerseits die Freiheit mit Füßen zu treten. Entgegen aller verharmlosenden Ostalgie offenbart die Lektüre die DDR als Diktatur; sie präsentiert den real existierenden Sozialismus aus der Perspektive eines der ungezählten Opfer.

Tipps für den Unterricht

Das Buch „Weggesperrt“ war Prüfungslektüre der Realschule in Baden-Württemberg. Es veranschaulicht eine traurige Episode der deutschen Nachkriegsgeschichte. „Weggesperrt“ zeigt, wie gezielte Menschenrechtsverletzungen als Mittel der Manipulation eingesetzt werden. Trotz drastischer Schilderungen ist die Lektüre für Jugendliche geeignet, zumal sexuelle Erniedrigung und Missbrauch lediglich angedeutet werden. Das

Werk ist ein historisches Dokument, weil sich die Autorin eng an die Aussagen ehemaliger Insassen der Jugendwerkhöfe hielt. Parallel zur Aufarbeitung der DDR im Geschichtsunterricht lädt die Lektüre zur fächerübergreifenden Behandlung des Themas ein. Dabei sollte über die Repressalien des Sozialismus hinaus über die Mechanismen von Macht und Unterdrückung nachgedacht werden, über das Verhalten von Menschen in Extremsituationen, über Angst und Ohnmacht – aber auch darüber, dass selbst die Herrschaftsgewalt eines totalitären Systems begrenzt ist.

Ergänzend gibt es einige Bücher, die als Referat oder in Ausschnitten in den Unterricht integriert werden können: 2012 erschien mit „Abgehauen“ eine Fortsetzung, welche die Flucht von Gonzo aus der DDR schildert. „Land der Wunder“ von Michael Klonovsky ist eine ebenso intelligente wie humorvolle Abrechnung mit dem Alltag im SED-Staat: Weil der Protagonist wegen Systemkritik exmatrikuliert wird, muss er in einem Schnapslager arbeiten, prüft dann eine Parteizeitung auf Rechtschreibfehler, verschläft schließlich den Mauerfall, bevor er im Westen Unternehmer wird. Zwei Klassiker über politische Häftlinge im Kommunismus sind: „Ein Tag im Leben des Ivan Denissowitsch“ von Literaturnobelpreisträger Alexander Solschenizyn sowie „In Gottes Untergrund“/ „Für Gott gefoltert“ von Richard Wurmbrand.

Zu empfehlen ist ferner der Film „Das Leben der Anderen“, der die Bespitzelung durch die Stasi thematisiert – leider sind zwei Szenen nicht jugendfrei. Die ersten 15 Minuten von „Der lange Weg“ liefern eindrückliche Bilder eines Gulags; ausschnittsweise kann die DVD „The Sovjet Story“ im Geschichtsunterricht gezeigt werden.

Unterrichtshilfen

- http://www.vgo-schule.de/fileadmin/verlagsgruppe-oetinger.de/pdf /dokumente/schule/13-20204/Weggesperrt_OetingerTaschenbuch. pdf
- http://www.ddr-aufarbeitung.de/start/jugendbuch-weggesperrt/
- Roth-Züfle, Sabine: Interpretationshilfe Deutsch / Weggesperrt, Stark-Verlag 2010, 108 Seiten
- Wagner, Sandra: Arbeitsheft Deutsch Klasse 10 / Weggesperrt, Stark-Verlag 2010, 48 Seiten
- Zenner, Cornelia: Weggesperrt – Schülerarbeitsheft, Krapp & Gutknecht 2010, 48 Seiten

- Zenner, Cornelia: Weggesperrt – Lehrerheft mit CD, Krapp & Gutknecht 2010, 64 Seiten
- Klonovsky, Michael: Land der Wunder, rowohlt 2009, 544 Seiten

Bewertung

Bedeutung	★★★☆☆	prämiertes Buch über Menschenrechtsverletzungen in der DDR; Beispiel für Indoktrination und Umerziehung
Attraktivität	★★★★☆	authentische Erzählung der jüngeren Geschichte aus der Perspektive einer Jugendlichen; altersangemessene, ordentliche Sprache; spannende Wendungen
Wertigkeit	★★★★☆	kritische Auseinandersetzung mit einem sozialistischen Unrechtsstaat; Inhalte sind drastisch, aber jugendgerecht

Klasse: 2 3 **4 5 6** 7 8 9 10 11 12 13
Schulart: **GS HS RS GYM**
Bearbeitung: mkh

Eleanor **Porter** (1868-1920)

Pollyana

(1913)

Kinderbuch

Ausgaben

- Arena, gebunden, 209 Seiten

Inhalt

Pollyanna Whittier soll nach dem Tod ihrer Eltern bei der reichen, aber barschen Tante Polly in Beldingsville (Vermont) leben. Alles ist trostlos und streng, nicht einmal Teppiche oder Bilder gibt es in der Villa – für Tante Polly zählt nur die Pflichterfüllung. Das Waisenkind kann die eisige Atmosphäre nur überstehen, weil es von seinem Vater, einem Pastor, das Lebensmotto übernahm: „Freut euch zu jeder Zeit! ... Dankt für alles; denn das will Gott von euch, die ihr Christus Jesus gehört" (1Thes 5,16-18). Einst hatte sie nämlich in einem Missionspaket Krücken statt der erhofften Puppe gefunden, worauf ihr Vater sie tröstete, sie könne froh sein, die Stöcke nicht zu brauchen.

Mit ihrem Spiel, in allen Widrigkeiten die Vorsehung Gottes zu entdecken, ihm zu danken und sich zu freuen, steckt das Mädchen bald die ganze Stadt an: die unterkühlte Mrs Snow, welche ständig etwas zu nörgeln hat, den geizigen Junggesellen Mr Pendleton; schließlich taut sogar ihre Tante auf, sie heiratet ihre Jugendromanze Dr. Chilton. Die optimistische Pollyanna hat die Menschen verändert, doch am Schluss wird sie selbst auf die Probe gestellt: Ein Autounfall verletzt ihr Rückgrat; ans Bett gefesselt, verliert sie ihre Freude am Leben.

Nun kommen die Leute der Stadt zu Pollyanna, um das Mädchen durch ihr Spiel glücklich zu machen: Sie solle froh sein, gesunde Beine gehabt und keine Krücken benötigt zu haben. Am Schluss des Buches besteht Hoffnung auf Heilung.

Biografische Skizze

Eleanor H. Porter studiert am „New England Conservatory of Music" (Boston) Gesang und ist als Musikerin tätig – u. a. wirkt sie in Kirchenchören mit. Mit 23 Jahren heiratet sie, mit 33 fängt sie an, Erzählungen zu publizieren. Anfänglich erscheinen ihre Geschichten in Frauen-Zeitschriften; 1907 veröffentlicht sie ihr erstes Buch. Mit „Pollyanna" wird Porter in den USA schlagartig bekannt: Eine Million Exemplare verkaufen sich in den ersten zwölf Jahren. Obwohl die amerikanische Schriftstellerin zahlreiche Bücher für Kinder und Erwachsene schreibt, liegen im Deutschen lediglich Übersetzungen des angezeigten Bestsellers vor. Im Englischen existiert eine Fortsetzung: „Pollyanna Grows Up" (1915). Andere Autoren setzen nach Porters Tod die Reihe mit insgesamt 14 weiteren Titeln fort.

Wertorientierte Beurteilung

Auf Jesus auch dann zu vertrauen, wenn es einem schlecht geht, trotz aller Widrigkeiten auf seine Vorsehung zu setzen und freudig Leid anzunehmen, das fällt niemandem leicht. Pollyanna hat daraus ein Spiel gemacht, nämlich im eigenen Leben die Spuren Gottes zu suchen und ihm dafür zu danken. Diese bemerkenswerte Einstellung kann dem Leser Vorbild sein und bietet in der Schule einen Anlass, um über Probleme und deren Bewältigung zu sprechen, über die Hoffnung des Christen in einer gefallenen Welt, aber auch über das Geschenk des Gebetes, mit seinen Sorgen von Gott gehört zu werden.

Pollyanna ist ein unterhaltsames und aufbauendes Buch zugleich – ein „leises" Buch, welches ohne Action auskommt und trotzdem auch für Jungs spannend ist. Nirgends wirkt die Frömmigkeit Pollyannas aufgesetzt. Ihr Glaube steht wohltuend im Hintergrund und ist doch ständig präsent. Das vorliegende Werk zählt mitnichten zur engagierten Bekehrungsliteratur, es ist keine Agitation im Dienste der Evangelisierung. Vielmehr handelt es sich um einen Kinderbuchklassiker, der christlich ist, ohne dass der Leser mit der Botschaft überfrachtet wird.

Tipps für den Unterricht

Wie kaum ein anderes Buch vermag „Pollyanna" das Klassenklima positiv zu beeinflussen: Es steckt mit seiner Fröhlichkeit an, vertreibt Griesgrämigkeit und hilft auch Kindern mit Problemen, ihren Blick zu Gott zu erheben. Besser noch als der Text ist das Hörspiel vom Evangeliums-Rundfunk (ERF), welcher nach abgeschlossener Lektüre unbedingt mit dem Original verglichen werden sollte. Abgeraten werden muss hingegen von der sonderbaren Disney-Verfilmung. Viel besser ist die japanische Zeichentrickserie, welche es aber nicht auf Deutsch gibt (nur auf Französisch und Englisch).

Unterrichtshilfen

- Evangeliums-Rundfunk: Pollyanna, Hörspiel, Art.-Nr. 253520907, 2007
- http://www.gutenberg.org/etext/1450
- http://www.gutenberg.org/etext/6100
- http://www3.isrl.illinois.edu/~unsworth/courses/bestsellers/search.cgi?title=Pollyanna
- http://www.golittleton.com/eleanor_porter.php

Bewertung

Bedeutung	★★★☆☆	in Deutschland so gut wie unbekannt, aber nichtsdestotrotz überaus lesenswert: ein echter Geheimtipp!
Attraktivität	★★★☆☆	eine ruhige Geschichte, die vor allem von Mädchen geliebt wird – aber auch Jungs fesselt, solange sie noch nicht „cool" sein möchten
Wertigkeit	★★★★☆	kaum ein Buch thematisiert so schön Fröhlichkeit und Gottvertrauen; außerordentlich wohltuend

Klasse: 2 3 4 5 6 7 8 9 **10 11 12 13**
Schulart: GS HS **RS GYM**
Bearbeitung: se

Erich Maria **Remarque** (1898-1970)

Im Westen nichts Neues

(1928)
Roman

Ausgaben

- Kiepenheuer und Witsch, 197 Seiten

Inhalt

Zu Beginn des Ersten Weltkrieges hat Paul Brämer kaum die Schule verlassen und zieht – wie seine Freunde – mit großem Enthusiasmus ins Abenteuer des Krieges. Die Ausbildung ist hart, die Ausbilder gnadenlos, doch ohne die Verrohung der Sinne und Gefühle wäre die spätere Front kaum ertragbar. Der junge Soldat schildert die Nächte im Trichter, die Überfallangriffe und Versorgungsengpässe mit jener abgeklärten Routine der Reportersprache, die sich einstellen muss, will man nicht wahnsinnig werden in diesem mörderischen Hin und Her zwischen den Gräben. Doch der Krieg härtet ab. „Alles ist Gewohnheit, auch der Schützengraben." Als Paul Fronturlaub erhält und sein Heim betritt, ist er bereits ein Fremder und findet keine Verbindung mehr zum Leben von einst. Die Liebe zu seiner Mutter bleibt wach, doch sprechen kann er über den Krieg nicht. Er spricht eine andere Sprache. Zurück im Graben, wird Paul verletzt und kommt ins Lazarett, später weit hinter die Front. Dort liegen Soldaten mit zertrümmerten Gliedern und eine ganze zertrümmerte Welt. Ehe, Familie, Tugend, Ehrgefühl – alles ist verroht und vergiftet worden.

Paul muss noch einmal an die Front, doch das Ende ist nahe, das wissen alle. Seine Kameraden von einst sind gefallen. Auch sein bester Freund Katczinsky stirbt im Oktober 1918 in seinen Armen „an einem Tage, der so ruhig und still war, [...] dass der Heeresbericht sich nur auf den einen Satz beschränkte, im Westen nichts Neues zu melden."

Biografische Skizze

Erich Paul Remark wird als Sohn des Buchbinders Peter Franz Remark am 22. Juni 1898 in Osnabrück geboren. Nach der Volksschule besucht er das katholische Lehrerseminar, das er 1916 mit einem Notexamen abschließt. Anschließend wird er eingezogen und kämpft ab 1917 als Soldat an der Westfront, wird verletzt und verbringt den Rest des Krieges im Armee-Hospital. Die Kriegserlebnisse lassen Remark eine dezidiert pazifistische Grundhaltung entwickeln, die er nach dem Krieg literarisch verarbeitet. Mit „Im Westen nichts Neues" gelingt Remarque (so nennt er sich inzwischen) 1929 der Durchbruch. Im zunehmend nationalsozialistisch geprägten Deutschland wird sein Werk als Verunglimpfung der deutschen Armee angesehen. 1933 emigriert Remarque in die Schweiz, später in die USA. Sein Werk fällt unterdessen der Bücherverbrennung anheim.

Remarque gehört ohne Frage zu den „Chronisten des 20. Jahrhunderts". Sein Werk ist geprägt von Krieg, Diktatur und Exil. „Mein Thema", resümiert er später, „ ist der Mensch dieses Jahrhunderts, die Frage der Humanität. Und mein Credo ist das des Individualisten. Unabhängigkeit – Toleranz – Humor".

Wertorientierte Beurteilung

„Im Westen nichts Neues" ist ein Buch über die Schrecken des Krieges. Und das ist kein unproblematisches Sujet für ein Antikriegsbuch. Einerseits darf es kein Kriegsspektakel sein, das eher noch die Lust am Schauspiel weckt. Andererseits muss es so drastisch sein, dass seine Darstellung die Katastrophe in ihren Ausmaßen umfängt.

Der Roman berührt, ohne sich horrender Blutspektakel im Hollywood-Stil zu bedienen. Die Schilderungen des Leidens des Ich-Erzählers sind nicht übermäßig grafisch, obwohl diese auch vorkommen. Vielmehr beeindruckt die ruhige Abgeklärtheit von Paul und seiner Generation, ihre Entfremdung von allem Natürlichen, ihre Anpassung an das unmenschliche Frontleben. „Wir kommen in die Zone, wo die Front beginnt, und sind Menschentiere geworden."

Muss man sich so einem Buch aussetzen? Prinzipiell scheint das Problem von Kriegsbegeisterung vordergründig kein aktuelles zu sein. Leben wir doch in Europa in Frieden, Krisenherde sind weit entfernt und überhaupt gilt die deutsche Gesellschaft als sehr kriegsabgeneigt. Doch schaut man auf die Computer- und Smartphonenutzung und die Freizeitkultur vieler Milieus, wird doch offenbar, dass Kriegsbegeisterung zwar kein politisches, wohl aber ein kulturelles, ja geistliches Problem unserer Gesellschaft ist. Gewaltexzesse sind in weiten Teilen der Jugendkultur kein Tabu, sowohl im Spiel als auch in der Musik und im Film.

Der Roman von Remarque kann helfen, diese Begeisterung für „blood and gore“ zu thematisieren und zu hinterfragen. Ist es nicht jener selbstüberschätzende Enthusiasmus, der Pauls Kameraden am Anfang in die Kaserne trieb? Sind wir nicht vielmehr zum Frieden berufen (Kol 3,15, Mt 5,9)? Und wann ist ein Krieg ein gerechter Krieg?

Auf jeden Fall ist eine gründliche Vorablektüre empfohlen, um einschätzen zu können, ob dieser Roman für die entsprechende Schülergruppe geeignet ist.

Tipps für den Unterricht

Die Oscar prämierte Verfilmung von Lewis Milestone „All quiet on the Western Front“ (1930) bietet eine hervorragende Möglichkeit zum Vergleich von Text und Film sowie zur Filmanalyse.

Aufgrund der episodischen Erzählstruktur kann der Roman durchaus auch in Auszügen gelesen werden. Dabei bieten sich die Episoden um den groben Ausbilder Himmelstoß an, der später als Soldat an die Front zu „seinen Jungs“ kommt, außerdem noch das „Kaisergespräch“ und weitere Gespräche der Kameraden über den Krieg und den Sinn des (Soldaten-)Lebens.

Unterrichtshilfen

- Milestone, Lewis: Im Westen nichts Neues (Film), Universal Pictures, 1930
- Huesmann, Michael: Filmheft: Im Westen nichts Neues
- Blickpunkt. Text im Unterricht. Im Westen nichts Neues. Anregungen für produktionsorientiertes Lernen. Beyer Verlag, 2005

Bewertung

Bedeutung	★★★★☆	einer der bekanntesten Antikriegsromane der deutschen Literatur
Attraktivität	★★★★☆	spannende, episodische Handlung; hohe Betroffenheit des Lesers; einfache Reportersprache.

Wertigkeit	★★☆☆☆	Verrohung des Menschen im Krieg; Kritik an Kriegs- und Gewaltbegeisterung; Darstellungsform der Schrecken des Krieges zwischen Realismus und Zurückhaltung

Klasse: 2 3 4 5 6 7 8 9 **10 11 12 13**
Schulart: GS HS **RS GYM**
Bearbeitung: se

Yasmina **Reza** (* 1959)

Der Gott des Gemetzels

(2006)
Theaterstück

Ausgaben

- Libelle-Verlag, 93 Seiten

Inhalt

Nachdem der elfjährige Ferdinand seinem Schulkameraden Bruno bei einem Streit mit einem Stock zwei Zähne ausschlägt, treffen sich die Eltern der Jungen zu einem Gespräch über den Vorfall. Veronique und Michel, die Gastgeber und Eltern Brunos, sowie Annette und Alain, die Eltern Ferdinands, bemühen sich um eine höfliche Atmosphäre. Veronique ist eine sozialkritische Schriftstellerin, die an einem Buch über den Darfur-Konflikt arbeitet. Ihr Mann Michel ist Großwarenhändler. Annette arbeitet als Vermögensberaterin und Alain ist Jurist eines großen Pharmazieunternehmens. Während Brunos Eltern zu Anfang durchaus bereit zur Vergebung sind, geben sich Alain und Annette schuldbewusst. Das höfliche Gespräch wird die ganze Zeit über durch Alains Handy unterbrochen, da er gefordert ist, einen aufkeimenden Medikamentenskandal des von ihm vertretenen Pharmaziekonzerns zu vertuschen.

Nach und nach drängen mehr Details über die Lebensläufe der Personen an die Oberfläche und lösen erst kleine, später größere Krisen im Beziehungsgeflecht aus. Veronique und Michel können so zum Beispiel die Verurteilung der Gewalt Ferdinands nicht mehr uneingeschränkt aufrechterhalten, als bekannt wird, dass Michel den Hamster seiner Kinder aus Ekel auf die Straße gesetzt hat. In wechselnden Koalitionen werfen sich die Personen gegenseitig ihre Fehler und Schwächen vor. Die Situation eskaliert, als sich Annette auf kostbare Kunstbände der Gastgeber übergibt. Sie begibt sich in die Offensive, ertränkt das nervende Handy ihres Mannes und wirft Bruno vor, Ferdinand provoziert zu haben. Das Gespräch, das zu Anfang nach bürgerlichen Manieren ablief, gipfelt in

Chaos und Streit. Nur Alain fühlt sich bestätigt, der nie an Ideale wie Gerechtigkeit oder Frieden, sondern immer an den „Gott des Gemetzels" geglaubt hat.

Biografische Skizze
Yasmina Reza wird 1959 in Paris geboren, wo sie ihre gesamte Jugend in wohlgeordneten Verhältnissen verbringt. Diese stehen ganz im Gegensatz zur Geschichte ihrer jüdischen Familie, die mehrfach vor Vertreibung fliehen musste.

Heute ist Reza die weltweit meistgespielte zeitgenössische Dramatikerin. Der Durchbruch gelingt ihr früh mit dem Theaterstück „Kunst" (Art). Auch für den „Gott des Gemetzels" (Le dieu du carnage) erhielt sie zahlreiche Preise.

Wertorientierte Beurteilung
Was als Gespräch beginnt, endet im „Kampf aller gegen alle" (Hobbes). Nicht nur die Paare stehen sich am Ende des Abends als Feinde gegenüber, sondern auch die Partner selbst. Das Stück schildert den Zerfallsprozess der bürgerlichen Moral und Höflichkeit.

Das Kernproblem der Eskalation liegt darin, dass jede der Personen etwas wertschätzt, das sie zu verteidigen bereit ist. So bringen die sarkastisch-kritischen Äußerungen Michels gegenüber Veroniques Idealen einer friedlichen Welt diese dazu, handgreiflich zu werden. Auch die stets distanziert-überlegene Natur Alains bricht zusammen, als seine Frau das ständig klingelnde Handy in der Blumenvase versenkt: „Das ist mein Leben!" So wie der Wunsch des jugendlichen Ferdinands, der nicht in die Clique Brunos aufgenommen wurde, ihn zu aggressivem Verhalten bewegte, so werden auch die Eltern zu Kämpfern, wenn es an ihr „Heiligstes" geht. Damit entlarvt Reza die Kehrseite der relativistischen Weltanschauung: Wofür lohnt es sich zu kämpfen? Gruppenzugehörigkeit? Ideale? Das Handy? Am Ende des Stücks sind alle gleich: Opfer, Täter, Eltern, Kinder. Sie werden regiert vom „Gott des Gemetzels", nämlich dem Drang, für das aus ihrer Sicht Wertvollste zu kämpfen. Doch in der Orientierungslosigkeit einer atheistisch-pluralistischen Welt kann nicht bestimmt werden, was tatsächlich heilig ist und was nicht. Woher weiß man, was im Leben wichtig ist? Und wie verhält man sich, wenn dasjenige bedroht wird? Die Antwort der Welt stellt Reza dar, es ist die Antwort des „Gottes des Gemetzels". Die Gegendarstellung der Bibel mit dem

„Gott der Barmherzigkeit" liefert viele Vergleichspunkte. „Wo euer Schatz ist, da ist auch euer Herz" (Mt 6,21).

Zur Ehrlichkeit der Darstellung gehört es, dass sich am Ende die infantilen Eltern einander wie Kinder beschimpfen. Dabei fallen an einer Textstelle zwei derbe Beleidigungen (Arschloch, Schwuchtel). Die Drastik der Darstellung zeigt die vollständige Rückentwicklung der Eltern auf das Kindsniveau. Es sollte eine individuelle, bewusste pädagogische Entscheidung sein, ob dieser Text die Reinheit der Leser berührt oder die Lebenswirklichkeit lediglich ehrlich thematisiert.

Tipps für den Unterricht

Es liegt nahe, über eine Anknüpfung an ähnliche Vorfälle in der Klasse oder im Leben der Schüler (Schlägerei, Konflikt, Elterngespräch) eine Verbindung mit dem Stück herzustellen. Der Perspektivwechsel hin zur Elternsicht wird im Stück vollzogen und kann im Unterricht thematisiert werden: Was ist Eltern wichtig? Was macht einen Erwachsenen aus?

Eine Thematisierung der Begründung von Moral ist in der Behandlung unerlässlich. Einerseits kann Moral als evolutionär sich entwickelnde, subjektive Konstruktion angesehen werden, andererseits als verbindliche, objektive Vorgabe des Schöpfers der Menschen.

Das Werk muss nicht zwingend im Deutschunterricht behandelt werden. Eine Eingliederung in den Französischunterricht („Le dieu du carnage") der Oberstufe ist durchaus vorstellbar, da die Dialoge eher einfach und nah an der Lebenswelt der Schüler sind.

Unterrichtshilfen

- Polanski, Roman (Regie): Der Gott des Gemetzels (Film), Constantin Film, 2011
- Pädagogisches Begleitmaterial des Schauspielhauses Dortmund, http://www.theaterdo.de/uploads/events/downloads/Gott_des_Gemetzels_Begleitmaterial.pdf)

Bewertung

Bedeutung	★★★☆☆	bekannt durch Verfilmung; ein „moderner Klassiker“, nicht Teil des üblichen Bildungskanons
Attraktivität	★★★★☆	sehr humorvolle Handlung; kurzes Stück; leicht lesbar; nah an der Lebenswirklichkeit der Jugendlichen
Wertigkeit	★★★☆☆	zeigt die Grenzen bürgerlicher Moral auf; Dekonstruktion des Relativismus; das Stück selbst bietet keine Lösung an; teilweise derbe Sprache

Klasse: 2 3 4 **5 6** 7 8 9 10 11 12 13
Schulart: GS **HS RS GYM**
Bearbeitung: se

Agnes **Sapper** (1852-1929)

Die Familie Pfäffling

(1909)

Jugendroman

Ausgaben

- Omnium Verlag, 237 Seiten

Inhalt

„Wie wenig Unterschied war doch im Grund bei aller äußeren Verschiedenheit zwischen dem, was hier und was im einfachen Hause die Herzen bewegte. Der russische General, der reiche Geschäftsmann und er, der schlichte Musiklehrer, schließlich hatten sie alle das gleiche Herzensanliegen. Geld und Gut allein befriedigte keinen, um ihre Kinder sorgten sie sich, tüchtige Söhne wollten sie alle, und das konnte ein armer Musiklehrer so gut oder leichter haben als die Reichen."

Der Musiklehrer Pfäffling lebt mit seiner Frau und den sieben Kindern und der Küchenhilfe Walburg in einer süddeutschen Stadt in einer Mietswohnung. Der Familienalltag bringt viele Freuden und Herausforderungen. Schulbücher für die sechs Ältesten müssen gekauft, Arztrechnungen beglichen und hungrige Mäuler gestopft werden. Das ist nicht leicht für Herrn Pfäffling, aber er tut sein Bestes und hält auch seine Kinder an, ehrlich und arbeitsam zu sein. Gemeinsam gehen die Pfäfflings auch durch schlimme Zeiten, als ihnen Geld gestohlen wird oder der Vater seinen versprochenen Lohn nicht erhält. Durch seine Arbeit lernt der Vater auch reiche Familien kennen und sieht, dass das Wichtigste für die Familie nicht der finanzielle Reichtum ist, sondern dass die Kinder zu freundlichen, dienstbereiten und tüchtigen Erwachsenen heranwachsen. Am Ende darf sich die Familie doch noch über eine Beförderung des Vaters freuen: Herr Pfäffling bekommt die Stelle als die Direktor einer Musikschule.

Biografische Skizze

Agnes Sapper (geborene Brater) wird 1852 in München geboren. Ihr Vater ist Karl Brater, der Redakteur und Politiker war und die Süddeutsche Zeitung gründete. Ihre Mutter, Pauline (geb. Pfaff) wurde früh Witwe und lebte in ärmlichen Verhältnissen. Neben ihren eigenen zog sie die Kinder ihres verstorbenen Bruders auf und vermietete Zimmer.

1875 heiratet Agnes den Stadtschultheiß Eduard Sapper. Sie bekommt fünf Kinder, von denen aber zwei Söhne bereits im Kleinkindalter sterben. Sie unterrichtet in einer Sonntagsschule und beginnt auf Anregung ihres Mannes ab 1882 ihre schriftstellerische Tätigkeit. Sie veröffentlicht hauptsächlich Familien- und Jugenderzählungen, aber auch Erziehungsbücher. Ihr bekanntestes Werk ist „Die Familie Pfäffling“ und dessen Fortsetzung „Werden und Wachsen“.

Wertorientierte Beurteilung

Agnes Sapper hat dieses Buch ihrer Mutter zum 80. Geburtstag gewidmet und sagt: „Was ich in diesem Buch zeigen möchte, das ist deine eigene Lebenserfahrung. Du hast uns vor Augen geführt, welcher Segen die Menschen durchs Leben begleitet, die im großen Geschwisterkreis und in einfachen Verhältnissen aufgewachsen sind, unter dem Einfluss von Eltern, die mit Gottvertrauen und fröhlichem Humor zu entbehren verstanden, was ihnen versagt war.“

Dieses Buch vermittelt ein biblisches Familienbild: Die Kinder ehren Vater und Mutter und folgen ihnen in Gehorsam und Respekt, sie helfen im Haushalt und lieben einander. Vater Pfäffling leitet und schützt seine ihm Anvertrauten, auch in geistlicher Hinsicht. In einer Geschichte etwa nimmt der Vater seinem Sohn Frida die geliebte Geige weg, weil er über dem Üben alle Pflichten versäumt. Frida erhält sie wieder, nachdem er sich bessert und seine Sünde begreift. Die Erzählung ist dabei frei von aller naiven Überhöhung. Die Pfäffling-Kinder sind keine Engel, können aber in ihrem Vollbringen und Scheitern als Vorbilder der heutigen jungen Generation dienen.

Ein durchziehendes Thema des Romans ist der finanzielle Mangel der Musiklehrer-Familie. Vater Pfäffling erlangt zwar am Ende den ersehnten Posten als Direktor der Musikschule, doch der Weg bis dorthin ist steinig und von Misserfolgen geprägt. Misserfolge allerdings, die für die Familie zum Segen werden. Sie haben wenig, weswegen jeder zählt. Sie leiden Mangel, weswegen jeder sich bescheidet. Gerade für unsere Überflussgesellschaft ist Sappers Roman eine Provokation: Weniger ist mehr,

Armut zwingt zu Fleiß, Entbehrung fördert Tugend und in einer großen Familie zählt jede helfende Hand.

Tipps für den Unterricht

Der Familienroman schildert das Leben einer großen Familie um die Jahrhundertwende und bietet daher viele Vergleichsaspekte für die moderne Art und Weise, wie Familie gelebt wird. Solche Aspekte können sein: Single-income vs. Doppelverdiener, Kinderschar vs. Kinderarmut, Eltern als Autorität vs. Eltern als Kumpel, Familien-AG vs. Familien-WG.

Der Roman ist in Kapitel unterteilt, die vielfach abgeschlossene Episoden im Leben der Familie Pfäffling darstellen. Soll nicht das ganze Buch gelesen werden (etwa weil es die Lesekompetenz der Klasse über fordert), kann eine dieser Teilgeschichten herausgegriffen und pars pro toto behandelt werden. Im zehnten Kapitel trifft z. B. der reiche Hoteldirektor auf die armen Pfäfflings und muss feststellen, dass „Wohlleben" und „wohl leben" nicht das Gleiche sind: Geld kauft weder Familienglück noch segensreiche Kinder.

Unterrichtshilfen

- ZEIT-Kinderedition: Agnes Sapper berichtet über die Freuden und Ängste einer Erstklässlerin am Ende des 19. Jahrhunderts: http://www.zeit.de/2006/16/KBE-Sapper_Gretchen
- Gekürztes Hörbuch: Familie Pfäffling. Kehl Audio. Spieldauer 120 min.
- Gekürztes Hörbuch: Das kleine Dummerle, Kehl Audio 2008

Bewertung

Bedeutung	★★★☆☆	Mitte des 20. Jh. eines der meistgelesenen Kinderbücher im deutschsprachigen Raum
Attraktivität	★★★☆☆	leicht lesbar; durch episodischen Aufbau auch in Ausschnitten rezipierbar; Identifikation fällt aufgrund der historischen Distanz für den kindlichen Leser eher schwer
Wertigkeit	★★★★☆	idyllisches, traditionelles Familienbild trotz finanzieller Nöte; Tugenden wie Gehorsam, Ehrlichkeit und Fleiß spielen eine große Rolle; nicht explizit christlich

Klasse: 2 3 **4 5 6** 7 8 9 10 11 12 13
Schulart: **GS HS RS GYM**
Bearbeitung: mkh

Edzard **Schaper** (1908-1984)

Die Legende vom vierten König

(1962)

Weihnachtslegende

Ausgaben

- Artemis & Winkler, Taschenbuch, 98 Seiten

Inhalt

Die vorliegende Erzählung berichtet von einen König aus dem fernen Russland, der sich neben den drei im Matthäusevangeliums erwähnten Sterndeutern auf den Weg machte, um den verheißenen Erlöser zu suchen. Als Geschenke nimmt er das Beste mit, was sein Land zu bieten hat, was für seine bodenständige und schlichte Art spricht: Honig, Leinen (denn ein Säugling braucht ja Windeln), aber auch Edelsteine.

Auf seiner langen Reise begegnet der Fürst mancherlei Bedürftigen, denen er mit dem, was er mit sich führt, weiterhilft. Ob Bettler, Obdachloser oder notleidende Mutter: In all diesen Menschen begegnet der Protagonist Jesus (vgl. Mt 25,40). Doch „Die Legende vom vierten König" erschöpft sich nicht im Dienst am Nächsten, denn das göttliche Kind in der Krippe fordert keineswegs bloß Gaben, sondern den Einzelnen selbst. Als der König aus Russland alles gegeben hat, bleibt ihm tatsächlich nichts anderes als sein Leben. Dieses gibt er hin, damit ein anderer bei seiner Familie bleiben kann.

33 Jahre lang muss der Held auf einer Galeere rudern, dann ist er derart verbraucht, dass man ihn halb tot an Land wirft. Mit letzten Kräften schleppt er sich auf einen Hügel, wohin ihn eine Menschentraube drängt: Da fällt vom Holz des Kreuzes ein Blutstropfen auf ihn nieder, der wertvoller ist als alle Edelsteine, die er hätte bringen können. Der vierte König suchte das Jesuskind vergebens, findet aber schließlich seinen Heiland unter dem Kreuz auf Golgatha.

Biografische Skizze
Edzard Schaper wird als elftes Kind eines Militärbeamten in Posen geboren. Er bricht das Abitur ab, arbeitet als Regieassistent, als Gärtnergehilfe und als Matrose, ehe er als Journalist für eine US-amerikanische Nachrichtenagentur tätig wird. 1940 flieht Schaper nach Finnland, wo er als Soldat dient. Während des Krieges wird er sowohl von deutscher wie auch sowjetischer Seite zum Tode verurteilt. Ab 1927 schreibt Schaper christliche Erzählungen; 1951 tritt er vom orthodoxen Glauben zum römisch-katholischen über. In der Nachkriegszeit erhält der Autor zahlreiche
Ehrungen, etwa den Konrad-Adenauer-Preis für Literatur, den Fontane-Preis sowie die Ehrendoktorwürde der Universität Freiburg in Üechtland.

Wertorientierte Beurteilung
In den Medien wird das Jesuskindlein so sehr verniedlicht, dass es sich um eine völlig andere Person zu handeln scheint als um jene, die Jahre später auf Golgatha gekreuzigt wurde. Die angezeigte Weihnachtslegende reißt die Menschwerdung Gottes aus ihrem allzu vertrauten Kontext heraus und lässt uns aus der Perspektive des vierten Königs einen neuen Zugang zu unserem Heiland finden. Nicht wir vermögen ihm etwas zu bringen, sondern er hat uns alles gebracht (vgl. 1Jo 4,10).

Zunächst zeigt sich die Gottesliebe des Suchenden in der Nächstenliebe. Aber dann zieht ihn Gott zu sich und fordert ihn selbst: Der König kommt erst gar nicht dazu, im betulichen Rahmen seine Geschenke loszuwerden, denn er muss völlig von sich selbst absehen und alles hingeben, um seine Berufung zu erfüllen. Zuletzt begegnet er unverdient und ohne dass er damit gerechnet hätte Jesus, der ihm einen kostbaren Tropfen seines Blutes, also die Erlösung, schenkt. Weihnachten führt zum Kreuz und zur Auferstehung. Dies ist die Botschaft des Buches.

Tipps für den Unterricht
Das Weihnachtsgeheimnis muss neu entdeckt werden. Viele Menschen kennen es gar nicht mehr, an manchen Orten wird das Fest nur noch rein kommerziell gefeiert. 2013 wollte man in Berlin-Kreuzweg sogar verbieten, öffentlich weihnachtliche Symbole zu zeigen.

„Die Legende vom vierten König“ ist eine empfehlenswerte Lektüre für den Advent, die im Deutschunterricht gelesen und im Fach Religion vertieft werden kann. Da es um die Suche nach Gott geht und die Annahme Jesu als Heiland, sollte es für einen bibelfesten Lehrer kein Problem sein, das Thema auszuweiten oder zu vertiefen.

Die vielen Episoden ermöglichen es, den Text zu einem Theaterstück mit vielen Rollen auszuarbeiten, was in der Schule von Vorteil ist, damit sich jeder einbringen kann.

Unterrichtshilfen

- Mellies, Otto (Sprecher), Die Legende vom vierten König, Patmos 2006
- Schaper, Edzard, Weihnachtliche Geschichten, Hörbuch (Christophorus) 2000
- Ekblad und Sieger (Regie), Der vierte König, Zeichentrickfilm, FWU-Schule und Unterricht DVD 46 10537, 2005
- Kurzfassung: http://www.luellemann.de/txt-244.htm
- Zum Autor: http://www.bbkl.de/s/s1/schaper_e.shtml

Bewertung

Bedeutung	★★★☆☆	russische Legende neu erzählt
Attraktivität	★★★★☆	kurze Episoden machen das Lesen leicht
Wertigkeit	★★★★★	Geschichte, welche man gut für eine Evangelisation nutzen kann; lässt uns Weihnachten nochmals neu entdecken (nämlich mit dem Blick von Ostern aus)

Klasse: 2 3 4 5 6 7 **8 9 10** 11 12 13
Schulart: GS HS **RS GYM**
Bearbeitung: se

Friedrich Schiller (1759-1805)

Der Verbrecher aus verlorener Ehre

(1786)

Erzählung

Ausgaben

- Reclam (mit weiteren Erzählungen), 63 Seiten

Inhalt

Christian Wolf ist Halbwaise, missgestaltet, aus ärmlichen Verhältnissen kommend – keine guten Voraussetzungen, um seine geliebte Johanna für sich zu gewinnen. Um sich gegen seinen Nebenbuhler Robert zu behaupten, beginnt Christian in den fürstlichen Wäldern zu wildern. Die reichen Geschenke für Johanna machen Robert aufmerksam. Er erwischt Christian bei der Freveltat und erstattet Anzeige. Christian kauft sich mit all seinem Hab und Gut frei, doch er begeht wieder Wilddiebstahl. Nun muss er ein Jahr ins Zuchthaus, wonach Christian zwar versucht, Anschluss an die Gesellschaft zu finden, doch niemand möchte ihn einstellen, nicht mal als Schweinehirten (der „letzte verlorene Posten des ehrlichen Namens"). Er wildert wieder und wird wieder gefangen. Nun muss er drei Jahre auf die Festung, wo die Tyrannei der Wärter und die Gräueltaten der Mitgefangenen ihn gänzlich verrohen und einen Hass auf alles Menschliche entzünden. Fortan will er nicht mehr aus Not seine Verbrechen verüben, sondern aus Vorsatz. Als er daraufhin auf Jagd geht, sieht er Robert im Wald auf denselben Hirsch zielen, den Christian auch verfolgt. Hin und her gerissen entscheidet sich Christian zum Mord – eine Tat, die stets auf seinem Gewissen liegen wird.

Auf seiner Flucht begegnet er einer Bande von Räubern, die ihm als dem berüchtigten und gefürchteten „Sonnenwirt" Ehre und Respekt erweisen. Er steigt gar zum Hauptmann der Bande auf und findet das, was er in der bürgerlichen Gesellschaft nie erhalten hat: Zuneigung und Zugehörigkeit. Doch bald entpuppt sich dieses Bild als romantische Illusion, auch quält ihn sein seit jeher waches Gewissen. Er wagt einen letzten Versuch, in die bürgerliche Gesellschaft zurückzukehren, indem er als Soldat und ehrlicher Mann seinem Herrn dienen will. Er flieht die Räuber, doch bei einer Grenzkontrolle wird er als Krimineller entlarvt und überwältigt. Dem alten und vertrauenswürdigen Amtmann erschließt Christian Wolf seine wahre Identität: „Sie stehen noch einen Schritt von der Ewigkeit, bald – bald brauchen Sie Barmherzigkeit bei Gott. Sie werden sie Menschen nicht versagen. [...] Schreiben Sie es Ihrem Fürsten, wie Sie mich fanden und dass ich selbst aus freier Wahl mein Verräter war – dass ihm Gott einmal gnädig sein werde, wie er jetzt mir es sein wird – bitten Sie für mich, alter Mann, und lassen Sie dann auf Ihren Bericht eine Träne fallen: Ich bin der Sonnenwirt."

Biografische Skizze

Schiller wird im Jahr 1759 in Marbach am Necker geboren. Sein Vater ist Arzt und Offizier – zwei Laufbahnen, die auch der junge Schiller bestreiten soll. Auf der Militärakademie beginnt Friedrich zunächst ein Jura-Studium, was ihn aber nicht zufriedenstellt. Dazu kommt der harte militärische Drill mit häufigen Strafen. Er wechselt daraufhin zur Medizin, pflegt das Tabakschnupfen und auch die Literatur. Sein Drama „Die Räuber" ist ein ungeheurer Erfolg bei der freiheitsliebenden Jugend. Schillers Landesvater ist nicht begeistert und belegt ihn mit Schreibverbot. Schiller flieht und landet nach einigen anderen Aufenthalten in Weimar, wo er Herder, Wieland und später Goethe kennenlernt. Er übernimmt – unbezahlt! – eine Professur in Jena, wird später aber Hofrat und zieht in das später als Schillerhaus bezeichnete Haus in Weimar, von wo aus er eine freundschaftliche Beziehung zu Goethe pflegt. Das Dichterfürstenpaar hat sich gefunden. Schiller ist inzwischen weithin als Schriftsteller bekannt. Während sich seine finanzielle Situation verbessert, verschlechtert sich sein Gesundheitszustand zusehends. Er stirbt 1805 an Tuberkolose.

Schiller ist vom „Sturm und Drang" seiner Zeit beeinflusst: Literarisch kündigt sich eine neue Generation an, die mit den strengen Regeln der „Poeterei" bricht. Politisch schwelen Freiheitsgedanken und Nationalismus in deutschen Landen, die durch die Französische Revolution befeuert werden zum Ruf „Freiheit, Gleichheit, Brüderlichkeit". Philosophisch steht er Rousseau nahe: Die Natur erschaffe alles wohlgeordnet und gut, die menschliche Kultur aber zerstört und verdirbt.

Wertorientierte Beurteilung

„In der ganzen Geschichte des Menschen ist kein Kapitel unterrichtender für Herz und Geist als die Annalen seiner Verirrungen.“ Mit dieser Aussage beginnt die „wahre Geschichte“ um Christian Wolf, den Verbrecher aus verlorener Ehre. Im kurzen Vorwort erläutert der Autor und Historiker Friedrich Schiller den Grund dieser „Leichenöffnung des Lasters“: „Man hat das Erdreich des Vesuvs untersucht, sich die Entstehung seines Brandes zu erklären; warum schenkt man einer moralischen Erscheinung weniger Aufmerksamkeit als einer physischen? Warum achtet man nicht in eben dem Grade auf die Beschaffenheit und Stellung der Dinge, welche diesen Menschen umgaben, bis der gesammelte Zunder in seinem Inwendigen Feuer fing?“ Christian Wolf ist mehrfach rückfälliger Täter, Räuberhauptmann sogar. Schillers Erzählung minimiert diesen Umstand auch nicht, noch weniger entschuldigt der Text seine Taten. Wolf wird als „bequem“, „unwissend“, „weichlich“ beschrieben. Er ist getrieben von Selbstsucht, nämlich gerade jene „Ehre“ in seiner kleinen Dorfgesellschaft aufzubauen, die er verliert, was ihn zum Verbrecher macht.

Schillers Erzählung ist kein milder Richter über Wolfs Taten. Sie will vielmehr den Eisberg unter der zerstörerischen Kuppe zeigen, die vielen Enttäuschungen, Schmerzen und Ängste, die Mord und Raub nicht ungeschehen machen, aber doch den Täter als Mensch erscheinen lassen, dem neben Strenge auch Mitleid gebührt. Wolf wird nicht zum Kriminellen, weil er das Böse liebt, sondern sich selbst. Doch das unterscheidet ihn nicht von den vermeintlich „Guten“ der Geschichte. Auch Roberts lauerndes Auge ist von „Eifersucht“ getrieben. Würde, so die Vorrede, das Menschengeschlecht einmal nach Neigungen und Trieben klassifiziert werden, „so würde man erstaunen, wenn man so manchen, dessen Laster in einer engen bürgerlichen Sphäre und in der schmalen Umzäunung der Gesetze jetzt ersticken muss, mit dem Ungeheuer Borgia in einer Ordnung beisammen fände.“ Wie vielen guten Taten der Menschen liegen zweifelhafte Motive zugrunde, die auf Bereicherung, Wohlleben, Respekt und Ehre abzielen? Und wenn der Mantel von allen Dingen abfällt und die innersten Beweggründe offenbar werden, wie viele werden sich dann schämen müssen, die im Leben als Vorbild galten? „Denn worin du den andern richtest, verdammst du dich selbst, weil du ebendasselbe tust, was du richtest“ (Röm 2,2; vgl. Mt 7,1).

Tipps für den Unterricht

Das Thema des „Verbrechens" spielt in Schillers Werk immer wieder eine Rolle. Ob der Tyrannenmörder Damon („Die Bürgschaft"), Fiesco oder die Gebrüder Moor („Die Räuber") – Schillers Protagonisten stehen (wie der junge Autor selbst) häufig zwischen Gesetz und Gerechtigkeit. Ein Textvergleich bietet sich hier ebenso an wie eine allgemeine Diskussion über das Verhältnis von Positivem zum Naturrecht.

Unterrichtshilfen

- Madsen, Henrik, Madsen, Rainer: EinFach Deutsch – Unterrichtsmodelle. Der Verbrecher aus verlorener Ehre: Klassen 8-10. Schöningh Verlag 2002
- Mettler, Heinrich, Lippuner, Heinz: „Der Verbrecher aus verlorener Ehre" und „Wilhelm Tell". Vom Räuberhauptmann zum Erretter der Eidgenossenschaft: http://www.mediaculture-online.de/fileadmin/bibliothek/mettler-lippuner_verbrecher/mettler-lippuner_verbrecher.pdf

Bewertung

Bedeutung	★★★★☆	eines der bekanntesten Prosastücke Schillers, wiewohl sein Prosawerk gegenüber den Dramen und lyrischen Texten etwas zurückbleibt
Attraktivität	★★★☆☆	hypotaktische Satzkonstruktionen und Sprache der Goethezeit stellen Rezeptionshürden dar; kurzer Text mit psychologischer Tiefe; spannende Kriminalgeschichte
Wertigkeit	★★★☆☆	Die „Leichenöffnung des Lasters" zeigt, dass jeder Mensch zum Bösen fähig ist, weswegen sich das Richten anderer verbietet; keine per se christliche Perspektive.

Klasse: 2 3 4 5 6 7 8 **9** **10** 11 12 13
Schulart: GS HS RS **GYM**
Bearbeitung: se

Friedrich Schiller (1759-1805)

Wilhelm Tell

(1804)

Theaterstück

Ausgaben

- Schöningh, 175 Seiten (mit Materialien)
- Reclam, 160 Seiten
- Hamburger Leseheft, 96 Seiten

Inhalt

Die Landvögte regieren über das ehemals freie Schweizer Land und sollen der Kaiserkrone das widerspenstige Volk gefügig machen. Dazu ordnet der Landvogt Gessler an, dass sein Hut auf eine Stange gesetzt werde und dass alle Menschen ihr jene Reverenz erweisen, die ihm als Statthalter des Kaisers gebührt. Zuerst findet die Neuerung nur Gelächter, später wandelt sie sich in Erbitterung über das harte Joch der Vögte, die ihre Gewalt in Willkür ausüben.

Angeregt durch ihre Grausamkeiten versammeln sich Männer aus allen Kantonen auf der Rütliwiese, unter ihnen Werner Stauffacher, Arnold vom Melchthal und Walther Fürst, die Führungsrollen einnehmen. Alle Männer schwören den Aufstand gegen die Vögte und ihre festen Burgen. Tell ist nicht unter den Verschwörern. Er ist kein Mann des Wortes, sondern einer der Tat.

Der dramatische Höhepunkt des Stücks ist die berühmte Apfelschuss-Szene. Als Tell unbedacht dem aufgestellten Hut die Ehre verweigert, wird er festgenommen. Der ankommende Vogt spitzt die Situation zu, indem er verlangt, dass Tell einen Apfel vom Kopf seines Sohnes Walter schießt. Der Schuss gelingt, doch auf die Frage, warum Tell einen zweiten Pfeil vor dem Schuss gezogen habe, bekennt Tell freimütig: „Mit diesem zweiten Pfeil durchschoss ich – Euch, wenn ich mein liebes Kind getroffen hätte, und Eurer – wahrlich! hätt ich nicht gefehlt.“ Tell wird daraufhin festgenommen, kann aber vom Schiff, das ihn in die Festung bringen soll entfliehen. Er setzt dem Leben des Landvogts mit einem Schuss durch das Herz ein Ende.

Im letzten Aufzug sind die Burgen bereits gefallen, der Aufstand hat gesiegt. Der zeitweise den Vögten nahestehende adlige Bannerherr Rudenz bekennt sich offen zum freien Schweizer Land und schließt das Stück mit den Worten: „Und frei erklär ich alle meine Knechte."

Biografische Skizze

Schiller wird im Jahr 1759 in Marbach am Necker geboren. Sein Vater ist Arzt und Offizier – zwei Laufbahnen, die auch der junge Schiller bestreiten soll. Auf der Militärakademie beginnt Friedrich zunächst ein Jura-Studium, was ihn aber nicht zufriedenstellt. Dazu kommt der harte militärische Drill mit häufigen Strafen. Er wechselt daraufhin zur Medizin, pflegt das Tabakschnupfen und auch die Literatur. Sein Drama „Die Räuber" ist ein ungeheurer Erfolg bei der freiheitsliebenden Jugend. Schillers Landesvater ist nicht begeistert und belegt ihn mit Schreibverbot. Schiller flieht und landet nach einigen anderen Aufenthalten in Weimar, wo er Herder, Wieland und später Goethe kennenlernt. Er übernimmt – unbezahlt! – eine Professur in Jena, wird später aber Hofrat und zieht in das später als Schillerhaus bezeichnete Haus in Weimar, von wo aus er eine freundschaftliche Beziehung zu Goethe pflegt. Das Dichterfürstenpaar hat sich gefunden. Schiller ist inzwischen weithin als Schriftsteller bekannt. Während sich seine finanzielle Situation verbessert, verschlechtert sich sein Gesundheitszustand zusehends. Er stirbt 1805 an Tuberkolose.

Schiller ist vom „Sturm und Drang" seiner Zeit beeinflusst: Literarisch kündigt sich eine neue Generation an, die mit den strengen Regeln der „Poeterei" bricht. Politisch schwelen Freiheitsgedanken und Nationalismus in deutschen Landen, die durch die Französische Revolution befeuert werden zum Ruf „Freiheit, Gleichheit, Brüderlichkeit". Philosophisch steht er Rousseau nahe: Die Natur erschaffe alles wohlgeordnet und gut, die menschliche Kultur aber zerstört und verdirbt.

Wertorientierte Beurteilung

Das Stück ist nicht zuletzt ein politisches. Vor dem historischen Hintergrund der blutigen Französischen Revolution und ihrer noch blutigeren Nachwehen verfasst Schiller die Geschichte einer „Musterrevolution". Den Dreiklang aus liberté, egalité, fraternité greift er dabei auf: Freiheit ist ohne Zweifel der höchste Wert der Schweizer Lande, für den seine

Bürger selbst zum letzten Mittel greifen. Brüderlichkeit herrscht in der Solidarität der Kantone untereinander, der sich im Rütlischwur manifestiert. Auch die Gleichheit verwirklicht sich am Ende, wenn Adel und Landmann zusammen gegen den Tyrannen ziehen, in Freundschaft verbunden.

Bemerkenswert ist der pazifistische Charakter des Stücks. So ruft Walther Fürst zwar unmissverständlich zum Aufstand auf, „doch, wenn es sein mag, ohne Blut". Der Mord Tells am Landvogt Gessler folgt einer anderen Logik: Notwehr sei die Tat, denn das Leben von Tells Familie ist vor der Rache des Vogtes nicht sicher, solange er lebt. Der Mord wird gerechtfertigt aus der Figur Wilhelm Tells heraus.

Tell ist ein Prototyp des natürlichen, kulturell nicht verformten Menschen. Er ist vernünftig, rechtschaffen, fleißig und vor allem: ein Mann der Tat („Wer zuviel bedenkt, wird wenig leisten."). Sein Gespür für die Natur und die natürliche Ordnung der Welt lässt ihn jede Situation beherrschen und richtig beurteilen. So auch die Entscheidung zum Mord an Gessler, der das Widernatürliche verkörpert und ins Land gebracht hat. Schiller konstruiert ein Widerstandsrecht, dass sich aus dem Naturrecht ableitet. So sagt auch Stauffacher an der Rütliwiese: „Nein, eine Grenze hat Tyrannenmacht. Wenn der Gedrückte nirgends Recht kann finden, wenn unerträglich wird die Last – greift er hinauf getrosten Mutes in den Himmel und holt herunter seine ew'gen Rechte, die droben hangen unveräußerlich." Diese Auffassung von einem natürlichen, allen Menschen gegebenen Recht steht der Auffassung des Vogtes vom positiven (staatlich gesetzten) Recht gegenüber.

Tipps für den Unterricht

Dass ein Text wie der „Wilhelm Tell" überzeitliche Bezüge aufweist, muss eigentlich nicht erwähnt werden. Doch die Verbindungen zu den politischen Ereignissen der Gegenwart sind selbst für einen „Klassiker" besonders ausgeprägt: beginnend mit der friedlichen Revolution in der DDR 1989 bis hin zum „arabischen Frühling". Vor allem die Aufstände in den arabischen Ländern haben die westlichen Demokratien zusehends vor die Frage gestellt, welche Art von Revolution legitim und effizient ist: militärisches Vorgehen oder politischer Protest?

Schillers Idealimus und sein positives Menschenbild prägen das Stück und den glücklichen Ausgang der Handlung. Der „natürliche Mensch" Tell ist vernünftig, besonnen, milde und tapfer. Ein Vergleich mit dem Bild des gefallenen Menschen der Bibel bietet sich an (z. B. Röm 3). Schillers anthropoligischer Idealismus stammt ideengeschichtlich aus der Renaissance und Aufklärung und findet in der Klassik und auch schon im Sturm und Drang seinen Höhepunkt. Eine Erarbeitung der Epoche unter diesem Aspekt bietet sich z. B. anhand von Goethes „Prometheus“ an.

Das Thema des Tyrannenmordes spielt auch in Schillers Ballade „Die Bürgschaft“ eine zentrale Rolle. In dieser wird der pazifistische Gedanke vollkommen verwirklicht, indem der von der Freundestreue berührte Tyrann um Aufnahme in ihren Bund bittet. Einen Kontrast stellt Gottfried Bürgers Gedicht „Der Bauer an seinen durchlauchtigen Tyrannen“ dar.

Unterrichtshilfen

- Schumacher, Günter: Einfach Deutsch, Unterrichtsmodelle: Friedrich Schiller: Wilhelm Tell: Klassen 8-10. Schöningh Verlag 1999 (Bezug zur Schöningh Textausgabe!)
- Lin, Jean-Claude, Arthen, Herberth [Hrsg.]: Kraftwerk Schiller. Was der Dichter uns heute zu sagen hat. Verlag freies Geistesleben 2009 (nur noch antiquarisch)
- Neubauer, Martin: Friedrich Schiller: Wilhelm Tell. Lektüreschlüssel. Reclam 2004

Bewertung

Bedeutung	★★★★★	Weltliteratur; Schweizer Nationalmythos; eines der meistgespielten Stücke Schillers
Attraktivität	★★★☆☆	spannende, unkomplizierte Handlung; Aktualität des Themas; viele Möglichkeiten handlungs- und produktionsorientierten Arbeitens; Sprache ist herausfordernd
Wertigkeit	★★★☆☆	Anknüpfungsmöglichkeiten zur Diskussion: Menschenbild, Pazifismus, Widerstand, Rechtsverständnis; Text macht festen Glauben der Protagonisten deutlich

Klasse: 2 3 **4 5 6 7** 8 9 10 11 12 13
Schulart: **GS HS RS** GYM
Bearbeitung: mkh

Heidi Schilling (* 1934)

Unter dem Schirm

(1982)
Jugendroman

Ausgaben

- CLV, Taschenbuch, 128 Seiten

Inhalt

Bereits als Kind hatte Roby ihre Mutter verloren. Zusammen mit ihrem Vater lebt sie im Zirkus. Die beiden verbindet nicht nur die Arbeit, sondern auch das gemeinsame Lesen der Bibel. In Psalm 91 entdeckt das Mädchen einen faszinierenden Vers, dessen Sinn sich ihm erst allmählich erschließt: „Wer unter dem Schirm des Höchsten sitzt und unter dem Schatten des Allmächtigen bleibt ..."

Eines Tages muss ein Mitarbeiter den Zirkus wegen Tuberkulose verlassen. Wenige Wochen später stellt sich heraus, dass sich Robys Vater angesteckt hat und er ebenfalls in Quarantäne muss. Von nun an lebt Robby bei Tante Elena und Onkel Nico.

Während des Winters bezieht der Zirkus ein festes Quartier; das Mädchen muss in die Schule, aber in der freien Zeit geht das Training weiter. Früher hatte Robys Mutter zusammen mit Onkel Nico Kunststücke am Trapez aufgeführt, bis ihr Vater es seiner Frau verbat aus Angst, ihr würde etwas geschehen. Immer wieder hatte er in Albträumen seine Frau zerschmettert am Boden gesehen.

Während sich der Vater im Krankenhaus befindet, verlangt Nico von Roby, dass sie die frühere Rolle ihrer Mutter übernimmt. Das Trapez stellt den Mut und den Körper des Mädchens auf eine Belastungsprobe. Trotz ihrer Pein verschweigt Roby ihrem Vater, wozu sie genötigt wird, damit dieser nicht wieder Albträume bekommt.

Roby schöpft Kraft aus der Heiligen Schrift, und als Nico sie beim Bibelstudium sieht, kommt auch er in Berührung mit Psalm 91. Der Onkel ist ergriffen. Das Wort Gottes lässt ihm keine Ruhe. Schließlich kommt nicht nur Robys Vater wieder gesund aus dem Krankenhaus zurück – auch dem Onkel ist Heil widerfahren, denn er ist gläubig geworden.

Biografische Skizze

Heidi Schilling wird 1934 in Schaffhausen (Schweiz) geboren. Wie die Protagonistin des vorliegenden Buches verliert die Autorin als kleines Kind ihre Mutter durch Krebs. Später erlernt Heidi Schilling den Beruf der Krankenschwester und leitet eine Tuberkuloseabteilung. Nach ihrer Heirat mit einem Landwirt wird sie Vollzeitbäuerin. Eines ihrer drei Kinder stirbt im Schulalter an Leukämie.

Heidi Schillings Beziehung zum Zirkus beginnt, als sie der Leiterin eines Zirkusses begegnet. Sie hält Kontakt und besucht immer wieder den Zirkus im nahe gelegenen Winterquartier. Die Autorin ist seit fast 50 Jahren in der Sonntagsschule aktiv, wo sie Kinder leidenschaftlich für die Bibel zu begeistern versteht.

Wertorientierte Beurteilung

Die vorliegende Erzählung ist im evangelisierenden Sinn christlich, aber sie ist zugleich auch schöne Literatur. „Unter dem Schirm" schrieb das Leben. Deswegen ist das Buch so authentisch, so anrührend, so glaubhaft. Nirgends scheint die Geschichte zusammengeschraubt, damit sie passt. „Unter dem Schirm" erzählt vom harten Alltag, von Schicksalsschlägen, vom Tod der Mutter, der Krankheit des Vaters, vom Ausgeliefertsein an den Onkel – und davon, wie Gott alles zum Guten wendet. Das Buch steigert die Melancholie des Zirkus' zur Traurigkeit, es thematisiert existenzielle Erfahrungen, wird aber von einer tiefen Hoffnung getragen, die in Gott gründet. Dabei erfährt nicht nur die Protagonistin eine Wandlung, sondern auch ihre Außenwelt. „Unter dem Schirm" stellt eine Bekehrung dar und eröffnet dem Leser einen Zugang zum christlichen Glauben.

Tipps für den Unterricht

„Unter dem Schirm" spricht für sich. Begleitend zur Lektüre kann über widrige Lebensumstände gesprochen werden, über Krankheit, Verlust, über Umkehr und Vergebung. Das Buch spricht den Leser unmittelbar an und eignet sich sehr gut, um kapitelweise als Andacht vorgelesen zu werden.

Ob nun auch das Thema Zirkus behandelt wird, erscheint zweitrangig. Natürlich werden Fragen nach modernem Nomadentum aufgeworfen, nach Schulpflicht und der Welt der Manege – aber all dies ist eigentlich nur Kulisse für ein wunderbares Kinderbuch, welches auf eine einfühlsame Weise ein Leben mit Gott zum Inhalt hat. Ein Verweis auf Unterrichtshilfen erscheint deswegen in diesem besonderen Fall als überflüssig.

Bewertung

Bedeutung	★★☆☆☆	christlicher Longseller
Attraktivität	★★★☆☆	eine ebenso traurige wie anrührende Geschichte; kurz gehalten, einfach geschrieben – manche Details entsprechen nicht der heutigen Lebenswelt
Wertigkeit	★★★★☆	authentische Bekehrungsgeschichte; Protagonistin wird mit dem Tod der Mutter und der schweren Krankheit des Vaters konfrontiert; sie vergibt ihrem Onkel, der sie als Artistin überfordert

Klasse: 2 **3 4 5** 6 7 8 9 10 11 12 13
Schulart: **GS HS** RS GYM
Bearbeitung: mkh

Gunhild **Sehlin** (1911-1996)

Marias kleiner Esel

(1962)

Weihnachtslegende

Ausgaben

- dtv, 128 Seiten
- Urachhaus, gebunden, 200 Seiten (inkl. „Die Flucht nach Ägypten)

Inhalt

„Marias kleiner Esel“ ist das Geschenk des Zimmermanns Josef an seine Frau, ein zottiges und störrisches Tier, denn der Kleinunternehmer aus Nazareth kann sich keinen besseren Vierbeiner leisten. Aus Liebe zu Jesus wandelt es sich zu einem willigen Helfer, ohne den der Weg nach Bethlehem unmöglich wäre. Gemeinsam mit anderen Tieren freut sich der Esel auf die Geburt des verheißenen Kindes. Rührend wird beschrieben, wie die Vögel in den Jubel einstimmen und der ganzen Schöpfung die frohe Botschaft verkünden.

Das vorliegende Buch erzählt die Weihnachtsgeschichte aus der Sicht eines Außenseiters, den alle für einen Taugenichts halten. Seine Spielgefährten nennen ihn sogar eine Schande für ihre Gattung. Als ihm Anerkennung zuteil wird, ändert sich das schmutzige Tier grundlegend. Auch wenn andere nichts mit ihm zu tun haben wollten, für Jesus ist er wichtig. Die Geschichte geht zu Herzen, ohne an einer Stelle kitschig zu sein. Selbst Räuber bekehren sich durch die Begegnung mit dem Gottessohn. Plötzlich ist ihre Höhle mit Gezwitscher erfüllt und die Mutter Jesu erklärt: „Ich bin nur Maria von Nazareth und Josef ist einfach Josef. Nicht unseretwegen fliegen uns die Vögel nach und beschützen uns die Engel, sondern des Kindleins wegen.“

Biografische Skizze

Gunhild Sehlin ist zunächst Volksschullehrerin in Hultatrop und Vittsjö. Später arbeitet sie für das schwedische Kinderhilfswerk in Jerusalem und in Amman mit Behinderten. Ab 1959 schreibt sie verschiedene Bücher; international bekannt wird sie durch das vorliegende Werk und dessen Fortsetzung „Die Flucht nach Ägypten".

Wertorientierte Beurteilung

Obwohl die Geburt Jesu Christi eine Zeitenwende darstellte, auf die hin unser westlicher Kalender datiert ist, wird der eigentliche Sinn des Festes in breiten Schichten der Bevölkerung kaum mehr verstanden. Weihnachten ist kommerzialisiert, wird überlagert von greller Werbung und humanistischen Hilfsaktionen, welche das Gewissen beruhigen sollen, nachdem der Kaufrausch es in Alarmzustand versetzt hat.

Das Weihnachtsgeheimnis ist in Gefahr, nicht mehr als solches wahrgenommen zu werden, so wie ein Bild, welches nach geraumer Zeit zur Tapete gehört. Die Fleischwerdung des Gottessohnes ist neben Jesu Tod und Auferstehung das zentrale Ereignis der Weltgeschichte. Keine Nachricht sollte uns so berühren wie diese Frohbotschaft. Alles, was dazu beiträgt, Weihnachten mit dem unverbrauchten, staunenden Blick eines Kindes zu sehen, darf eine willkommene Hilfe sein. Ein besonders geeignetes Mittel bietet diese Lektüre, die in jeder Hinsicht kindgerecht und in keiner Weise frömmelnd ist. In altersgemäßer Sprache lässt sie uns mit Spannung auf Weihnachten warten. Deswegen gehört „Marias kleiner Esel" in der Adventszeit für die Grundschule zur Pflichtlektüre. Sie vermittelt etwas vom Seufzen der Schöpfung (Röm 8,22), aber mehr noch von ihrem Jubel bei der Geburt des Erlösers. Dass apokryphe Motive wie Esel oder Räuber vorkommen, braucht nicht weiter zu stören.

Tipps für den Unterricht

Das Buch kann von Beginn der Grundschule an vorgelesen werden und eignet sich später als Ganzschrift für Erstleser. Selbstredend empfiehlt sich, das Buch über mehrere Wochen hinweg begleitend zum Advent zu lesen. Nach beendeter Lektüre kann das unten angegebene Hörspiel als Vergleich dienen; die in ihm enthaltenen Lieder laden zum Mitsingen ein. Etwas weniger gehaltvoll (aber trotzdem schön) ist der Film.

Unterrichtshilfen

- Bruhn, Matthias (Regie), Marias kleiner Esel, Zeichentrickfilm, 2006
- Becker, Rolf (Sprecher), Marias kleiner Esel, Hörbuch (Audiolino) 2005
- Köster, Marita, Marias kleiner Esel, Hörspiel (SchneiderTon) 1992 http://www.materialserver.filmwerk.de/arbeitshilfen/mariaskleineresel_ah.pdf
- Grundschule Religion Heft 21/07, Friedrich Verlag 2007

Bewertung

Bedeutung	★★★☆☆	Klassiker unter den Weihnachtslegenden für Kinder
Attraktivität	★★★★☆	ausgesprochen kindgerecht; originelle Geschichte aus der Sicht eines Außenseiters
Wertigkeit	★★★★☆	Jeder Mensch ist für Jesus wertvoll – Jesus kann uns wandeln; das Buch könnte frömmer sein – andererseits werden auch Kinder aus nicht-gläubigem Elternhaus angesprochen.

Klasse: 2 3 4 5 6 7 8 **9 10 11 12 13**
Schulart: GS HS **RS GYM**
Bearbeitung: se

William Shakespeare (1564-1616)

Der Kaufmann von Venedig

(1600)

Tragödie / Komödie

Ausgaben

- Reclam, 101 Seiten

Inhalt

Der Kaufmann Antonio ist ein reicher und geachteter Bürger der Republik Venedig. Als sein Freund Bassanio um die ebenso schöne wie wohlhabende Porzia von Bermond werben will, wird er mit der Bitte konfrontiert, dem Freund Geld zur Ausstattung zu leihen. Da sein Kapital gerade in Form von Handelsschiffen auf den Weltmeeren unterwegs ist, um sich zu mehren, sieht er als einzigen Ausweg, den verachteten jüdischen Wucherer Shylock aufzusuchen, um sich von ihm Geld zu leihen. Shylock, den ein tiefer Hass mit Antonio verbindet, stellt den Schuldschein aus, vermerkt als „Sühne“, sollte das Geld nicht fristgerecht zurückgezahlt werden, dürfe er ein Pfund Fleisch aus Antonios Körper schneiden. Antonio geht auf den Handel ein.

Unterdessen wirbt Bassanio um Porzia. Nach dem Tod ihres Vaters hat sie einen Eid geleistet, sich ihren Ehegemahl nicht selbst zu wählen. Vielmehr muss sich dieser in einem Rätsel als wahrhafter Liebhaber erweisen. Aus drei Kästlein – gold, silber und bleiern – mit drei Sprüchen muss er jenes wählen, zu dem ihn sein Herz zieht. Bassanio wählt im Gegensatz zu seinen eitlen und gierigen Mitbewerbern das richtige Kästlein und findet in Porzia erwiderte Liebe.

Inzwischen erhärten sich Gerüchte, Antonios Schiffe seien allesamt gescheitert. Tatsächlich ist er nicht in der Lage, zum gesetzten Termin die Schuld zu begleichen. Shylock zerrt ihn gnadenlos vor Gericht und weigert sich, Milde walten zu lassen. Bassanio ist sofort nach seiner erfolgreichen Werbung nach Venedig aufgebrochen und bittet im Gerichtssaal mit Porzias Vermögen um Gnade und bietet zehnfache Erstattung des

Geldes. Allein Shylock besteht auf dem Buchstaben des Gesetzes. Kurz bevor es zur Vollstreckung kommt, taucht Porzia als junger Doktor der Juristerei verkleidet auf und nimmt sich des Streites an. Der Schuldschein sei rechtens und müsse eingehalten werden, erläutert sie unter dem Beifall des Juden. Es sei aber nur von Fleisch, aber von keinem Tropfen Blut die Rede, vergieße er eines davon, begehe er versuchten Mord und sei festzunehmen. Der Jude bricht zusammen, sein gesamtes Vermögen wird beschlagnahmt, er ist gescheitert. Antonio und Bassanio triumphieren.

Biografische Skizze

Wenig Genaues ist über Shakespeare bekannt, ja sogar die Frage, ob er überhaupt Werke schrieb, wird in der (populär-)wissenschaftlichen Diskussion immer noch gestellt. 1564 wird William Shakespeare als Sohn eines Landwirts geboren, der auch ein Bürgermeister Stratfords war. Er absolviert die Lateinschule und heiratet 1582. Dann beginnen die „lost years", aus denen wenige Quellen existieren. 1594 taucht er als Mitglied der Lord Chamberlain's Men wieder auf, die eine der bekanntsten Schauspieltruppen war. Shakespeare schrieb Theaterstücke und war als Geschäftsmann tätig (z. B. Mitbesitzer des *Globe*-Theaters). Sein Ruhm verschaffte ihm eine sichere gesellschaftliche Stellung mit eigenem Haus und Familienwappen. William Shakespeare starb am 23. April 1616.

Wertorientierte Beurteilung

„Wir haben das Stück gesehen, gespielt und vom Publikum aufgenommen als Komödie und die Rolle des Juden dargeboten von einem hervorragenden Komödianten, aber ich meine, dass es vom Autor als Tragödie konzipiert worden ist." Der englische Dichter und Herausgeber der Gesamtausgabe Shakespeares, Nicolas Rowe, fasste so seinen Zweifel zusammen, ob hinter der vordergründig klischeehaft antisemitischen Geschichte mehr stecke, als der erste Blick eröffne. Und es lässt sich der triumphale Untergang des gnadenlosen Juden nicht recht genießen, zu sehr hat Shakespeare den Blick in seine gekränkte Seele offenbart. Bespuckt auf dem Markt, verachtet von der Gesellschaft, ausgeschlossen vom Leben, fristet Shylock sein Leben. Seine Tochter flieht ihn, Antonio selbst hindert seine Geschäfte und da tut sich für ihn die Möglichkeit zur Rache auf. Im berühmten Monolog Shylocks ruft dieser:

„Hat nicht ein Jude Hände, Gliedmaßen, Werkzeuge, Sinne, Neigungen, Leidenschaften? [...] Sind wir euch in allen Dingen ähnlich, so wollen wir's euch auch darin gleich tun. Wenn ein Jude einen Christen beleidigt, was ist seine Demut? Rache. [...] Die Bosheit, die ihr mich lehrt, die will ich ausüben, und es muss schlimm hergehen, oder ich will es meinen Meistern zuvortun."

Das Drama zeigt im historischen Konflikt der Juden in der christlichen Welt die Verantwortung christlichen Handelns gegenüber Minderheiten. Die hartherzige Rache rührt aus der jahrelangen Demütigung durch die Christen, die so für Shylock zu Feinden wurden. Das Drama entschuldigt Shylocks Verhalten nicht, aber beleuchtet die Verletzungen, die dieses hervorbringen. Ein Bezug auf die moderne Immigrationsproblematik drängt sich geradezu auf.

Schuld, Sühne, Recht, Gerechtigkeit und Gnade spielen eine zentrale Rolle. Die Handlung ist durchwoben von „Schuld" (im Englischen ein Wortspiel um den Begriff „bond"), die aus verschiedenen Gründen nicht eingelöst werden kann. Die familiäre Schuld der Tochter des Juden, die eheliche Schuld des Bassanio, die finanzielle Schuld des Antonio oder die moralisch-rechtliche des Staates Venedig im Gericht. Das Drama zeigt auf, dass menschliche Schuld allein mit Gnade begegnet werden kann. Wer auf den Buchstaben des Rechts besteht, fällt ihm selbst zum Opfer.

Ein dritter großer Themenkomplex behandelt das Thema „Liebe". Der Handlungsverlauf um Porzia ist geprägt von den drei Kästlein, die der Vater als Prüfstein für die Ehewerber hinterlassen hat. Die Kästlein stehen symbolisch für Auffassungen von Liebe. Das goldene verheißt das, „was mancher Mann begehrt" –, doch Begierde dringt nicht durch den äußern Schein. So belehrt das Kästlein den enttäuschten Prinzen von Marokko: „Alles ist nicht Gold, was gleißt." Bassanio findet im bleiernen Kästchen das Bild Porzias und damit den Gewinn, den er suchte. Er „wagte sein alles dran", und tatsächlich, das Unscheinbare, eher Drohende als Lockende offenbart die Liebe seines Herzens.

Tipps für den Unterricht

Die Frage, ob es sich bei dem Stück um eine Komödie oder Tragödie handelt, kann für den Deutschunterricht sehr fruchtbar sein. Zuerst muss geklärt werden, was diese Formen unterscheidet, auch wie Shakespeare vom klassischen Dramenschema abweicht. Dann kann inhaltlich diskutiert werden, wer im Stück eigentlich der Protagonist ist, mit dem der Zuschauer sympathisiert (oder sympathisieren sollte). Je nach Wahl der zentralen Figur (Shylock, Antonio ...) ist das Ende ein Scheitern oder Triumphieren.

Unterrichtshilfen

- Radford, Michael (Regie): Der Kaufmann von Venedig (Film). Sony Pictures 2006
- Unterrichtsmaterial von Sony Pictures zu Buch und Film: http://www.sonypictures.de/filme/der-kaufmann-von-venedig/popUp/pdf/Unterrichtsmaterialien.pdf
- Königs Erläuterungen und Materialien. Der Kaufmann von Venedig. C. Bange Verlag 2006

Bewertung

Bedeutung	★★★★☆	Shakespeare ist der wohl bekannteste Autor weltweit; Vorbildfunktion für deutsche Dichtung (Form, Inhalt); eher Stück der „zweiten Reihe“
Attraktivität	★★★☆☆	spannende Handlung mit überraschendem Ende; Thematik nach Einarbeitung nachvollziehbar; Antisemitismus auf andere Weise thematisiert; Verfilmung vorhanden
Wertigkeit	★★★★☆	christliches Primat der Gnade vor Gerechtigkeit; keine platte Verurteilung des Juden; aufopfernde als wahre Liebe, die den äußeren Schein nicht achtet

Klasse: 2 3 4 5 6 7 8 9 **10 11 12 13**
Schulart: GS HS **RS GYM**
Bearbeitung: se

Henryk **Sienkiewicz** (1846-1916)

Quo vadis

(1896)

Historischer Roman

Ausgaben

- dtv, 613 Seiten

Inhalt

Der Roman spielt in Rom zur Zeit des Kaisers Nero. Der junge Patrizier Vinicius verliebt sich in Lygia, die als Geisel ihres Volkes in Rom lebt. Das zudringliche Werben des stolzen Vinicius widerstrebt Lygias Persönlichkeit und ihrem christlichen Glauben. Mithilfe ihres treuen wie starken Dieners Ursus flieht sie zu ihren Glaubensgeschwistern. Vinicius, schwankend zwischen Zorn und Verzweiflung, setzt alle Räder in Bewegung, um sie sich zu eigen zu machen. Dabei begegnet er der neuen Sekte und kann sich ihrem Bann nicht entziehen. Als Vinicius sich entscheidet, Christ zu werden, lässt Nero Rom anzünden, um sich am Brand der Stadt zu ergötzen und neue Inspiration für seine Poesie zu finden. Die ungeheuerliche Tat lastet er den Christen an. Der beginnenden Christenverfolgung fallen auch Vinicius, Lygia und Ursus zum Opfer. Dank Ursus' gewaltiger Kraft überleben sie den Kampf im Zirkus, werden begnadigt und das Liebespaar findet zueinander. Vielen anderen Christen wird ein grausameres Ende zuteil, auf Fackeln gespießt in Neros Gärten.

Dem Titel liegt die Legende des Petrus zugrunde, die auch der Roman aufgreift. Als Petrus die Verfolgung fliehend Rom verlässt, begegnet ihm Christus, den er fragt: „Domine, quo vadis?“ (Herr, wohin gehst du?). Als sein Heiland ihm antwortet, er gehe nach Rom, um ein zweites Mal gekreuzigt zu werden, kehrt Petrus beschämt um und teilt das Schicksal seiner Geschwister.

Biografische Skizze

Sienkiewicz wird am 5. Mai 1846 im russisch kontrollierten „Kongresspolen“ geboren. Seine Familie entammt dem polnischen Adel, ist aber verarmt – ein Schicksal, das auch dem jungen Sienkiewicz bevorsteht. Er studiert Sprach- und Geschichtswissenschaften in Warschau und arbeitet zuerst als Hauslehrer, später als Journalist, während er nebenbei erste schriftstellerische Versuche macht. Seine journalistischen und literarischen Leistungen bringen ihm im Umfeld Warschaus einige Prominenz ein. Es folgen Reisen durch Europa und in die USA, immer wieder unterbrochen von der Rückkehr nach Polen, wo seine Werke inzwischen immer bekannter werden. Der internationale Durchbruch gelingt ihm 1896 mit „Quo vadis?“ Sienkiewicz setzt sich in seinen späteren Jahren verstärkt für ein unabhängiges Polen ein, arbeitet jedoch auch für die Verbesserung der Bildungslandschaft und überhaupt der sozialen Lage in seiner Heimat. Mehr und mehr tritt seine literarische Arbeit dahinter zurück. 1905 erhält er den Literaturnobelpreis. Ein Jahr später, am 15. November 1916, stirbt Henryk Sienkiewicz in Vevey, Schweiz.

Wertorientierte Beurteilung

„Quo vadis“ beschreibt das Ende einer Epoche. Auch wenn die moderne Geschichtswissenschaft annimmt, dass der Brand Roms wie viele vorherige aus Unvorsichtigkeit auf einem der Marktplätze ausbrach, bleibt die Perspektive auf den Niedergang der Kultur und Sitten Roms bedeutsam auch für die Moderne. Dekadenz, Betrug, ungezügelte Lust und Ausschweifung richteten Roms inneres Wesen zugrunde, der große Brand vollzog diesen Prozess nur äußerlich und für alle sichtbar. Dass Macht und Fortschritt kein Garant für Beständigkeit, gar überhaupt für ein Bestehen sind, lehrt das Beispiel Roms auch und gerade die sogenannte „Erste Welt“.

Der Roman stellt dem lüsternen Rom das keimende Pflänzchen der tugendhaften Christengemeinde gegenüber. Materielle Macht und geistige Stärke ringen miteinander. Wenn Rom auch angesichts der harten Verfolgung der Christen zu siegen scheint, erweist sich dieser Triumph doch als Totenglöckchen einer untergehenden Kultur, das gleichzeitig eine neue Epoche einläutet. Doch im Liebesverhältnis von Vinicius und Lygia deutet sich eine Lösung an: Der bekehrte Römer findet Frieden im Kreise seiner Brüder, empfängt Segen und wird zum Segen für viele.

Auf eines muss an dieser Stelle hingewiesen werden: Schon beim Erscheinen des Romans waren die Schilderungen der Hinrichtungen umstritten, welche die kreative Grausamkeit Neros nicht verharmlosen.

Tipps für den Unterricht

Dieses umfangreiche Werk wird sich normalerweise nicht als Klassenlektüre eignen, kann aber über eine Buchvorstellung Eingang in den Unterricht finden. Zudem ist es eng verknüpft mit den beiden anderen großen christlichen historischen Romanen, die auch im 19. Jahrhundert entstanden: „Ben Hur“ (in diesem Band rezensiert) und „Die letzten Tag von Pompeji“ (Bulwer-Lytton). In allen drei Romanen spielt das Christentum eine tragende Rolle im Fortlauf der Handlung und alle drei bringen einen Teil der antiken Welt (Rom, Griechenland, Palästina) nahe. Denkbar wäre eine Zusammenschau und ein Vergleich der drei Romane in Buchpräsentationen sowie eine Beschäftigung mit dem Historischen Roman als Textsorte.

Unterrichtshilfen

- LeRoy, Mervyn, Quo Vadis. Spielfilm. 1951

Bewertung

Bedeutung	★★★★☆	ein Klassiker des Historischen Romans
Attraktivität	★★★★☆	faszinierender Einblick in die Zeit Neros; spannende, berührende Handlung; fesselnde Charaktere; großer Textumfang
Wertigkeit	★★★★☆	Dekadenz und Sittenverfall (Rom) unterliegen im Streit mit Demut und Sanftmütigkeit (Kirche); Bekehrung und Martyrium der frühen Christen als Vorbild der modernen

Klasse: 2 3 4 5 6 7 8 9 **10 11 12 13**
Schulart: GS HS **RS GYM**
Bearbeitung: mkh

Wladimir **Solowjew** (1853-1900)

Kurze Erzählung vom Antichrist

(1899)

fiktive Apokalypse ökumenischen Zuschnitts

Ausgaben

- St. Ulrich, gebunden, 128 Seiten

Inhalt

Die „Kurze Erzählung vom Antichrist" handelt davon, wie das personifizierte Böse eine humanistische Weltherrschaft antritt. Nachdem das Abendland eine fast 50-jährige Herrschaft des Islam abschüttelte, werden am Ende des 21. Jahrhunderts die „Vereinigten Staaten von Europa" errichtet.

Ein hochbegabter Mann im Alter von 33 Jahren, der sich selbst mehr liebt als Gott, wird durch Freimaurer zum römischen Imperator, der binnen eines Jahres auf allen Kontinenten den Frieden sichert. Im zweiten Jahr errichtet er Wohlstand für jedermann; im dritten Jahr tritt ein wundertätiger Magier an seine Seite, der später vorgibt, Papst zu sein. Der Weltenherrscher lässt sich als Gott verehren; im vierten Jahr verlegt er seinen Regierungssitz nach Jerusalem, wo er ein ökumenisches Konzil ausruft.

Tatsächlich finden sich rund 3000 Christen ein, unter ihnen Papst Petrus II., Starez Johannes für die Russen sowie der deutsche Professor Ernst Pauli als Vertreter der Protestanten. Nach weitreichenden Versprechen des Weltenherrschers wechseln die meisten Konzilteilnehmer auf seine Seite, doch die drei herausragenden Vertreter der Konfessionen stellen ihn auf die Probe: Wichtiger als das Papstamt für die Katholiken, die Liturgie für die Orthodoxen und die Bibelforschung für die Protestanten sei Jesus Christus selbst – ihn solle der Imperator als Sohn Gottes bekennen, dann würden sich auch die drei ihm unterordnen.

Dem widersetzt sich der Imperator, welcher sich als Antichrist zu erkennen gibt, und breitet seine Schreckensherrschaft aus. Petrus, Paulus und Johannes stellen sich ihm gemeinsam mit einigen messianischen Juden entgegen.

Biografische Skizze

Wladimir Solowjew ist russischer Religionsphilosoph, der sein Fach auch an der Uni doziert. Er wünscht sich nicht nur einen theokratischen Staat, sondern überdies die Einheit der Christen aller Konfessionen. Sein Leben lang gehört er der russisch-orthodoxen Kirche an, bekundet aber nach Ermordung des Zaren Alexander II. Sympathien für den römischen Katholizismus aufgrund seiner Universalität, weswegen ihn nationalistische Studenten für verrückt erklären. Vom Leben desillusioniert werden seine Gedanken immer pessimistischer und radikaler. Ein Jahr vor seinem Tod schreibt er die „Kurze Erzählung vom Antichrist", eine ökumenische Apokalypse.

Wertorientierte Beurteilung

Unter „Ökumene" wird zuweilen eine Relativierung des Glaubens verstanden, ein Angleichen von konfessionsbedingten Unterschieden auf dem kleinsten gemeinsamen Nenner, der oft nicht mehr ist als ein humanistisches Gutmenschentum. Genau dies bedeutet „Ökumene" für Solowjew gerade nicht, sondern ist für ihn Merkmal des Antichristen. Als dieser die geschichtliche Bühne betritt, hören ernsthafte Christen auf, untereinander Diskussionen zu führen, und bekennen gemeinsam, dass Jesus Christus, der Sohn Gottes, der einzige Erlöser ist.

Die nüchterne Geschichte des russischen Religionsphilosophen hält sich an die Apokalypse des Johannes und sieht Tendenzen voraus, die in unseren Tagen immer realer erscheinen. Das vorliegende Buch ist eine Schreckensvision ohne spektakuläre Ausgestaltung, ein trockener Roman, der in raschem Tempo erzählt wird. Auch wenn manches entsetzlich wahrscheinlich klingt, so will das angezeigte Werk weder Prophetie sein noch Unterhaltungsliteratur, welche das Genre der Apokalypse benutzt, um einen gewissen Nervenkitzel zu erzielen. Horrorelemente, lange Beschreibungen von Katastrophen und Kriegen sucht man vergebens. Vielmehr ist die „Kurze Erzählung vom Antichrist" ein intellektuelles Buch; es liefert eine Grundlage, um über den Sinn von Geschichte und über ihr Ende nachzudenken, über gesellschaftliche und politische Strukturen unserer Zivilisation, über die Notwendigkeit, für den Glauben einzustehen. Die ökumenische Apokalypse kann zur Diskussion anregen, darf aber nicht als reale Chronologie der Endzeit missverstanden werden: Sie ist und bleibt eine Fiktion, die zu den Werken der Weltliteratur gerechnet wird.

Tipps für den Unterricht

Das letzte Buch der Bibel ist ihr rätselhaftestes. Die Lektüre der vorliegenden Erzählung sollte theologisch fundiert begleitet werden, ein Vergleich mit der Heiligen Schrift ist unerlässlich. Eschatologische Literatur oder dystopische Romane (z.B. Huxleys „Schöne neue Welt“) können hinzugezogen werden.

Interessant ist bei Solowjew vor allem der Gedanke einer Welteinheitsregierung, welche Wohlstand und Frieden sichert, sich aber gegen Gott auflehnt. Unter dem Druck der Verfolgung schließen sich Christen unterschiedlicher Konfessionen zusammen. Im Hinblick auf die aktuelle Situation, beispielsweise im Kampf für Familienrechte und gegen Abtreibung, zeigt die vorliegende Erzählung, dass Christen gemeinsam für grundlegende Rechte kämpfen und sich gegen einen gottlosen Humanismus wehren sollten.

Aktuell ist das Buch auch wegen der heute stattfindenden Christenverfolgungen, welche es in diesem Ausmaß noch nie zuvor in der Geschichte gegeben hat. Über 100 Millionen Gläubige werden derzeit verfolgt, rund 150.000 müssen jährlich ihr leben lassen. Zuverlässige Informationen zu diesem Thema erhält man bei Open Doors, Hilfsaktion Märtyrerkirche sowie Kirche in Not.

Unterrichtshilfen

- Wurzwallner, Raimund, Kurze Erzählung vom Antichrist, Hörbuch (Lezinsky), 2007
- Kompletter Text:
  http://kleinbuerger.blogspot.com/2007/03/antiquarisches.html

Bewertung

Bedeutung	★★★☆☆	fiktive Erzählung über die Endzeit; Weltliteratur
Attraktivität	★★★★☆	großes Interesse bei Schülern; anspruchsvolle Sprache
Wertigkeit	★★★★☆	interessant, aber in einigen Punkten zu hinterfragen

Klasse: 2 3 4 5 6 7 8 9 10 **11 12 13**
Schulart: GS HS RS **GYM**
Bearbeitung: ske

Sophokles (497-406 v. Chr.)

Antigone

(442 v. Chr.)
Tragödie

Ausgaben

- Reclam, 64 Seiten (mit knappen Wort- und Sacherklärungen)
- Schöningh, 140 Seiten (Worterklärungen, umfangreiche Sekundärtexte im Anhang)

Inhalt

„O Schwester, du mein eigen Blut, Ismene, sag einen Fluch von Ödipus, den Zeus nicht schon erfüllt in unser beider Leben!" So beginnt die Tragödie um Antigone, Schwester der Ismene und Tochter des fluchbeladenen Ödipus. Antigone klagt über das Unrecht, das einem ihrer Brüder, Polyneikes, widerfahren ist.

Polyneikes und Eteokles, die Brüder der Antigone, sind nach dem Tod ihres Vaters Ödipus Kontrahenten um das Königreich Theben und damit Erzfeinde geworden. Vor den Toren der Stadt kämpfen beide und sterben durch den Arm des jeweils anderen. Nun übernimmt Kreon, der Onkel Antigones, die Herrschaft. Da Eteokles die Stadt verteidigte und Polyneikes als Angreifer galt, lässt Kreon den einen in Ehren bestatten, den anderen aber in Schande auf der Straße liegen. Dies ist ein klarer Verstoß gegen die Sitten und Normen, welche die Griechen als Gebote der Götter ehrend halten und beachten.

Antigone beschließt, Kreons Verbot, den Leichnam zu bestatten, zu missachten. Wenn auch ihre Schwester ihr nicht folgen mag („ich füge mich der Obrigkeit"), so vollbringt sie die Tat doch allein, wobei sie von den Wächtern ergriffen und vor Kreon geführt wird. Zur Rede gestellt, bekennt sie: „So groß schien dein Befehl mir nicht, der sterbliche, dass er die ungeschriebenen Gottgebote, die wandellosen, konnte übertreffen." Kreon aber stellt den Staat höher als das heilige Recht: „Wen sich das

Volk erkor, dem gilt's zu folgen im Kleinsten – ob gerecht, ob ungerecht." Auch die Bitten des eigenen Sohnes Haimon, dem Antigone als Frau anvertraut werden soll, lassen Kreon nicht erweichen. Erst als der blinde Seher Teiresias kommt und warnt, sieht der Tyrann sein Fehlen ein. Doch es ist zu spät. Er kann seinem Schicksal nicht entfliehen: Haimon und Antigone begingen zusammen Selbstmord, ebenso Kreons Frau. Der Chor schließt mit der Mahnung: „Allen Segens Anfang heißt Besinnung, was der Götter ist, entweihe keiner."

Biografische Skizze

Sophokles, um 497 v. Chr. geboren, ist einer der frühesten Autoren, deren Werke uns heute noch überliefert sind. Der überzeitliche Ruhm stammt heute vor allem aus seiner Dichtung, die auch im alten Athen große Begeisterung fand. Sophokles hat aber auch vielfältige politische und vor allem auch kultische Ämter inne. Schon früh ist er im Tempeldienst als Priester des Halon aktiv und wird später als Medium geehrt.

Philosophisch ist Sophokles – wie die meisten Dichter seiner Zeit – beeinflusst vom erstarkenden Sophismus. Dieser lehrte, dass die Welt, die Götter und auch die Naturgesetze nicht objektiv wahrgenommen werden könnten (vgl. Relativismus). Die daraus resultierende Frage: „Was ist objektiv wahr/wertvoll/notwendig oder verpflichtend?", greift das Stück auf.

Wertorientierte Beurteilung

Der Kern des Stückes ist die Frage, was mehr gilt: das gesetzte Recht des Staates (Positivismus) oder das ewige Gesetz der Götter (Naturrecht). Trotz der Fremdartigkeit der Mythologie der Griechen ist der Grundkonflikt für alle Religionen nachvollziehbar. Jesus selbst wurde mit der Frage konfrontiert, ob es Recht sei, dem Kaiser Steuern zu zahlen. Nichts anderes steht hinter dieser Frage als das Verhältnis von Staat und Religion. Antigone bleibt ihrem Glauben treu – das beeindruckt, wenn auch ihre Verzweiflung Bahnen findet, die tragisch sind. Der Selbstmord ist ein *topos* der griechischen Tragödie, der in diesem Zusammenhang seinen Platz im Unterricht finden sollte.

Kreons Primat des Staates äußert sich auch im Menschenbild, das der Chor intoniert: „Ungeheuer [mächtig] ist viel und nichts ungeheurer als der Mensch." Die Hybris ist in der Tragödie meist der Anlass zum Untergang. Die Überhöhung bezieht sich hier nicht auf den Einzelnen, sondern auf die Menschen an sich. Kreons Überheblichkeit den Göttern gegenüber bringt nicht nur den Untergang seiner Familie mit sich, sondern auch eine neue Krise des Staates.

Tipps für den Unterricht

Die Sprache ist für Schüler eine Herausforderung. Das nachempfundene Versmaß, die Fülle an Appositionen, Partizipialkonstruktionen und die enge Verknüpfung mit der griechischen Mythologie sind ohne Zweifel eine Hürde. Diese Hürde ist aber keine Überforderung. Die Sprache bedarf der Gewöhnung und bietet wegen ihrer Fremdartigkeit Anlass zur Analyse. Auch die mythologischen Bezüge können produktiv genutzt werden, z. B. in Form eines Glossars mit Götternamen und deren Funktion in der griechischen Religion.

Der Stoff der Antigone wurde in der Moderne mehrfach aufgegriffen. Ein Vergleich mit folgenden Werken bietet sich an: Jean Anouilhs „Antigone“, Hochhuts „Die Berliner Antigone“, Brechts „Antigone des Sophokles“, Langgässers „Die getreue Antigone“.

Unterrichtshilfen

- Schardt, Friedel: Antigone. Interpretationshilfe Deutsch. Stark Verlag 2009.
- Behringer, Margret: EinFach Deutsch – Unterrichtsmodelle: Antigone in Vergangenheit und Gegenwart. Schöningh 2006. (Bezüge zur Schöningh Textausgabe!)
- Antigone. Interpretationen. Oldenbourg Verlag 1999.

Bewertung

Bedeutung	★★★★★	Weltliteratur; Grundlage vieler späterer Werke
Attraktivität	★☆☆☆☆	keine leichte Lektüre; Vorentlastung nötig; Thema nicht unmittelbar relevant – muss erarbeitet werden
Wertigkeit	★★★☆☆	grundlegender Konflikt zwischen Staat und Religion bzw. Recht und Gerechtigkeit; Transfer auf christlichen Glauben notwendig; Selbstmord als Lösung?

Klasse: 2 3 4 5 6 **7 8 9** 10 11 12 13
Schulart: GS **HS RS GYM**
Bearbeitung: ske

Robert Louis **Stevenson** (1850-1894)

Die Schatzinsel

(1881)

Roman

Ausgaben

- Reclam, 325 Seiten
- cbj Verlag, 304 Seiten (illustriert)

Inhalt

Als ein alter Seemann im Gasthaus zum „Admiral Benbow“ auftaucht, sieht nicht nur Jim Hawkins – der Junge des Inhabers – sofort, dass dieser Gast Ärger bringen wird. Tatsächlich entpuppt sich „Billy Bones“ als ehemaliger Erster Maat des gefürchteten Seeräubers Captain Flint und als Hüter der geheimen Karte zu Flints Schatz. Doch andere wissen um das Gehemnis und kommen ihm auf die Schliche. Billy Bones überlebt nicht mehr lange genug, um zu erfahren, dass Jim die Karte in der Kiste gefunden hat und mit dem Arzt Dr. Livesey und dem Squire Mr Trelawney an Bord der „Hispaniola“ den Schatz zu bergen hofft. Allerdings hat auch John Silver – Flints ehemaliger Quartiermeister – angeheuert, der nach außen zwar den dienstfertigen Schiffskoch gibt, innerlich aber bereits Betrug plant, um an das Gold zu gelangen. Die Meuterei gelingt, nachdem die „Hispaniola“ an der Schatzinsel anlegt. Ein Wettlauf um die Suche nach dem Gold beginnt, bei der der geheimnisvolle Inselmensch „Ben Gunn“ am Ende Trelawney, Livesey und Co. nicht nur das Leben rettet, sondern auch den Schatz. Nach vielen Abenteuern und nicht geringen Verlusten auf beiden Seiten segelt die „Hispaniola“ beladen mit Gold nach Hause. Von den Meuterern hat es nur John Silver an Bord geschafft. Kurz vor der Einschiffung in Bristol entwischt er. Mit seinem Anteil am Goldschatz.

Wertorientierte Beurteilung
Die Meuterei an Bord der „Hispaniola" bringt jene zwei Lager hervor, die in der Suche um den Schatz konkurrieren. Unzweideutig ist damit die Rolle von „Gut und Böse" verteilt. Auf der einen Seite stehen die ehrlosen Piraten, auf der anderen Seite die ehrlichen Mitglieder der Gesellschaft (Arzt, Squire, Captain etc.). Dass die „Guten" dabei gewinnen, ist keineswegs bloßer „Zufall". Als Andeutung mag das berühmte Seemannslied von Captain Flint dienen: „Fifteen men on the dead man's chest – Yo-ho-ho, and a bottle of rum! – Drink and the devil had done for the rest – Yo-ho-ho and a bottle of rum!" Die Trunksucht, Habgier und der Egoismus der Piraten sind eine zentrale Ursache für das Scheitern der Meuterei.

Eine Figur durchbricht diese klare Dichotomie: John Silver. Er ist ein Chamäleon, das sich überall dort einbringt, wo ihm Gewinn winkt. Die furchtbare Angst des Billy Bones vor dem einbeinigen Silver wirkt angesichts des überaus höflichen und freundlichen Gemüts am Anfang der Seereise vollkommen unverständlich. Erst allmählich wird jenes zweite Gesicht offenbar, das kein Mittel scheut, um des Goldschatzes habhaft zu werden. „Man ist not truly one, but truly two." Diese Äußerung des „Dr Jekyll" (neben der „Schatzinsel" Stevensons bekanntestes Werk) über seinen Widerpart „Mr Hyde" könnte ebensogut über John Silver getroffen werden. Diese „Nachtseite" ist nicht nur ein großes Thema der Romantik, sondern in etwas abgewandelter Form auch eine Erfahrung des Christenmenschen: „Denn nicht, was ich will, tue ich, sondern was ich hasse, tue ich" (Röm 7,15).

Glaube und Religion spielen im Roman eine untergeordnete Rolle. Die Bibel taucht als Symbol in der Hand eines Meuterers an einigen Stellen auf, ansonsten tritt höchstens noch der junge Ich-Erzähler Jim Hawkins als zwar kindlich-naiver, doch gottesfürchtiger Christ hervor. So mag es auch für ein Jugendbuch ein wenig enttäuschen, dass der Bösewicht am Ende nicht nur ungeschoren davonkommt, sondern noch einen Sack Goldes entführt. Doch Jim eröffnet am Ende noch einen weiteren Horizont, der über die umgangene Strafe am Galgen hinausreicht: „Ich möchte annehmen, dass [Silver] [...] in aller Ruhe lebt. Es ist nur zu hoffen, finde ich, denn seine Aussichten auf ein ruhiges Leben in der anderen Welt sind sehr gering."

Biografische Skizze

1850 wird Robert Lewis Balfour in Edinburgh geboren. Neben seinem religiösen Elternhaus prägt ihn vor allem seine Kinderpflegerin „Cummy“, die ihn mit ihrem strengen Calvinismus und den abendlichen Schauergeschichten aus der blutigen Kirchengeschichte Schottlands beeindruckt. Schon früh schreibt Stevenson Essays, Gedichte und verfasst kleine „Kanzelreden“. Der Wunsch, Schriftsteller zu werden, stößt beim Vater auf wenig Gegenliebe. So studiert Stevenson zuerst Technik, später Jura. Die Begeisterung fehlt, und so wendet sich Stevenson einem sehr unsteten, unbürgerlichen Lebenswandel zu (Kneipen, Vergnügungsviertel, Drogen), wird am Ende zwar Jurist, lehnt jedoch alle Fälle ab und widmet sich der schlecht bezahlten Schriftstellerei.

1873 beginnt die erste von vielen Reisen Stevensons. Er schreibt Reiseberichte und verspricht sich auch einen positiven Einfluss des warmen Klimas auf seine angeschlagene Gesundheit. Zehn Jahre später gelingt ihm der Durchbruch mit „Treasure Island“ („Die Schatzinsel“).

Ein zentrales Thema der Literatur Stevensons ist die „moralische Spaltung“ des Menschen in Gut und Böse, welches in seinem Werk „The strange case of Dr Jekyll and Mr Hyde“ seinen Höhepunkt findet, aber auch schon in der „Schatzinsel“ (John Silver) auftaucht.

Stevenson siedelt nach dem Tod seines Vaters mit seiner Familie nach Amerika über. Inzwischen ist er ein bekannter Schriftsteller, dessen schwierige Jugend und frühe Erwachsenenzeit (Ablehnung durch den Vater, Krankheit, Wanderleben) bei den Zeitgenossen Anerkennung und Mitleid findet. Stevenson stirbt 1894 auf Samoa.

Tipps für den Unterricht

Die Wirkung des Romans auf seine Leser ist nicht zuletzt den außergewöhnlich interessanten und scharf gezeichneten Figuren zu verdanken. Bereits das erste Kapitel führt „den alten Freibeuter“ mit Seemanskiste, Rumkopf und Seebärengang so plastisch ein, dass die Handlung um den „Admiral Benbow“ sofort lebendig wird. Es bietet sich an, im Unterricht die Charakteristika der Protagonisten genauer zu analysieren und dabei besonders die sprachliche Ausdrucksweise zu berücksichtigen.

Unterrichtshilfen

- Somnitz, Christian: Begleitmaterial: Schatzinsel. Hase und Igel Verlag, 2008

Bewertung

Bedeutung	★★★★☆	der erste echte Abtenteuerroman für Kinder, Klassiker der Kinderliteratur
Attraktivität	★★★★★	spannender Abenteuerroman; Jim Hawkins als Identifikationsfigur; sprachlich auf mittlerem Anforderungsniveau
Wertigkeit	★★★☆☆	„Der Mensch ist nicht einer, sondern in Wirklichkeit zwei“; Fleisch und Geist im Menschen

Klasse: 2 3 **4 5 6** 7 8 9 10 11 12 13
Schulart: **GS HS RS GYM**
Bearbeitung: mkh

Patricia **St. John** (1919-1993)

Spuren im Schnee

(1962)
Kinderbuch

Ausgaben

- Bibellesebund/CLV, Taschenbuch, 224 Seiten

Inhalt

„Spuren im Schnee" handelt von dem Zerwürfnis zweier Nachbarskinder in den Schweizer Alpen (Kanton Waadt) und davon, wie Gott durch ihre Versöhnung auch anderen Menschen Gnade schenkt.

Zu Weihnachten erhält Annette aus den Händen der sterbenden Mutter ihren Bruder Dani. Das Leben in der kargen Landschaft ist schwierig für die beiden Halbwaisen. Als das Mädchen den Nachbarsjungen Lukas aus Versehen in den Schnee stößt, beginnt zwischen ihnen ein Streit, der in dem Moment unerbittlich wird, als Lukas aus Übermut dazu beiträgt, dass Dani in eine Schlucht stürzt. Annettes Bruder ist fortan gelähmt und das Mädchen nutzt jede Gelegenheit, um dem Nachbarsjungen eins auszuwischen. Trotz aller Bemühungen von Lukas wird ihr Hass immer größer. Die Wende kommt, als Annette sich im Schnee verletzt und alleine nicht mehr weiterkommt. Lukas rettet seine Nachbarin, und das Mädchen entscheidet sich, ihre Herzenstür Jesus zu öffnen. Später setzt Lukas sein Leben aufs Spiel, um einen Arzt zu holen, der Dani womöglich heilen kann. Was zu diesem Zeitpunkt noch niemand weiß: Der Vater von Dr. Sutter ist Lukas Schnitzlehrer. Aus dem Gefühl einer großen Schuld heraus hatte sich der alte Mann von seinem Sohn getrennt.

Am Ende versöhnen sich Vater und Sohn ebenso wie die Nachbarskinder und Dani wird schließlich sogar geheilt.

Biografische Skizze

Patricia St. John stammt aus einer Missionarsfamilie. Später ist sie ebenso wie einer ihrer Brüder selbst in der Mission tätig. Bedingt durch den Zweiten Weltkrieg arbeitet sie zunächst als Krankenschwester in London (statt ihrem ursprünglichen Plan folgend Medizin zu studieren). Nachrichten über Kriegsgräuel sowie die allgemeine Not der damaligen Zeit veranlassen sie, mit „Spuren im Schnee" ein Buch über die Vergebung zu schreiben. Ein Aufenthalt in der Schweiz inspiriert Patricia St. John, den Ort der Handlung in den Kanton Waadt zu verlegen. Insgesamt liegen von der Autorin 18 Werke im Deutschen vor, zwei davon wurden verfilmt, zu fünf existieren Hörbücher bzw. Hörspiele.

Wertorientierte Beurteilung

„Spuren im Schnee" ist der christliche Kinderbuchklassiker schlechthin. Wie kaum ein anderes Buch behandelt es die Vergebung und damit ein zentrales Thema der Bibel: Die Sünde trennt uns von Gott und vom Nächsten; um sie zu tilgen, ist Jesus Christus für uns am Kreuz gestorben. Nur wer Vergebung schenkt, wird seinerseits die Schuld von Gott erlassen bekommen (vgl. Mt 6,12-15). Umgekehrt sollen wir vergeben, weil Gott uns unendlich vergeben hat (Mt 18,21-35) – sogar unseren Feinden (Lk 6,27-36). Dies ist umso schwerer, weil wir mit Leichtigkeit die Fehler des anderen sehen, für unsere eigenen aber blind sind (Lk 6,37-42).

Das vorliegende Buch zeigt im Rahmen einer einfachen Geschichte auf, dass die Schuld und ihre Verzeihung auch in einem idyllischen Bergdorf ein Thema ist, also auch dort, wo das Leben noch in Ordnung zu sein scheint. Solange wir auf Erden sind, werden wir es mit sündhaften Verwicklungen zu tun haben. Die Erzählung macht Mut, Christus die eigene Schuld zu bekennen und ihm nachzufolgen.

Tipps für den Unterricht

Eine ausführliche Unterrichtshilfe liegt vom „Verband evangelischer Bekenntnisschulen (VEBS)" vor: Sie erleichtert durch Informationen über die Autorin und den Ort der Handlung den Einstieg in die Lektüre, begleitet das Lesen und bietet schließlich sowohl einen tabellarischen Überblick wie auch kapitelweise Zusammenfassungen. Die insgesamt 110 Seiten Arbeitsblätter samt Lösungshilfen bilden einen ebenso umfangreichen wie methodisch abwechslungsreichen Pool, um von den Herbstferien bis Weihnachten die Ganzschrift gründlich bearbeiten zu können. Von der Literatur ausgehend werden fächerübergreifend Sachthemen behandelt, bildungsrelevante Kompetenzen eingeübt, Aufsätze trainiert sowie die Auseinandersetzung mit Lyrik gefördert. Insgesamt trägt die Unterrichtshilfe dazu bei, Kindern das Textverständnis zu erleichtern, die Durchdringung des Buches zu vertiefen, den Umgang mit Sprache zu festigen, wodurch Literatur als ein Gegenstand der Freude erfahrbar gemacht wird.

Unterrichtshilfen

- DVD, Spuren im Schnee (Regie: Mike Pritchard 1980), Hänssler Verlag
- Hörbuch-mp3-CD, Patricia St. John, Spuren im Schnee, CLV-Verlag
- Verband evangelischer Bekenntnisschulen (VEBS), Spuren im Schnee – Arbeitsblätter für die Lektüre des gleichnamigen Buches von Patricia St. John, CV Dillenburg 2009 (Unterrichtshilfe, wahlweise mit: Pritchard, Mike, Spuren im Schnee, Spielfilm 1980)
- Patricia St. John – Frauen des Glaubens, Dokumentarfilm (Hänssler) 2011
- Hörbuch-CD: Patricia St. John – Spuren im marokkanischen Sand (Dokumentation), SCM Hänssler 2012

Bewertung

Bedeutung	★★★☆☆	der christliche Kinderbuchklassiker schlechthin
Attraktivität	★★★★☆	kindgerechtes Buch (welches sprachlich nicht durchgängig den aktuellen Geschmack trifft)
Wertigkeit	★★★★★	evangelistisches Werk über Vergebung; beeinflusst das Klassenklima

Klasse: 2 3 4 5 **6 7** 8 9 10 11 12 13
Schulart: GS **HS RS GYM**
Bearbeitung: mkh

Rosemary **Sutcliff** (1920-1992)

Beowulf

(1961)

Nacherzählung eines Versepos

Ausgaben

- Verlag Freies Geistesleben, gebunden, 117 Seiten

Inhalt

„Beowulf" ist ein angelsächsisches Gedichtepos aus dem achten Jahrhundert, das von Rosemary Sutcliff für Jugendliche nacherzählt wurde. König Hrodgar von Dänemark hat ein Problem: Jede Nacht dringt ein Ungeheuer namens Grendel in seine Festhalle, um einen seiner Krieger aus dem Leben zu reißen. Niemand vermag das Morden zu stoppen. Erst Beowulf vom Volk der Goten gebietet dem Monster Einhalt, indem er es samt seiner Mutter zur Strecke bringt.

Viele Jahre später, Beowulf ist mittlerweile König im vorgerückten Alter, muss sich der Held abermals einer übermächtigen Gefahr stellen, denn ein Drache verwüstet seine Heimat. Mit 14 Gefährten macht sich der Protagonist auf, tritt dem Ungeheuer schließlich entgegen und schafft tatsächlich, es zu töten.

Allerdings überwindet Beowulf das Böse nicht wirklich, denn am Ende erliegt er selbst seinen Wunden.

Biografische Skizze

Sutcliff ist durch ihre Jugendbücher über die englische Geschichte von der römischen Besetzung bis zum Ende der angelsächsischen Periode bekannt. Sie fühlt sich zum frühen Christentum Englands hingezogen und bewundert die ersten Missionare unter Augustinus. Mit dem kirchlichen Mittelalter kann sie nach eigener Auskunft jedoch wenig anfangen. Ihre Affinität zu den Wurzeln der englischen Kultur begründet Sutcliff damit, dass sie meint, in jener Zeit schon einmal gelebt zu haben. Obwohl sie sogar die Reinkarnation ihres Hundes erwartet, spielt dieser Gedanke in Beowulf nicht einmal andeutungsweise eine Rolle.

„Der Adler der neunten Legion", Sutcliffs bekanntestes Werk, wird 2011 fürs Kino verfilmt. Der Held dieser Geschichte muss (ebenso wie das „Hexenkind" Lovel) um seine Reputation ringen und mit einer körperlichen Behinderung leben. Die Schriftstellerin selbst ist durch die Still-sche Krankheit zeitlebens an den Rollstuhl gefesselt. Dennoch schreibt sie mehr als 40 Romane; einige davon werden mit internationalen Preisen ausgezeichnet.

Wertorientierte Beurteilung

Die eigentliche Bedeutung des Stoffs erschließt sich erst durch jene Interpretation, die J. R. R. Tolkien im Rahmen seiner wissenschaftlichen Arbeit an der Universität Oxford anfertigte:

Die angezeigte Geschichte ist tragisch, weil sie die Lage des Menschen in der gefallenen Welt reflektiert, der „in den Ketten widriger Umstände" lebt. Nicht nur einzelne Verwicklungen, sondern seine ganze Existenz sind tragisch. Bei Beowulf geht es um den Kampf mit dem Bösen, mit Grendel und seiner Mutter, die im Original als Abkömmlinge Kains bezeichnet werden und mit dem Widersacher in Gestalt des Drachen, wobei der Urtext in beiden Fällen explizit Bezug zur Bibel nimmt. Anders als bei Römern und Griechen haben sich bei den Germanen die Ungeheuer nicht mit den Göttern verbündet; vielmehr kämpft Beowulf gegen die Feinde eines Gottes, den er als Heide noch gar nicht kennt.

Der Stoff behandelt die Hoffnungslosigkeit der paganen Welt und preist den Mut eines Helden, der ohne Aussicht auf Erfolg den Kampf wagt. Der biblische Drache tritt als Untier auf, gegen das der Protagonist die eiserne Klinge zieht. Tolkien weist darauf hin, dass diese Auseinandersetzung erst im Laufe des Mittelalters zum spirituellen Kampf transformiert wurde. Der Gelehrte aus Oxford erkennt in dem Autor des angelsächsischen Versepos einen gebildeten Christen, der die heidnische Zeit noch erlebte und ihr in Hinblick auf den Mut der Helden manches abgewinnt. Der Text präsentiert die nördlichen Wurzeln des Abendlandes und lässt jenen Raum entdecken, der 1000 Jahre lang Zentrum der christlichen Kultur war.

Tipps für den Unterricht

Obwohl Beowulf mehrfach ins Kino gebracht wurde, taugt kein einziger Film für den Unterricht, denn statt Tolkiens Interpretation aufzugreifen, machen sie aus dem Helden einen Araber (der 13. Krieger) oder aus Grendels Mutter eine verführerische Hexe. Gewinnbringend hingegen ist, einige Verse des Buches im angelsächsischen Original zu hören oder Teile in Versform zu lesen.

Begleitet vom Religionsunterricht sollten sich die Schüler mit dem Drachen als Symbol für das Böse auseinandersetzen (vgl. Hab 3,5; Hes 32; Offb 12). In diesem Zusammenhang ist auch Schillers Ballade „Der Kampf mit dem Drachen“ zu erwähnen. Ferner bietet sich ein Vergleich mit Drachen aus Geschichten an, die mit Beowulf in Verbindung stehen, vor allem mit Siegfrieds Fafnir (Völsungen-Saga) und Glaurung bzw. Smaug (Tolkien). Falls die Klasse bereits „Der Hobbit“ bzw. „Der Herr der Ringe“ gelesen hat, können auch Parallelen mit Beowulf untersucht werden: 14 Gefährten begleiten den Helden; dieser isst lieber, als gegessen zu werden; ein Kettenhemd wehrt einen tödlichen Stoß ab; eine Klinge löst sich auf; ein Drache hütet einen Schatz; zunächst wird vom Hort nur ein Artefakt genommen; der Held stirbt (wie bei Tolkien: Thorin Eichenschild).

Der Kampf mit dem Drachen bietet schließlich einen dankbaren – weil atmosphärisch dichten – Schreibanlass, mit dem sich der Aufbau einer Erzählung gemäß der klassischen Fünfteilung mustergültig darstellen lässt: Exposition (Wer? Wo? Was?, Warum?; z. B. Dorf wird bedroht oder Herz einer Prinzessin soll gewonnen werden), Steigerung (Spannung wächst; z. B. Beschreibung der Gefühle beim Gang in die Höhle), Wendepunkt (etwas Unerwartetes passiert; z. B. Drache ist nicht da und taucht dann doch auf), Verzögerung (Kampf), Auflösung (Rückgriff auf Eingangsmotiv; z. B. Dorf ist befreit oder das Herz der Prinzessin ist gewonnen).

Unterrichtshilfen

- J. R. R. Tolkien, Beowulf – Die Ungeheuer und ihre Kritiker, in: J. R. R. Tolkien, Gute Drachen sind rar, Klett-Cotta, 1987
- Audio-CD, Beowulf (Sprecher: J. B. Bessinger), Caedmon Verlag 2007
- Hans-Jürgen Hube, Beowulf, Das angelsächische Heldenepos. Zweisprachige Ausgabe Altenglisch-Deutsch. Marix 2012

Bewertung

Bedeutung	★★★☆☆	Stoff aus dem frühen Mittelalter; zentraler Text der nordeuropäischen Kultur in der christlichen Frühzeit
Attraktivität	★★★☆☆	recht kurzes, abenteuerliches Buch (besonders für Jungs geeignet, da teilweise etwas brutal)
Wertigkeit	★★★☆☆	gefallene Welt; Kampf gegen das Böse (Drachen); Mut, in aussichtslosen Situationen standzuhalten

Klasse: 2 3 **4 5 6** 7 8 9 10 11 12 13
Schulart: **GS HS RS GYM**
Bearbeitung: mkh

Jonathan **Swift** (1667-1745)

Gullivers Reisen

(1726)
Satire

Ausgaben

- Arena Kinderbuch-Klassiker, 168 Seiten
- Insel TB, 464 Seiten (Original)

Inhalt

In der Tradition alternativer Staatsmodelle fabuliert Jonathan Swift über die vier nautischen Touren des Arztes Lemuel Gulliver. Die beiden ersten Passagen haben sich als entschärfte Fassungen einen festen Platz im Kanon der Kinderbuchklassiker erobert, nämlich jene nach Liliput, einem von Däumlingen bewohnten Eiland im Indischen Ozean, sowie die nach Brobdingnag, einer von Riesen behausten Landmasse vor der amerikanischen Westküste. Gulliver steht über dem Treiben der Liliputaner, aber gerade aus der Vogelperspektive entlarvt sich ihr Intrigenspiel als grotesk. Skepsis gegenüber der Politik ist angesagt, gleichgültig, ob im Großen oder im Kleinen. Schonungslos beleuchtet Swift die englische Aristokratie im Land der Riesen; hier erleben wir aus unmittelbarer Nähe, wie Mücken zu Elefanten werden, der Protagonist fühlt sich wie im Zirkus und landet schließlich in einem solchen.

In vollständigen Ausgaben des Werkes begegnen wir auf der dritten Reise dem abgehobenem König Laputas: Von seiner fliegenden Residenz aus nimmt er die reale Lebenswirklichkeit nur wahr, wenn er Schläge auf den Hinterkopf erhält, welche bekanntlich das Denkvermögen erhöhen. Scharf prangert Swift die Wissenschaftsgläubigkeit des Menschen und seinen aufklärerischen Hochmut an. Auf seiner vierten Reise landet Gulliver auf einer paradiesischen Insel: Jeder übt die Nächstenliebe, Lüge und Krieg sind unbekannt. Bürger dieses Staates sind Pferde; sie herrschen über die Yahoos, welche hässlich, böse und humanoid sind.

Biografische Skizze

Jonathan Swift wirkt bei der Entstehung der modernen Parteien mit: Zunächst engagiert sich der promovierte anglikanische Priester für die Whigs, wechselt 1710 die Seite und steht dann der Tory-Regierung als Chefpublizist zur Verfügung. Vier Jahre später zieht sich Swift in seine irische Heimat zurück und wird Dekan der Dubliner St.-Patrick-Kathedrale. Die ihm verbleibenden Jahre stellt er in den Dienst der irischen Nation, kämpft gegen die englische Ausbeutung und veröffentlicht 1726 mit „Gullivers Reisen" eine Satire, die seine desillusionierten Ansichten über die Politik und den Menschen als solchen wiedergibt.

Wertorientierte Beurteilung

Welcher Ort eignet sich für ein soziologisches Gedankenexperiment besser als eine Insel? Ihre Abgelegenheit ist eine Leerstelle, welche die Imaginationskraft herausfordert; ihre laborhafte Abgeschlossenheit stellt *ceteris paribus* die Frage nach der *conditio humana*. Rund 200 Jahre nach „Utopia" (Thomas Morus) geht Jonathan Swift mit allen optimistischen Gesellschaftsentwürfen offen ins Gericht. „Gullivers Reisen" ist eine Exemplifikation von 1. Mose 8,21 und zeigt, dass durch die Änderung gesellschaftlicher Strukturen der Sündenfall nicht ungeschehen gemacht werden kann. Keine Politik holt das verlorene Paradies wieder zurück; Erlösung geschieht einzig durch das Blut Jesu. Das vorliegende Buch ist eine Absage an jeden Fortschrittsglauben, der die Historie als evolutionären Prozess versteht (vgl. Pred 1,9).

Tipps für den Unterricht

Obwohl für Erwachsene geschrieben, ist „Gullivers Reisen" in geglätteter und abgespeckter Form als Kinderbuch etabliert. Viele der politischen Anspielungen im Original bedürfen heute der Erklärung. Schüler der Unterstufe werden sich an den gleichermaßen spannenden wie fantastischen Reisen erfreuen, während man in der Oberstufe kritische Stellen anhand der ursprünglichen Fassung herausarbeiten kann. Während der dritten Reise wird uns beispielsweise Lord Munodi vorgestellt, dessen private Besitzungen gemäß staatlichen Vorgaben verunstaltet werden, weil er der einzige normale Bürger Balnibarbis ist. Hier bietet sich an, in Gemeinschaftskunde über die Subsidiarität als Prinzip christlicher Gesellschaftsordnung und das Recht auf Eigentum zu reden. Auch eignet sich der Stoff, neu die christliche Anthropologie zu thematisieren.

Unterrichtshilfen

- Klöckner, Katrin, Gullivers Reisen, Hase und Igel 2013
- Koch, Felix, Gullivers musikalisches Reiseabenteuer (Grundschule), Schott 2013
- http://www.umat.ch/materialarchiv/detail/83795
- http://www.niedersachsen-bdk.de/unterricht/gembus/Gulliver.pdf
- Beck, Rufus (Rufus Beck), Gullivers Reisen, Hörbuch (Silberfisch) 2007
- Arnold, Frank, Gullivers Reisen zu den Houyhnhnms, Hörbuch (Audiobuch) 2003
- Sturridge, Charles, Gullivers Reisen, Fernsehfilm 2004
- http://www.gutenberg.org/etext/829

Bewertung

Bedeutung	★★★★☆	ein Klassiker der Weltliteratur, den man zumindest in einer für Kinder bearbeiteten Fassung kennen sollte
Attraktivität	★★☆☆☆	hinsichtlich Spannung und Fantasie haben heutige Jugendbücher sicher mehr zu bieten
Wertigkeit	★★★☆☆	Die Satire nimmt den Optimismus aufs Korn, der Mensch könnte sich mittels der Politik ein besseres Leben einrichten.

Klasse: 2 3 4 5 6 **7 8 9 10** 11 12 13
Schulart: GS HS **RS GYM**
Bearbeitung: mkh

J. R. R. **Tolkien** (1892-1973)

Der Herr der Ringe – Teil 1: Die Gefährten

(1954)

Fantastische Erzählung

Ausgaben

- Klett-Cotta, Taschenbuch, 677 Seiten (Krege-Übersetzung)
- Klett Cotta, gebunden, 1292 Seiten (Carroux-Übersetzung)

Inhalt

Schauplatz von „Der Herr der Ringe“ sind die fantastischen Länder von Mittelerde. Die Handlung erstreckt sich über den Zeitraum von etwa einem Jahr und hat die Abenteuer des Hobbits Frodo Beutlin zum Inhalt, der auszieht, um den Herrscherring, ein Artefakt des Bösen, zu vernichten. Im Laufe der Ereignisse werden alle Völker in einen Krieg um das Kleinod verwickelt, dessen Zerstörung nicht wegen heldenhafter Vorzüge des Protagonisten gelingt, sondern aufgrund dessen Barmherzigkeit.

„Die Gefährten“, so der Titel des ersten Teils der Trilogie, schildert den Aufbruch aus der heimischen Geborgenheit, wo man nichts von der feindlichen Welt wahrhaben möchte, um deren Vorherrschaft Dämonen streiten. Immer düsterer wird Frodos Reise, sein Weg führt an Ruinen vorbei, an Leichenfeldern gigantischer Schlachten, an Hügelgräbern, an verfallenen Monumenten der Vorzeit. Wo es noch Rechtschaffene gibt, da leben sie in geheimen Refugien (Bruchtal, Lórien) und sehen dem Untergang entgegen. Die Erde präsentiert sich als ein Bezirk des Scheiterns, in dem keineswegs nur das Schicksal des Einzelnen eine Tragödie ist, sondern das Dasein als solches.

„Der Herr der Ringe“ thematisiert den Niedergang, aber er endet nicht mit ihm. Unerwartet steht am Schluss die Eukatastrophe: Die glückliche Wende geschieht gnadenhaft mittels Demut und Hingabe; nicht Waffengewalt entscheidet den Kampf, sondern opferbereite Liebe. Eukatastrophe bedeutet in der Gedankenführung Tolkiens: „Evangelium, gute Botschaft, und gewährt einen kurzen Schimmer der Freude, der Freude hinter den Mauern der Welt."

Biografische Skizze

John Ronald Reuel Tolkien ist Professor für englische Sprache in Leeds und Oxford. In seiner wissenschaftlichen Beschäftigung mit Beowulf und anderen mittelalterlichen Texten stellt er sich der Frage, wie heidnische Stoffe von Christen aufgegriffen wurden, welches Verständnis vom Menschen, seinen Geschichten und der Historie ihnen zugrunde liegt. Diese Überlegungen bringt der Autor in seinem erzählerischen Werk zur Anwendung. Tolkien wächst als Vollwaise unter der Vormundschaft eines katholischen Priesters auf. Sein bester Schulfreund ist Sohn eines methodistischen Geistlichen. Tolkien trägt zur Bekehrung von C. S. Lewis bei.

Wertorientierte Beurteilung

Tolkien urteilte selbst: „‚Der Herr der Ringe' ist natürlich ein von Grund auf religiöses und katholisches Werk." Deutlich wird dies vor allem, wenn man „Das Silmarillion" liest, eine Vorgeschichte zum angezeigten Buch. Andere Schriften des Autors helfen, seine Gedankenführung zu verstehen, vor allem die „Briefe" sowie die Essay-Sammlung „Gute Drachen sind rar". Versuchung, Sünde und Umkehr werden ebenso behandelt wie Freundschaft und Treue. Die Trilogie thematisiert den Tod und die Vergänglichkeit alles Irdischen, das Eingreifen Gottes als Herrn der Geschichte, den Kampf des Guten gegen das Böse, wobei Liebe, Demut und Barmherzigkeit jene Tugenden sind, die zum Sieg führen. Kritisch setzt sich Tolkien mit der modernen Welt auseinander: Industrielle Revolution und Hexerei sind für ihn analog.

„Der Herr der Ringe" schreibt die Romantik mit ihrer Rezeption des Mittelalters und ihrer Kritik am modernen Leben fort. Tolkien griff Motive alter (nord-)europäischer Sagen auf und schuf den Urmeter des Fantasy-Romans – ein Genre, welches weitestgehend triviale, nicht selten auch esoterische und manchmal sogar okkulte Bücher hervorbrachte. Zwar kann man Tolkien nicht für die schlechten Plagiate verantwortlich machen, die ihm folgten; wer aber fantastische Bücher per se ablehnt, braucht „Der Herr der Ringe" nicht zu lesen.

Tipps für den Unterricht

Wenn der Lehrer sich in Tolkiens Werk auskennt (s. o.) und sich mit seinem christlichen Gehalt auseinandergesetzt hat, gibt es genügend

Anknüpfungspunkte, um mit Schülern über existenzielle Themen zu sprechen. Die Trilogie bietet ein unerschöpfliches Reservoir an Motiven, Bildern, Geschichten und Aphorismen, über die sich im Rahmen eines biblisch integrierten Unterrichts der Austausch lohnt.

Unterrichtshilfen

- van der Gieth, Willems, Literaturprojekt Der Herr der Ringe, Kempen 2002
- Weinreich, Frank, Der Herr der Ringe, Mentor Band 431, München 2002
- Hageböck & Kuby, Harry Potter – Der Herr der Ringe, Kisslegg 2002
- Scull & Hammond, Tolkien Companion and Guide, Houghton Mifflin 2006
- Tolkien, J. R. R., Gute Drachen sind rar, Stuttgart 2002
- Tolkien, J.R.R., Das Silmarillion, Stuttgart 2012
- Garth, John, Tolkien und der Erste Weltkrieg, Stuttgart 2014
- Carpenter, Humphrey, J. R. R. Tolkien Briefe, Stuttgart 2003

Bewertung

Bedeutung	★★★★★	gemäß einer ZDF-Umfrage (2004) das Lieblingsbuch der Deutschen; im angelsächsischen Raum mehrfach als Buch des 20. Jahrhunderts gewählt
Attraktivität	★★★★★	bei Jungs sehr beliebt; sprachlich jedoch anspruchsvoll
Wertigkeit	★★★★☆	Freunde der fantastischen Literatur finden eine unerschöpfliche Quelle der Betrachtung

Klasse: 2 3 4 5 6 7 8 **9 10 11 12 13**
Schulart: GS HS **RS GYM**
Bearbeitung: se

Leo **Tolstoi** (1828-1910)

Der Tod des Iwan Iljitsch

(1886)
Erzählung

Ausgaben

- Reclam, 96 Seiten
- Brunnen, 138 Seiten

Inhalt

Iwan Iljitsch ist gestorben, ein angenehmer Mann, erfolgreicher Jurist und Familienvater, der ein schickliches und tadelloses Leben geführt hatte. Sein Tod allerdings ist schrecklich, drei Tage lang hat er vor Schmerzen nur schreien können. Zum einen wegen der Pein in seiner Seite (wahrscheinlich eine Entzündung des Blinddarms), zum anderen aber, weil er jetzt, am Ende seines Lebens, erkennen muss, dass er das richtige Leben verfehlt und eine große Lüge gelebt hat.

Seine Familie, seine Freunde und Bekannten sind nur auf ihr eigenes Wohl bedacht. Er, der Kranke, wird zum „Unschicklichen" Element in ihrem anständigen Leben, das sie meiden, wo sie nur können. Denn Iwan Iljitsch ist dem Tode nahe und damit den existentiellen Fragen, denen jeder seiner Mitmenschen aus dem Weg gehen möchte. So flüchten sie sich alle in ihre Rollen und Maskeraden, ihre Höflichkeit und den Anstand ihrer Klasse, wobei sich Iwan Iljitsch nichts sehnlicher wünscht als ein echtes Gespräch, ein ehrliches Wort und wahres Mitleid. Dieses erfährt er nur von seinem Bediensteten Gerrasim, der ihm zeigt, was wahre Zuwendung ist und der mit seiner einfachen, bäurisch-authentischen Art sein Gewissen bewegt.

Iwan Iljitsch beginnt die Lüge zu hassen, die sein ganzes Leben und das seiner Gesellschaft, umstrickt und aufrecht erhält. Je mehr die Krankheit ihn verzehrt, desto mehr erkennt er sich selbst. Der Schmerz, der ihn zu Verzweiflung treibt, treibt ihn auch zu sich selbst zurück. In einem dieser wachen, ehrlichen Momente spricht er mit seiner Seele über die Freuden seines Lebens und erkennt, dass die wahren Freuden mit seiner Knabenzeit geendet haben. Alles danach ist Lüge und Selbstbetrug gewesen. Aber – fragt er sich – verdient er so ein schreckliches Ende? „Vielleicht habe ich nicht so gelebt, wie ich sollte?" Doch diesen Gedanken zu akzeptieren, ist ihm mit Blick auf sein „schickliches" Leben fast unerträglich. Erst am Ende, in seiner letzten Stunde, erfährt er Liebe und Demut und kann ruhig sterben. „Welche Freude!"

Biografische Skizze

Leo wird am 9. September 1828 als viertes von fünf Kindern in das russische Adelsgeschlecht Tolstoi geboren. Mit neun Jahren ist er bereits Vollwaise und wird von seiner liebevollen Tante aufgezogen. Nach der Schule beginnt er das Studium der orientalischen Sprachen, wechselt später an die juristische Fakultät, bricht aber kurz danach das Studium völlig ab. Von 1851 an dient er im Militär und erlebt mehrere Kriege mit. Seine Kriegsberichte machen ihn als Schriftsteller bekannt. Neben der Schriftstellerei gründet Tolstoi zahlreiche Dorfschulen nach dem Vorbild Rousseaus. Überhaupt liegt ihm die desaströse moralische und finanzielle Situation der Arbeiterklasse am Herzen. Er organisiert Hilfe für von Missernten betroffene Bauern, setzt sich für politisch Verfolgte ein, schreibt Lesebücher für die Schulen (welche auch die Moral fördern sollen) und verarbeitet diese Gedanken natürlich auch literarisch.

Tolstoi erlebt Anfang der 1880er-Jahre eine tiefe persönliche Sinnkrise. Aus adligem Hause stammend und das Elend der einfachen Menschen sehend, fühlt er sich am „Abgrund angelangt". Er verzichtet fortan auf Tabak und Alkohol, sogar auf Fleisch. Tolstoi widmet sich zunehmend religiösen Fragen und lehnt die starren Formen der Religiosität ab. Dieser stellt er die schlichten Lehrern und den konsequenten Glauben des armen Jesus Christus gegenüber. Seine Appelle gelten dem persönlichen Glauben, der Gewaltfreiheit und der gelebten Nächstenliebe.

Der Achtung im Ausland folgt die Ächtung im Inland, sowohl von politischer als auch von offizieller religiöser Seite. In seinem Testament vermacht er sein gesamtes Werk dem russischen Volk. Leo Tolstoi stirbt am 20. November 1910 auf einer Bahnreise an einer Lungenentzündung.

Wertorientierte Beurteilung

„Wenn dem aber so ist und ich gehe aus dem Leben mit dem Bewusstsein, alles zugrunde gerichtet zu haben, was mir gegeben war, und es nicht mehr gutmachen zu können – was dann?" Das sind jene Fragen, die sich Iwan Iljitsch auf dem Totenbett zu fragen beginnt. Hat er nicht ein anständiges Leben geführt? Hat er sich etwas vorzuwerfen? Was ist „anständig“? Ist der Tod zu fürchten? Und was kommt nach ihm? Wie hat er einen Lebensabend in Schmerzen verdient? In seinem Leben war, die Moral und die Erwartungen derjenigen Menschen, die über ihm standen, maßgebend. In seinem nahen Tod erkennt Iwan Iljitsch jedoch, dass dieser Standard auch Teil der großen Lüge ist, die sich im gesellschaftlichen Leben vor seinen Augen abspielt.

Tipps für den Unterricht

Mitunter lohnt sich neben der Behandlung der Erzählung ein Ausblick auf die beiden größten Werke des russischen Schriftstellers: „Krieg und Frieden“ sowie „Anna Karenina“. Beides sind umfangreiche Werke (etwa 1000 Seiten) und könnten als besondere Lernleistung über eine Buchvorstellung durch einen Schüler präsentiert werden. Beide Romane sind auch mehrfach verfilmt worden.

Unterrichtshilfen

Unterrichtshilfen liegen für dieses Werk leider nicht vor.

Bewertung

Bedeutung	★★★☆☆	Erzählung des wichtigsten russischen Schriftstellers; laut Nobel-Institut eines der 100 bedeutendsten Werke der Weltliteratur
Attraktivität	★★★☆☆	wenig Action, viel Emotion; kurze, stringente Handlung; leichte Sprache; intensives Miterleben der sich steigernden Todesangst und der Erlösung
Wertigkeit	★★★★★	wirft die existenziellen Fragen nach Tod und (rechtem) Leben auf; kritisiert Scheinheiligkeit und Oberflächlichkeit; zeigt Lösung für das Problem des Todes auf

Klasse: 2 3 4 5 6 7 **8 9 10** 11 12 13
Schulart: GS **HS RS GYM**
Bearbeitung: se

Leo **Tolstoi** (1828-1910)

Herr und Knecht

(1895)

Erzählung

Ausgaben

- Reclam, 78 Seiten
- dtv, 114 Seiten

Inhalt

Wassilij Andreïtsch Brechunow ist Kirchenältester, Kaufmann, Ehemann, Vater und Herbergswirt – ein Herr vieler Menschen. Er stammt nicht aus dem alten Landadel, sondern hat sich hochgearbeitet. Gern denkt er an das wenige, das sein Vater ihm vererbt, und das viele, das er daraus gemacht hat. Zusammen mit seinem Knecht Nikita macht er sich eines Wintertages im Pferdeschlitten auf nach Goriatschkino. Ein junger Gutsbesitzer möchte dort einen Wald verkaufen, den sich Brechunow schnellstmöglich vor seinen Kontrahenten sichern möchte. Auch der aufziehende Sturm bringt seinen festen Entschluss und die Aussicht auf den Profit nicht ins Wanken.

Der treue, gutherzige Nikita blickt zunehmend skeptisch auf das immer heftigere Schneetreiben, folgt seinem Herrn aber ohne Widerrede. Bald finden sie sich auf den zugeschneiten Wegen nicht mehr zurecht. Sie irren über Felder und Wiesen und finden glücklicherweise ein kleines Dorf, wo sie einkehren können und ihnen ein warmer Platz für die Nacht angeboten wird. Doch Brechunow will weiter, um sich den Waldkauf nicht entgehen zu lassen. Ihre zweite Ausfahrt, nun schon bei Nacht, wird zur Katastrophe. Der Schlitten landet in einer Schneeverwehung, das Pferd ist völlig erschöpft, es gibt kein Weiterkommen. Sie errichten eine Schneeburg als Nachtlager, doch Brechunow fürchtet den Kältetod. Er macht sich allein mit dem Pferd davon, doch dieses lenkt ihn wieder zu seinem Knecht Nikita und dem Schlitten zurück. Im Angesicht des sicheren Todes geschieht eine Wandlung mit Brechunow. Der Herr legt sich im Bewusstsein, sterben zu müssen, auf seinen Knecht, um wenigstens ihn durch seine Körperwärme die Nacht über am Leben zu erhalten.

Am nächsten Morgen gräbt ein Suchtrupp den Schlitten aus. Sie finden den lebenden Nikita unter seinem Herrn, der in Kreuzesform erstarrt über ihm liegt.

Biografische Skizze

Siehe den Eintrag zu „Der Tod des Iwan Iljitsch“ (S. 280).

Wertorientierte Beurteilung

Eines der großen Themen des Spätwerks Tolstois ist die Nächstenliebe, so auch in der Erzählung „Herr und Knecht“. Brechunow ist ein eingebildeter und selbstsüchtiger Herr, der von seiner eigenen Demut und Freigebigkeit aber völlig überzeugt ist. Tatsächlich ist er aber in allen seinen Rollen als „Herr“ nicht mehr als ein Tyrann. Seine Frau ist „bleich“ und abgemagert, als Kirchenältester veruntreut er Gelder für seine eigenen Geschäfte, selbst den ihm treu ergebenen Nikita betrügt er beim Lohn, wo er kann. Nikita dagegen ist ein treuer Diener der alten Zeit. Er sorgt für die Seinen, hat dem Alkohol abgeschworen (nachdem er seine Familie zugrunde gerichtet hatte) und ist ein Wohltäter seiner Untergebenen (nämlich der Tiere).

Nikita ist aber nicht der Antagonist der Geschichte. Diese Rolle fällt dem Wetter, der Natur zu. Sie wütet in einem schrecklichen Schneesturm und bringt Herrn und Knecht in existenzielle Not. Je schlimmer die Lage wird, desto mehr verschwimmen die Standesunterschiede zwischen Herrn und Knecht. Am Ende führt Nikita sogar das Pferd an der Leine, während der Herr es gewähren lässt. Es sind mehr und mehr zwei Menschen, die gemeinsam um das Überleben kämpfen.

Die Nacht in der Schneeburg wird für Brechunow zum Wendepunkt. Als er heimlich aufbricht und Nikita dem Tod überlässt, spricht noch die alte, herablassende Herrenhaltung aus ihm: Er habe das Recht zu entkommen, denn er habe etwas zu verlieren. Nikita hingegen sei nichts wert. Erst als er zurückfindet, bricht sich in ihm die Erkenntnis Bahn, dass weder Geschäft noch Gut, noch Geld bleibende Werte sind und dass er seinen armen, sterbenden Knecht vor dem Tod bewahren müsse. Dieser Bewusstseinswandel lässt ihn vom Tyrannen zum wahren Herrn werden, der sein Leben gibt für seinen Knecht (Joh 15,13-15). Seine Körperwärme spendet er Nikita und stirbt selbst, doch der Knecht lebt. „Er begriff, dass sein Ende nahe war, aber das machte ihn nicht im Geringsten traurig oder ärgerlich … Nikita lebt, sagte er sich … also lebe auch ich.“

Tipps für den Unterricht

Die Wandlung im Verhältnis von Herr und Knecht kann an verschiedenen Stellen der Erzählung sehr gut als Standbild erarbeitet werden (Anspannen der Pferde, Nikita führt den Schlitten, Herr liegt auf Nikita).

Der Bauernsohn Petrucha zitiert mehrfach die erste und letzte Strophe aus einem Gedicht Puschkins („Der Winterabend“), das die Gewalt und Gefahr eines Schneesturmes vor Augen führt und gleichzeitig die Gemeinschaft der Menschen in der sicheren Hütte preist. Es kann einerseits zum Verständnis der Geschichte beitragen (Brechunow lehnt ja gerade diese Gemeinschaft dankend ab), andererseits kann es als Aufhänger für die integrative Beschäftigung mit Winter- bzw. Jahreszeitenlyrik dienen.

Unterrichtshilfen

Unterrichtshilfen liegen für dieses Werk leider nicht vor.

Bewertung

Bedeutung	★★★★☆	eine der bekanntesten Erzählungen Tolstois
Attraktivität	★★★★☆	spannende Handlung; leicht verständliche Sprache mit wenigen unbekannten Fremdwörtern (z. B. Samuwar)
Wertigkeit	★★★★★	wahre Herrschaft als Aufopferung für den Untergebenen; Auflösung aller gesellschaftlichen Unterschiede im Angesicht der Not

Klasse: 2 3 4 **5 6** 7 8 9 10 11 12 13
Schulart: GS HS **RS GYM**
Bearbeitung: se

Leo **Tolstoi** (1828-1910)

Wie viel Erde braucht der Mensch?

(1885)

Erzählung

Ausgaben

- Eschbach, 48 Seiten (illustriert)
- Anaconda, 96 Seiten (mit drei weiteren Erzählungen)
- Brunnen, 156 Seiten (mit vier weiteren christlichen Erzählungen)

Inhalt

Der Bauer Pachom liegt auf dem warmen Ofen und hört dem Gespräch seiner Frau und ihrer Schwester aus der Stadt zu. Die Schwägerin verspottet das ländliche Leben, doch Pachom weist sie zurecht: Der Bauer habe keine Sorge wie der Kaufmann, bis auf die eine, genügend Land zu haben. „Wenn wir nur genug Land hätten, würde ich mich vor niemand fürchten – auch nicht vor dem Teufel!"

Kurz danach ergibt sich die Möglichkeit, von einer kleinen Gutsbesitzerin Land zu erwerben. Pachom kauft und nennt nun selbst mehrere Desiatinen Weide, Wald und Steppe sein Eigen. Doch mit dem neuen Besitz kommen auch neue Sorgen. Er zerstreitet sich mit seinen Nachbarn aufgrund von Flurschäden, die an den Grenzen seines Besitzes auftreten. Es wird ihm zu eng, er sehnt sich nach mehr Erde. Ein Wanderer bringt das Gerücht, dass weiter ostwärts gutes Land preiswert zu kaufen sei. Pachom verkauft seinen Besitz, macht sich mit seiner Familie auf und erwirbt viel Erde. Es geht ihm jetzt „zehnmal besser" als zuvor. Doch auch hier überwirft er sich mit seinen Nachbarn aufgrund von Besitzstreitigkeiten. Ein durchreisender Kaufmann berichtet ihm von den Baschkiren im Osten, die unfassbar billiges, aber sattes Weideland verkaufen würden. Pachom reist ab und wird bei dem Stamm freundlich aufgenommen. Für 1000 Rubel darf er so viel Land kaufen, wie er von Sonnenauf- bis Sonnenuntergang umschreiten kann. Seine Gier treibt ihn immer weiter, sodass er, als die Sonne den Horizont passiert, zwar zurückkommt, doch vor Erschöpfung tot zusammenbricht.

„Der Knecht nahm die Hacke, grub Pachom ein Grab, genau so lang wie das Stück Erde, das er mit seinem Körper, von den Füßen bis zum Kopf, bedeckte – sechs Ellen –, und scharrte ihn ein."

Biografische Skizze

Siehe den Eintrag zu „Der Tod des Iwan Iljitsch" (S. 280).

Wertorientierte Beurteilung

„Wie viel Erde braucht der Mensch?" Am Ende der kurzen Erzählung wird klar, dass er gerade sechs Ellen braucht, nämlich so viel, wie sein Körper im Grab beansprucht. Was mit dem restlichen Besitz Pachoms passiert, lässt die Erzählung offen. Mitnehmen kann er ihn aber sicher nicht.

Die Lust nach mehr Land nimmt ihren Anfang in Fragen der Notwendigkeit (Wo sollen die Kühe grasen? Wo soll das Holz herkommen?). Zunehmend wird es aber die Suche nach Ruhe und Abgeschiedenheit fern von allem, was „Nächster" sein und Ansprüche stellen oder Probleme verursachen könnte.

Pachoms Weg der Gier ist dabei nicht auf die Sphäre des landwirtschaftlichen Lebens beschränkt. Vielmehr steht die „Erde" metaphorisch für all jene Lebensgüter, die zur wesentlichen Existenz (vermeintlich) dazugehören. Das kann für den Städter Geld, für den Künstler das Atelier, für manchen Jugendlichen das Smartphone sein. Kurz vor dem Ende stellt Pachom fest, dass er „zu gierig" gewesen ist. Doch diese Erkenntnis, die ihn vielleicht noch hätte retten können, bringt keine Frucht mehr. Er strebt weiter und fällt dem Ältesten der Baschkiren vor Erschöpfung tot zu Füßen.

Dem Leser entpuppt sich dieser wie auch der Kaufmann und der Wanderer als der Teufel in Menschengestalt. Denn dieser selbst hatte sich durch Pachoms hochmütige Äußerung, mit viel Land brauche er auch den Teufel nicht zu fürchten, reizen lassen: „Wir wollen sehen: Ich will dir viel Land geben und dich gerade damit fangen." Denn der Teufel weiß, dass die Liebe zum Geld und den Gütern dieser Welt, eine Wurzel allen Übels ist (1Tim 6,10). Pachom merkt nicht, dass gerade jene Bastion gegen den Teufel und die Sorgen der Welt, die er sich versucht aufzubauen, ihn mitten in dessen Arme treibt. Er kann weder aufhören noch innehalten, noch umkehren. Bis zum blutigen Ende. Die kurze Erzählung führt damit zweierlei vor Augen: Erstens die Gefahren der Gier nach Geld und Besitz (Lk 12,16-34) und zweitens die Unfähigkeit des Menschen, aus seiner eigenen Kraft heraus umzukehren, selbst wenn er die Katastrophe am Ende seines Weges erkannt hat (Röm 2,4).

Tipps für den Unterricht

Die stringente, episodische Handlung lässt sich sehr gut grafisch darstellen, indem man die äußeren Stationen Pachoms mit seiner inneren Entwicklung vergleicht. Dabei fällt auf, dass seine Reise gen Osten ihn nicht nur immer weiter von der Heimat, sondern auch von Ruhe und Zufriedenheit entfernt.

Die Erzählung enthält zudem zahlreiche „Leerstellen", die mit handlungs- und produktionsorientierten Methoden zur Interpretation genutzt werden können (z. B. der ausführliche Dialog Kaufmann/Teufel – Pachom).

Für den fächerverbindenden Unterricht bietet sich eine Kooperation mit Geografie/Gemeinschaftskunde an. Denn neben der individuellen ist auch auf der globalen Ebene die Frage nach Ressourcennutzung relevant. So könnte z. B. die Überfischung der Meere anhand des „Fischerspiels" thematisiert werden.

Weitere kurze und explizit christliche Erzählungen Tolstois, die sich als Klassenlektüre eignen, sind „Auf Feuer hab acht!" (Streit und Versöhnung), „Die Kerze" (Ausbeutung und Feindesliebe), „Wovon die Menschen leben" (Nächstenliebe). Diese werden allerdings derzeit nicht einzeln aufgelegt.

Unterrichtshilfen

Unterrichtshilfen liegen für dieses Werk leider nicht vor.

Bewertung

Bedeutung	★★★☆☆	Erzählung eines der bedeutendsten russischen Autoren
Attraktivität	★★★★☆	Sprache und Handlung leicht verständlich bis auf wenige Begriffe (z. B. Desiatine als Maßeinheit), fesselnde Geschichte, stets relevantes Thema, vorhersehbares Ende
Wertigkeit	★★★★★	Gier, Geldliebe und deren Ende als zentrales Thema; Gefallenheit des Menschen macht Umkehr trotz besseren Wissens unmöglich

Klasse: 2 3 4 5 6 **7 8 9 10** 11 12 13
Schulart: GS **HS RS GYM**
Bearbeitung: mkh

Jules **Verne** (1828-1905)

Der Graf von Chanteleine

(1864)

Historische Erzählung

Ausgaben

- Dornbrunnen Taschenschmöker 2013, Taschenbuch, 132 Seiten

Inhalt

Die Episode aus der Zeit der Französischen Revolution spielt während des Aufstands in der Vendée (1793-1796), wo die Jakobiner rund eine Viertelmillion Menschen systematisch umbrachten. Nachdem sie den Widerstand der Bauern gebrochen hatten, vernichteten sie deren Siedlungen und machten landwirtschaftliche Flächen unbrauchbar.

Erzählt wird die Geschichte des königstreuen Grafen von Chanteleine, der nach einer verlorenen Schlacht Frauen und Kinder der umliegenden Dörfer in Sicherheit bringen möchte. Während er gegen die Revolution kämpft, fällt seine Familie den Truppen der ersten Republik zum Opfer. Anführer des Gemetzels war Karval, ein ehemaliger Angestellter des Adligen. Als dieser heimkehrt, meint er, dass alle Bewohner seines Schlosses ermordet wurden. Tatsächlich konnte Henry de Tregotane die Tochter des Grafen retten und sie tauchen gemeinsam mit dem Vater in einem Fischerdorf unter. Inkognito steht der Graf von Chanteleine der bäuerlichen Bevölkerung in ihrer Bedrängnis bei – er ist mittlerweile Priester geworden und wirkt nun heimlich als Seelsorger. Unermüdlich spürt ihm Karval nach, bis er den Adligen schließlich auf der Hochzeit von dessen Tochter mit dem Ritter de Tregotane gefangen nimmt.

Kurz vor seiner Hinrichtung mit der Guillotine kann der Graf von Chanteleine gerettet werden, Karval findet seine Strafe, die Jakobiner-Herrschaft geht zu Ende.

Biografische Skizze

Jules Verne stammt aus einer Kaufmannsfamilie der nordwestfranzösischen Region Pays da la Loire, zu der auch die Vendée zählt. Nach einem Jurastudium beginnt er (ermutigt durch Alexandre Dumas) Theaterstücke und Opernlibrettos anzufertigen, verdient dann als Börsenmakler sein Geld, bis ihn der Verleger Piere-Jules Hetzel 1862 dafür gewinnt, fantastische Jugendbücher zu schreiben. „Reise zum Mittelpunkt der Erde“ (1864), „Von der Erde zum Mond“ (1865), „20.000 Meilen unter dem Meer“, (1869) „In 80 Tagen um die Welt“ (1872) machen den Autor zu einem Begründer der Science-Fiction-Literatur. Der agnostische Verlagsleiter legt Wert darauf, dass diese Abenteuerbücher keine expliziten Bezüge zum Christentum vorweisen, wie man sie im Frühwerk des Autors findet, welches allerdings erst posthum veröffentlicht wird. Verne ist praktizierender Katholik, der sich in seinen Erzählungen niemals gegen den biblischen Glauben äußerst, wohl aber manchmal zum dekadenten Klerus auf Distanz geht. Als reaktionärer Monarchist hat er ein ambivalentes Verhältnis zur Technik, denn sosehr er sie bewundert, weiß er doch um die Gefallenheit des Menschen, sein Streben nach Macht, welches durch den Einsatz von Maschinen unterstützt wird. Sämtliche seiner Texte durchzieht ein anthropologischer Pessimismus, der durch biblischen Realismus geprägt ist. Ein zentrales Werk zum religiösen Hintergrund Vernes ist neben der vorliegenden Kurzgeschichte das Theaterstück „Voyage à travers l’impossible“ (Reise durch das Unmögliche, 1882). Explizit äußert sich der Schriftsteller gegen die Evolutionstheorie.

Wertorientierte Beurteilung

Der Kampf der modernen Welt gegen Gott nimmt mit der Französischen Revolution ihren politischen Anfang. Zehntausende Geistliche wurden hingerichtet, Nonnen vergewaltigt, Kirchen geschändet und sogenannte Tempel der „Vernunft“ errichtet. 13 Jahre lang galt der Revolutionskalender mit seiner 10-Tage-Woche, christliche Feste waren abgeschafft, die Monate erhielten andere Namen, eine neue Zeit begann.

Mögen die Missstände im Absolutismus noch so groß gewesen sein und das Unrecht des Genozids an Hugenotten noch so himmelschreiend, mit der maroden Ordnung wurde auch jeder Glaube an einen transzendenten Gott abgeschafft. Obwohl die damaligen Revolutionäre selbst Opfer ihres Umsturzes wurden, so haben sich doch Aufklärung, Relativismus, Materialismus etabliert. Mit Ludwig XVI. wurde nicht nur der französische König enthauptet, sondern auch die Idee des Vaters, was der Anfang aller Emanzipationsbewegungen war.

„Der Graf von Chanteleine“ spielt vor dem historischen Hintergrund des Aufstands der Vendée. Die Familie des Protagonisten fällt fast komplett dem politischen Massaker zum Opfer, weil der Held seine Verantwortung für die einfache Bevölkerung wahrnahm. Er zeichnet sich durch Gelassenheit und Herzensgüte aus, will nicht die Vernichtung seiner Gegner, sondern deren Umkehr, wählt letztlich ein Leben des Gebetes. Die angezeigte Kurzgeschichte ist weniger originell als Vernes außergewöhnliche Reiseerzählungen und auch weniger spannend – aber sie belegt, dass der Autor ein monarchistisch denkender Christ war, was für die Einordnung seines Gesamtwerkes bemerkenswert ist. Bis heute ist die Widerstandsbewegung der Vendée der Inbegriff der Gegenrevolution.

Tipps für den Unterricht

Die Kurzgeschichte bietet einen Anlass, kritisch über die Französische Revolution zu sprechen, welche in den aktuellen Bildungsplänen als Referenzpunkt für das Verständnis von Historie gehandelt wird. Tatsächlich begann mit diesem Ereignis die blutige Geschichte politisch motivierter Massenmorde.

Um die geistigen Hintergründe dieses Aufstands zu verstehen, empfiehlt es sich, Auszüge aus Friedrich Schillers Essay „Die Sendung Moses“ zu lesen, in dem der Schriftssteller sich zur Aufklärung bekennt, die seines Erachtens das Ziel hat, das Wissen der ägyptischen Mysterienkulte wieder zugänglich zu machen, welches sich im Pentateuch hinter dem wundertätigen Gott der Juden verbergen würde, den Mose erfunden habe, um seinem naiven Volk etwas von der Wahrheit zu vermitteln, in die er als ägyptischer Prinz eingeweiht wurde.

Aufschlussreich ist ferner die Auseinandersetzung mit Huyns Sachbuch „Ihr werdet sein wie Gott“ oder Jean Raspails utopischem Roman „Sire“, in dem junge Franzosen um die Wiedereinsetzung des Königs ringen.

Unterrichtshilfen

- Stephan Hall, Für Gott und König – Der Aufstand der Vendée, Praxis Geschichte, Westermann-Verlag, 19/2006
- Jean Raspail, Sire, nova et vetera 2013 (242 Seiten)
- Hans Graf Huyn, Ihr werdet sein wie Gott, fe-Medien 2001 (479 Seiten)
- Dehs, Volker, Jules Verne – Biografie, Artemis 2005

Bewertung

Bedeutung	★★☆☆☆	unbekanntes Werk eines weltbekannten Schriftstellers – wurde erst 2013 ins Deutsche übersetzt und belegt die christliche Weltsicht des Autors
Attraktivität	★★★☆☆	einfach, spannend, kurz – allerdings ist der Plot nicht besonders originell und lässt sich teilweise vorhersehen
Wertigkeit	★★★☆☆	edler Held leistet in der Französischen Revolution Widerstand, verliert seine Familie und wird Priester

Klasse: 2 3 4 5 6 7 8 9 **10 11 12 13**
Schulart: GS HS **RS GYM**
Bearbeitung: se

Lewis **Wallace** (1827-1905)

Ben Hur

(1880)

Historischer Roman

Ausgaben

- dtv, 624 Seiten

Inhalt

Judah Ben-Hur ist ein jüdischer Prinz zur Zeit Christi. Schon seine Kindheit und Jugend sind geprägt von der römischen Besatzung seines Vaterlandes. Obwohl der junge Römer Messala sein langjähriger Freund ist, müssen beide doch erkennen, dass die Erziehung und Prägung sie entzweit haben. Messalas Aufenthalt in Rom hat ihn zum stolzen Herrscher werden lassen, der Judah, dessen Religion und Kultur verachtet: „Nieder mit Eros, hoch Mars!"

Als Judah wegen eines vermeintlichen Anschlags auf den römischen Präfekten zur Strafe auf die Galeeren geschickt wird, entbrennt sein Zorn gegen alles Römische und er schwört – Auge um Auge – Rache gegen seine Widersacher. Als sein Schiff im Kampf sinkt, rettet er General Quintus Arrius, der ihn zum Dank als seinen Ziehsohn annimmt. Ben Hur kehrt nach dessen Tod nach Antiochia zurück. Dort eröffnet sich ihm die Gelegenheit, auf die er lange gewartet hat: Im großen Wagenrennen tritt er gegen Messala an. Dabei trägt Judah Ben-Hur nicht nur den Sieg davon, sondern sieht befriedigt, wie sein Widersacher unter die Hufe der eigenen Pferde kommt.

Judah kehrt zurück nach Jerusalem, um seine Familie zu finden. Inzwischen versammeln sich immer mehr Juden, um gegen die Ausbeutung durch die Römer zu protestieren. Als Pontius Pilatus eine Versammlung blutig niederschlagen lässt, tötet Ben-Hur einen Römer und wird dadurch in den Augen vieler ein Anführer der antirömischen Revolte. Alle Umsturzpläne zerfallen aber, als Ben-Hur am Jordan steht und sieht, wie Johannes der Täufer einen Mann tauft, den sie Christus nennen. Ben-Hur folgt ihm nach. Es dauert lange, bis er versteht, dass sein Kampf für ein jüdisches Reich kein weltlicher Kampf ist. Er begleitet Jesus bis zum Kreuz und erkennt: Dieser war kein irdischer, sondern ein himmlischer König. Agape hat gesiegt, Mars ist geschlagen.

Biografische Skizze

Lewis Wallace kommt 1827 als Sohn von David und Esther Wallace in Indiana zur Welt. Sein Vater hat als Gouverneur von Indiana politische Karriere gemacht und ermutigt ihn zum Jurastudium. Als studierter Jurist arbeitet er einige Jahre als „lawyer“, bevor er ab 1861 im Amerikanischen Bürgerkrieg auf Seiten der Südstaaten kämpft und bald zum General aufsteigt. Nach Ende des Krieges wird er in hohe politische Ämter berufen, unter anderem als Gouverneur von New Mexico 1878. In dieser Zeit beginnt sich Wallace auch der Literatur zu widmen, schreibt Dramenstücke und Romane. Ausschlaggebend für sein bekanntestes Werk, „Ben Hur“, ist eine Zugreise mit Colonel Robert Ingersoll, der als bekannter Agnostiker Wallace über seinen christlichen Glauben ausfragt. „Ich habe mich über mich selbst geschämt“, bekennt Lewis später, denn er habe festgestellt, dass er wenig über seinen Glauben wisse. Seine Resolution, die Grundlagen des Christentums auszuforschen, treibt ihn in zahllose Bibliotheken und auf mehrere Reisen in den Nahen Osten. Der Roman „Ben Hur“ ist Zeugnis und Frucht dieser Auseinandersetzung.

Wertorientierte Beurteilung

Ben Hur ist ein Klassiker der christlichen Weltliteratur. Bereits im ersten Teil des Buches erscheinen die drei Magier aus dem Osten, und es entspinnt sich die bekannte „Weihnachtsgeschichte“, doch bereichert um viele Details und Eindrücke literarischer Fiktion. Der Roman beschränkt sich dabei nicht auf die ausgeschmückte Schilderung des biblischen Berichts, sondern zieht den Leser in eine Kulturstudie des Altertums hinein. Hellenistische Aufklärung (Caspar), römischer Imerialismus (Messala), ägyptische Mythlogie (Balthasar) und hinduistische Weisheit (Melchior) – alle stehen in Verbindung mit dem neuen Glauben. Und können ihn doch nicht fassen. Die Diskussion Messalas mit seinem Jugendfreund Ben-Hur wird zu Kampf der Ideen, der im Wort Messalas gipfelt: „Nieder mit Eros, hoch Mars!“

Ben-Hur lehnt diesen Imperialismus ab. Dennoch folgt er den Spuren des Kriegsgotts, weil er dem Zorn der Rache verhaftet bleibt. Erst sein Treffen mit Jesus gibt diesem Schmerz eine neue Richtung. Ben-Hur durchlebt die Enttäuschung, die sicherlich viele von Jesus-Anhängern gefühlt haben, als sie ihn verließen: die enttäuschte Hoffnung auf eine irdische Ruhe (Hebr 4).

Der Roman gibt auf diese Weise Einblick in das Revolutionäre der Agape-Botschaft des Messias und lässt verstehen, warum sich so viele von ihm abwandten. Ben-Hurs eigene Geschichte vom wütenden Revolutionsführer zum sanftmütigen Jünger beschreibt diese Entwicklung von Mars zu Agape.

Tipps für den Unterricht

Das Buch eignet sich nur beschränkt als Klassenlektüre. Zum einen aufgrund seines Umfangs, zum anderen wegen seiner langen Dialoge, die tief in die Kulturgeschichte der Figuren eintauchen. Es kann zur Differenzierung oder auf Lektürelisten (Lesetagebuch) gute Verwendung finden und eignet sich besonders für Schüler, die sich für die Geschichte des Altertums oder die Anfänge des Christentums interessieren.

Als Textauszug eignet sich das erste Buch (etwa 65 Seiten), das die Geschichte der drei Weisen sowie der Geburt des Kindes eindrücklich und in den Kontext der Zeit eingebettet zum Inhalt hat. Als Einstieg in die Handlung kann anschließend der Dialog von Messala und Ben-Hur gelesen werden.

Unterrichtshilfen

- Wyler, William: Ben Hur (1959). Spielfilm

Bewertung

Bedeutung	★★★★☆	meistgedrucktes Buch nach der Bibel; ein Klassiker der christlichen Literatur
Attraktivität	★★★★☆	spannender historischer Roman mit Längen; umfangreicher Text; Einblicke in die Geistes- und Kulturgeschichte des Altertums
Wertigkeit	★★★★★	ein eindrücklicher Roman über Wut und Trauer, Rache und Vergebung, Mars und Agape; Ben-Hurs Bekehrung als Prototyp für die erste Generation der Jünger

Klasse: 2 3 4 5 6 **7 8 9** 10 11 12 13
Schulart: GS **HS RS GYM**
Bearbeitung: mkh

Velma **Wallis** (* 1960)

Zwei alte Frauen

(1993)

Indianer-Erzählung

Ausgaben

- Piper, gebunden, 128 Seiten

Inhalt

„Zwei alte Frauen" stellen ihren am Polarkreis lebenden Indianerstamm auf eine Bewährungsprobe, denn ihr permanentes Nörgeln und Jammern belastet die Gemeinschaft sehr. Während Kleinkinder, kranke und alte Menschen vor Hunger sterben, zehrt harter Frost so sehr an den Nomaden, dass sie keine Kraft mehr für die quengelnden Weiber haben. Widerwillig, aber ohne dass sich jemand für sie einsetzt, werden die zwei alten Frauen vor den Augen ihrer Verwandten verstoßen.

Sich in der lebensfeindlichen Natur selbst überlassen, übernehmen sie rasch Verantwortung für sich selbst. Statt sich dauernd bedienen zu lassen, müssen die 75-jährige Sa' und die 80-jährige Ch'idzigyaak nun selbst handeln, erlegen zunächst ein Eichhörnchen, bauen dann Kaninchenfallen und Schneeschuhe. Als die Frauen ihr Anspruchsdenken aufgeben, stellen sie erstaunt fest, dass sie ihre Krücken gar nicht brauchen. Auf sich alleine gestellt, entwickeln sie Ausdauer und Geschicklichkeit und schaffen es tatsächlich, den Winter zu überstehen. Hunger und Kälte sind ihre ständigen Feinde, permanent haben sie Furcht vor Wölfen und Kanibalismus. Im Frühjahr bereichern Bisamratten und Biber ihren Speiseplan. Bald fangen Sa' und Ch'idzigyaak so viele Fische, dass sie sich ein Trockenlager einrichten können. Nun haben sie für den darauf folgenden Winter mehr als genügend Vorräte.

Währenddessen durchlebt ihr alter Stamm eine Krise, denn die Jäger kehren immer wieder mit leeren Händen von der Jagd zurück. Mittlerweile bezweifelt der Häuptling, ob es richtig war, die beiden Alten auszusetzen. So wird ein Kundschafter zu ihnen geschickt. Misstrauisch nehmen die Frauen ihn nach anfänglichem Zögern auf und geben ihm sogar Nahrung für den Stamm. Der Prozess der Verzeihens dauert, aber am Schluss kommt es zur Versöhnung zwischen den Generationen, von denen jede ihre Lektion gelernt hat: Jeder muss seinen Beitrag zur Gemeinschaft leisten, doch niemand darf verstoßen werden. Die Achtung vor dem Alter wurde seither hochgehalten.

Biografische Skizze

Velma Wallis gehört zu den Gwitchin, einem indigenen Volk im Grenzgebiet zwischen Kanada und Alaska, um deren Vorfahren es in dem Buch geht. Sie wird als siebtes von insgesamt 13 Kindern nahe bei Fort Yukon geboren. Mit dem Tod ihres Vaters verlässt sie die Schule, um der Mutter im Haushalt zu helfen. Sie lernt viel über die Geschichte ihres Volkes und erfährt, dass ihre Großmutter zu den wenigen Überlebenden der Hungersnot eines besonders harten Winters zählte. Inspiriert von überlieferten Erzählungen schrieb sie „Zwei alte Frauen". Später holt die Autorin den Highschool-Abschluss nach und lebt elf Jahre alleine in der Wildnis. Mit 30 Jahren verliebt sich Velma Wallis zum ersten Mal, als sie ihren Ehemann kennenlernt, mit dem sie heute zusammen mit ihren Kindern in ihrem Geburtsort wohnt.

Wertorientierte Beurteilung

„Geschichten sind Geschenke der älteren Generation an die junge" – so heißt es in dem Buch, welches auch das Geschenk eines alten Volkes an die Moderne ist. Seine Botschaft ist klar: Jeder muss Verantwortung für sich übernehmen – umgekehrt vermag niemand für sich alleine zu existieren. Im ersten Teil wird dargestellt, dass überzogene Individualansprüche keine Gemeinschaft tragen kann, und wie heilsam es ist, für sich selber sorgen zu müssen. Trotz ihres Alters sind die beiden Frauen in der Lage, den Polarwinter auf eigene Faust zu überstehen. Die Herausforderung lässt sie über sich selbst herauswachsen, sie wandeln sich von unausstehlichen Egoisten zu respektablen Damen.

Im zweiten Teil des Buches erhält der Stamm seinen Denkzettel: Auch alte Menschen sind wertvoll und dürfen nicht im Stich gelassen werden. Gerade in unserer heutigen Zeit, da Sterbehilfe wieder salonfähig wird, ist es wichtig, am unbedingten Wert menschlichen Lebens festzuhalten. Das vorliegende Werk hält die Spannung zwischen der Verantwortung für sich und andere; es zeigt, dass weder der Sozialschmarotzer durchkommt noch der Sozialdarwinist, der für die Not Dritter blind ist. Insgesamt ist das Buch ein Plädoyer dafür, sein Leben in die eigene Hand zu nehmen und trotzdem für andere da zu sein: Personalität und Subsidiarität sind seine Leitgedanken.

Wichtig sind darüber hinaus noch drei weitere Punkte. Aufgrund des angedeuteten Kannibalismus standen die Gwitchin-Indianer einer Veröffentlichung der Erzählung zunächst skeptisch gegenüber. Die Behandlung des Themas diskriminiert jedoch keine spezielle ethnische Gruppe, sondern zeigt, dass der gefallene Mensch ohne Glauben zum Tier wird – vor allem in Extremsituationen. Unter dem Strich werden die Eingeborenen recht nüchtern dargestellt, weder als unzivilisierte Barbaren noch als verklärte Idealtypen, die von Natur aus gut sind. Es ist die authentische Perspektive einer Indianerin, die ihr Volk noch in einem weitgehend unberührten Zustand erlebt hat. In unserer multikulturellen Gesellschaft stellt sich außerdem die Frage nach dem Wert spezifischer Lebensweisen, nach der Bedeutung von Nationen und ihren Traditionen: Wird unsere Welt ärmer, wenn gobale Konsumgewohnheiten regionale Gebräuche verdrängen?

Ein letzter Punkt ist die Rolle der Geschlechter. Wie auch die Autorin selbst heirateten die zwei Frauen recht spät: Eine Protagonistin bekam erst spät einen Heiratsantrag, die andere wurde zur Ehe mit einem Mann gezwungen. Vielleicht wurden die beiden Damen auch deswegen so eigenbrötlerisch. Jedenfalls ist die Erzählung völlig unerotisch. Anders als in der Moderne steht bei den Eingeborenen am Polarkreis nicht Triebbefriedigung im Vordergrund, sondern der schlichte Kampf ums Überleben. Wenn die Gender-Ideologie aus dem Buch lesbische Züge herauslesen wollte, dann wäre dies eine höchst eigenwillige Interpretation, denn um die sexuelle Orientierung geht es hier in gar keiner Weise.

Tipps für den Unterricht

Das Buch provoziert Fragen nach dem eigenen Lebensentwurf und unserer sozialen Verantwortung. Diese Fragen können die Lektüre begleitend im Religions- und Gemeinschaftskunde-Unterricht erörtert werden. Interessant ist ferner die Auseinandersetzung mit Naturvölkern, die vom Aussterben bedroht sind. Schließlich sind die Gwitchin-Indianer ein Beispiel für eine steinzeitliche Parallelkultur (was thematisch auf „Robinson Crusoe“ und „Mit Jeans in die Steinzeit“ verweist).

Unterrichtshilfen

- Dokumentarfilm-DVD: Nanuk – Der Eskimo. Regie: Robert Flaherty 1922 (arte 2014)
- Dokumentarfilm-DVD: Die Reise der Pinguine. Regie Luc Jaquet 2005
- Thoreau, Henry David: Leben in den Wäldern, Diogenes 2007
- Raspail, Jean: Sie waren die ersten. Tragödie und Ende der Feuerland-Indianer, Ullstein 1997

Bewertung

Bedeutung	★★☆☆☆	Bestseller einer Indianerin vom Polarkreis; sie erzählt eine Legende ihres Volkes.
Attraktivität	★★★☆☆	mitreißend, kurz, authentisch – für Mädchen und Jungs
Wertigkeit	★★★★☆	Eigenverantwortlichkeit und Nächstenliebe; Achtung alter Menschen; Wert des Lebens; Zeugnis eines aussterbenden Volkes; Leben in den Widrigkeiten der Natur

Klasse: 2 3 4 5 6 7 8 **9 10 11 12 13**
Schulart: GS HS **RS GYM**
Bearbeitung: mkh

Oscar Wilde (1854-1900)

Das Bildnis des Dorian Gray

(1890)

Roman

Ausgaben

- Insel TB, 298 Seiten
- Reclam TB, 335 Seiten

Inhalt

„Das Bildnis des Dorian Gray“ handelt von dem Gemälde eines Jünglings; das Porträt weckt in Dorian so sehr die Eitelkeit, dass er sich wünscht, künftig solle das Bildnis statt seiner altern. Damit verflucht sich der junge Mann selbst, denn der Wunsch wird Wirklichkeit. Um der ewigen Jugend willen hat er seine Seele verkauft. Aufgestachelt von Lord Henry Wotton möchte der Protagonist sein Leben fortan genießen, wendet sich einer Schauspielerin zu, welche er mit einem Kind sitzen lässt, gibt sich dem Opium hin und ermordet schließlich einen Freund. Rücksichtslos kreist Dorians Gedanke immer mehr um sich, er wird zum Narziss, zum Kunstwerk seiner selbst. Tatsächlich bleibt über zwei Jahrzehnte hinweg seine Schönheit makellos erhalten – seinen sittlichen Verfall kann er in seinem Porträt betrachten, denn jede Sünde hinterlässt hier ihre Spur. Als Dorian das Zeugnis seines ausschweifenden Lebenswandels vernichten möchte, überträgt sich das verderbte Antlitz auf ihn, während das Bildnis wieder jenen Jüngling zeigt, der er einmal war. Er hat sein Gewissen zum Schweigen gebracht und sich damit selbst gerichtet.

Biografische Skizze

Oscar Wilde studiert in Dublin und London mit glänzendem Erfolg klassische Literatur, macht sich in dieser Zeit als Dandy einen Namen und tritt einer Freimaurer-Loge bei. Wilde propagiert einen Ästhetizismus der L´art pour L´art und fühlt sich vom „Evangelium der Schönheit“ im Sinne John Ruskins angezogen. 1883 ehelicht er Constance Loyd, die ihm zwei

Söhne schenkt; davor war er mit einem Mädchen befreundet, welches 1878 Bram Stoker heiratete (dem Autor von „Dracula"). Obwohl Wilde in den 1890er-Jahren homoerotische Beziehungen unterhält, lässt sich seine Frau nie von ihm scheiden. Zwei Jahre wird der Schriftsteller wegen Unzucht zu schwerer Zwangsarbeit verpflichtet, was seiner Gesundheit so abträglich ist, dass er drei Jahre später (mittlerweile völlig verarmt) stirbt. Kurz vor seinem Tod konvertiert Wilde zur römisch-katholischen Kirche.

Wertorientierte Beurteilung

Das angezeigte Werk ist der einzige Roman Oscar Wildes und wurde von ihm geschrieben, bevor er seinen Liebhaber Lord Alfred Douglas kennenlernte. Trotzdem enthält er bereits homoerotische Anspielungen, insbesondere die Aphorismen Lord Henrys, welche von rigorosem Hedonismus und amoralischem Ästhetizismus zeugen. „Das Bildnis des Dorian Gray" wurde als Indiz gegen Wilde in seinem Unzuchtsprozess 1895 angeführt. Insofern bedarf das Buch (insbesondere Lord Henrys Äußerungen) einer kritischen Reflexion.

Anders als zeitgenössische Werke enthält der Roman jedoch keine schlüpfrige Szene. Aus christlicher Sicht darf er als geniale Erzählung über den Fall eines Menschen verstanden werden. Geistreich und überaus wortgewandt tritt Lord Henry als glaubhafter Verführer auf, der durch seine Bonmots jegliche Moral infrage stellt. An keiner Stelle wird Dorians Tun zum Vorbild, vielmehr schreckt es ab, wodurch das Buch sich implizit gegen den Ästhetizismus wendet. Nach außen hin täuscht die Schönheit Dorians über das verwahrloste Innere hinweg. Eine Untat folgt der nächsten: „Wer Sünde tut, ist der Sünde Knecht" (Joh 8,34). Die Hauptfigur geht skrupellos über Leichen, doch das Gemälde, sein Gewissen, klagt ihn Tag und Nacht an. Mehrfach ringt Dorian um die Bekehrung, doch zuletzt tötet er sein Gewissen und damit sich selbst. Das Ende des Buches ist tragisch, zeigt aber, dass das menschliche Leben eine ernste Sache ist, welche nicht nach weltlichen Maßstäben beurteilt werden darf. Irdische Vergnügen erscheinen im Vergleich zur Verdammnis gering.

Tipps für den Unterricht

Die Lektüre regt zum Austausch über das Gewissen an (Röm 2,14) und stellt die Überbewertung alles Weltlichen sehr infrage. Ein Vergleich mit anderen Büchern, wo der Protagonist seine Seele an den Teufel verkauft, bietet sich an (z. B. „Faust“). Unbedingt lesenswert von Oscar Wilde ist das Märchen „Der selbstsüchtige Riese“.

Außerdem bietet sich eine kritische Auseinandersetzung mit dem Thema „Homosexualität“ und „Gender Mainstreaming“ an. Als Christ muss man homosexuell empfindenden Menschen mit Respekt begegnen – obwohl homosexuelle Akte in der Bibel als Sünde bezeichnet werden (1Kor 6,9-11; 1Tim 1,8-11; Röm 1,18-32). Nach christlichem Verständnis gilt generell, dass Sexualität alleine in der Ehe zwischen Mann und Frau ihren Platz hat und ansonsten geschlechtliche Enthaltsamkeit gefordert ist. Mit der Forderung nach gesellschaftlicher Akzeptanz von Homosexualität setzt sich Gabriele Kuby sehr gut auseinander; Gerard van den Aardweg geht der Frage nach, wie es zur Homosexualität kommt und ob Menschen auf diese Orientierung festgelegt sind.

Unterrichtshilfen

- Lewin, Albert (Regie), Das Bildnis des Dorian Gray, Spielfilm 1945/50 (Die neue Verfilmung aus dem Jahr 2009, Regie Oliver Parker, ist nicht zu empfehlen.)
- Pearce, Joseph, The Unmasking of Oscar Wilde, London 2000
- Kuby, Gabriele, Die globale Sexuelle Revolution, fe-Verlag Kisslegg 2012
- van den Aardweg, Gerard, Selbsttherapie von Homosexualität, Hänssler 1995
- van den Aardweg, Gerard, Das Drama des gewöhnlichen Homosexuellen, Hänssler 1995
- Pittrich, K.-D. (Regie), Das Bildnis des Dorian Gray, Hörspiel (Hörverlag) 2003
- Cliffnotes Literature Guide: Wildes's Picture of Dorian Gray , Wiles & Sons 1999
- http://www.gutenberg.org/etext/26740

Bewertung

Bedeutung	★★★★☆	Hauptwerk der englischen Dekadenz
Attraktivität	★★★★☆	sprachliche Meisterleistung; mitreißend

Wertigkeit	★★★☆☆	weltlicher Glanz kann moralischer Abschaum sein; die Aphorismen bedürfen einer kritischen Kommentierung; christliche Botschaft: kein Pakt mit dem Teufel!

Klasse: 2 **3** **4** 5 6 7 8 9 10 11 12 13
Schulart: **GS** HS RS GYM
Bearbeitung: se

Eckart **zur Nieden** (* 1939)

Neues aus dem Unterholz: Vom Käfer, der Bäume ausreißt

(2008)
Hörspiel

Ausgaben

- SCM Hänssler

Inhalt

„Hirschkäfer Hugo ist ein Held!
Wer immer sich zum Kampfe stellt,
der wird von seinen großen Zangen
zerquetscht – zumindest doch gefangen –,
vorausgesetzt er ist nicht groß,
so wie ein Menschendaumen bloß."

Doch eigentlich ist der Held der Geschichte ein eher ruhiger Zeitgenosse. Als er eines Morgens aufsteht, fühlt er sich als ob er „Bäume ausreißen könne". Seine Frau Ottilie hört diesen Ausruf im Halbschlaf und bringt das Gerücht in Umlauf, ihr Mann werde am Donnerstag um 12:30 Uhr die große Eiche samt Wurzeln umstürzen. Wie ein Lauffeuer verbreitet sich diese Ungeheuerlichkeit zusammen mit dem restlichen Klatsch und Tratsch der Wiesengemeinschaft. Hugo selbst ahnt nichts davon. Doch als der Donnerstag kommt, sieht er sich einem riesigen, erwartungshungrigen Publikum gegenüber, das ein Spektakel sehen will oder andernfalls Hugo Hirschkäfer nie wieder. Hugo ist verzweifelt angesichts dieser Lage, die er ja weder verschuldet noch verhergesehen hat. Doch Gott, der Herr, der das Treiben der Tierchen beobachtet hat, schickt in diesem Moment einen Sturmwind vorbei, der den Baum entwurzelt, die Menge zerstreut und Hugo rettet.

Biografische Skizze

Eckart zur Nieden, Jahrgang 1939, produziert 35 Jahre lang als Hörfunkredakteur beim Evangeliums-Rundfunk Hörszenen für Radio, Fernsehfilme und Hörspiele, viele davon auch für Kinder. Zu seinen bekanntesten Werken zählt neben einer Bibelbearbeitung für Kinder die Hörspielserie „Die drei vom Ast", die inzwischen über 17 Folgen umfasst, sowie „Ole, der Pirat".

Wertorientierte Beurteilung

Zur Nieden gelingt eine seltene Leistung: ein christlicher literarischer Text für Kinder, der sich nicht bloß auf eine simplifizierte, irgendwie moralisch geartete Handlung beschränkt. Die Ballade von Hugo ist zum einen handwerklich gut gemacht: Das Metrum stimmt, die Reime überzeugen, die Erzählstruktur ist stimmig. Das ist schon viel. Mehr noch: Die Erzählung wird dem Thema wirklich gerecht. Wie entstehen Gerüchte und welche Auswirkungen haben sie? Welche Motivationen und Beweggründe stecken dahinter? Und: Wie wirkt Gott souverän trotz der Sünde der Menschen (und Käfer)? Viele Texte für Kinder und Jugendliche aus der christlichen Subkultur scheitern leider oft kläglich an ihrem Sujet: Die Figuren sind holzschnitzartig, die Probleme konstruiert, die Lösung simplifiziert, die Handlung voller Klischees. „Neues aus dem Unterholz" ist ein literarischer Glücksfall für die Grundschule.

Tipps für den Literaturunterricht

Die Handlung der Ballade wird immer wieder von A-capella-Liedern unterbrochen, die zum Mitsingen oder Begleiten einladen. Die Lieder reflektieren dabei über die Handlung und bieten somit auch Anlass zum Gespräch über die tiefer liegende Sinnebene des Hörspiels. Zahlreiche Leerstellen laden zudem zum kreativen Schreiben oder (Theater-)Spielen ein.

Unterrichtshilfen

Unterrichtshilfen liegen für dieses Werk leider nicht vor.

Bewertung

Bedeutung	★★☆☆☆	nur in der christlichen Subkultur bekanntes Hörbuch
Attraktivität	★★★★☆	spannende, mitreißende Ballade, unterbrochen von schönen A-capella-Liedern zum Mitsingen; für Kinder und doch mit literarischem Anspruch
Wertigkeit	★★★★☆	eine moralische Geschichte über Nachrede, Geschwätzigkeit und Gottes souveräne Liebe (aber ohne erhobenen Zeigefinger)

Autor	Werk	2	3	4	5	6	7	8	9	10	11	12	13	GS	HS	RS	GYM
Hunt	Der Traum der drei Bäume	x	x											x			
Kruse	Der Löwe ist los		x	x										x			
zur Nieden	Neues aus dem Unterholz		x	x										x			
Sehlin	Marias kleiner Esel		x	x	x									x	x		
Bunyan	Die Pilgerreise		x	x	x	x	x	x	x	x				x	x	x	x
Collodi	Pinocchios Abenteuer			x	x									x	x	x	x
Grahame	Der Wind in den Weiden			x	x									x	x	x	x
Dahl	Charlie und die Schokoladenfabrik			x	x	x								x	x	x	x
Kipling	Das Dschungelbuch			x	x	x								x	x	x	x
Lagerlöf	Nils Holgerssons wunderbare Reise			x	x	x								x	x	x	x
Lewis	Die Chroniken von Narnia			x	x	x								x	x	x	x
Matthews	Die schönsten Shakespeare-Geschichten			x	x	x								x	x	x	x
Porter	Pollyana			x	x	x								x	x	x	x
Scharper	Die Legende vom vierten König			x	x	x								x	x	x	x
StJohn	Spuren im Schnee			x	x	x								x	x	x	x
Swift	Gullivers Reisen			x	x	x								x	x	x	x
Burnett	Sara				x	x									x	x	x
Sapper	Die Familie Pfäffling				x	x									x	x	x
Schilling	Unter dem Schirm				x	x	x								x	x	
Baumann	Ich zog mit Hannibal				x	x	x								x	x	x
Funke	Der Herr der Diebe				x	x	x								x	x	x
Ingalls-Wilder	Unsere kleine Farm				x	x	x								x	x	x
Kuhn	Mit Jeans in die Steinzeit				x	x	x								x	x	x
Palacio	Wunder				x	x	x								x	x	x
Burnett	Der geheime Garten					x	x								x	x	x
Hauff	Das kalte Herz					x	x								x	x	x
Sutcliff	Beowulf					x	x								x	x	x
Hong	Tal der Liebe					x	x	x	x						x	x	x

Autor	Werk	2	3	4	5	6	7	8	9	10	11	12	13	GS	HS	RS	GYM
Gotthelf	Die schwarze Spinne						x	x	x						x	x	x
Haddix	Schattenkinder						x	x	x						x	x	x
May	Weihnacht						x	x	x						x	x	x
Stevenson	Die Schatzinsel						x	x	x						x	x	x
Wallis	Zwei alte Frauen						x	x	x						x	x	x
Verne	Der Graf von Chanteleine						x	x	x	x					x	x	x
Tolstoi	Herr und Knecht							x	x	x					x	x	x
Golding	Der Herr der Fliegen								x	x					x	x	x
Kerner	Blueprint								x	x					x	x	x
Poppe	Weggesperrt								x	x	x				x	x	x
Tolstoi	Wie viel Erde braucht der Mensch?				x	x										x	x
Alcott	Betty und ihre Schwestern				x	x	x									x	x
Heichen/Cervantes	Don Quijote					x	x									x	x
Nesbit	Die Eisenbahnkinder					x	x									x	x
Gombrich	Kurze Weltgeschichte für junge Leser					x	x	x								x	x
Lechner	Die Nibelungen					x	x	x								x	x
Defoe	Robinson Crusoe					x	x	x	x							x	x
Nansen	In Nacht und Eis						x	x	x	x						x	x
Tolkien	Der Herr der Ringe						x	x	x	x						x	x
Lechner/Vergil	Aeneas						x	x	x	x	x	x	x			x	x
von Droste-Hülshoff	Die Judenbuche							x	x	x						x	x
Schiller	Der Verbrecher aus verlorener Ehre							x	x	x						x	x
Schiller	Wilhelm Tell							x	x	x	x	x	x			x	x
von Hofmannsthal	Der Jedermann							x	x	x	x	x	x			x	x
Dostojewski	Der Spieler								x	x	x					x	x
Manzoni	Die Verlobten								x	x	x					x	x
Goes	Unruhige Nacht								x	x	x	x	x			x	x
Huxley	Schöne neue Welt								x	x	x	x	x			x	x

Autor	Werk	2	3	4	5	6	7	8	9	10	11	12	13	GS	HS	RS	GYM
Jünger	In Stahlgewittern								x	x	x	x	x			x	x
Lewis	Die große Scheidung								x	x	x	x	x			x	x
Orwell	Farm der Tiere								x	x	x	x	x			x	x
Shakespeare	Der Kaufmann von Venedig								x	x	x	x	x			x	x
Tolstoi	Der Tod des Iwan Iljitsch								x	x	x	x	x			x	x
Wilde	Das Bildnis des Dorian Gray								x	x	x	x	x			x	x
Asserate	Manieren									x	x	x	x			x	x
Austen	Stolz und Vorurteil									x	x	x	x			x	x
Bergengruen	Der Großtyrann und das Gericht									x	x	x	x			x	x
Brecht	Der gute Mensch von Sezuan									x	x	x	x			x	x
Dostojewski	Schuld und Sühne									x	x	x	x			x	x
Dürrenmatt	Die Physiker									x	x	x	x			x	x
Kafka	Die Verwandlung									x	x	x	x			x	x
Remarque	Im Westen nichts Neues									x	x	x	x			x	x
Reza	Der Gott des Gemetzels									x	x	x	x			x	x
Sienkiewicz	Quo vadis									x	x	x	x			x	x
Solowjew	Kurze Erzählung vom Antichristen									x	x	x	x			x	x
Wallace	Ben Hur									x	x	x	x			x	x
Meyer	Das Amulett									x	x	x	x				x
Gaarder	Sofies Welt										x	x	x				x
von Goethe	Faust I										x	x	x				x
Kehlmann	Ich und Kaminski										x	x	x				x
Leskov	Der Gaukler Pamphalon										x	x	x				x
Lessing	Nathan der Weise										x	x	x				x
Sophokles	Antigone										x	x	x				x

Bildnachweis

Alcott:
http://commons.wikimedia.org/wiki/File:Louisa_May_Alcott.jpg#mediaviewer/Datei:Louisa_May_Alcott.jpg

Asserate:
http://commons.wikimedia.org/wiki/File:Asfa-Wossen_Asserate_-_5421.jpg#mediaviewer/Datei:Asfa-Wossen_Asserate_-_5421.jpg (Sven Teschke, 2012)

Austen:
http://de.wikipedia.org/wiki/Jane_Austen#mediaviewer/Datei:Jane_Austen_(chopped).jpg (idealisiertes postumes Porträt, 1873)

Baumann: zur Verfügung gestellt von M. Hageböck

Bergengruen:
http://www.hdg.de/lemo/objekte/pict/BiographieBergengruenWerner_photoBergengruen/index.jpg (Fotografie: Dt. Hist. Museum)

Bunyan:
http://commons.wikimedia.org/wiki/File:John_Bunyan.jpg#mediaviewer/File:John_Bunyan.jpg

Burnett:
http://en.wikipedia.org/wiki/Frances_Hodgson_Burnett#mediaviewer/File:F_H_Burnett.jpg (1901)

Brecht:
http://de.wikipedia.org/wiki/Berthold_Brecht#mediaviewer/Datei:Bundesarchiv_Bild_183-W0409-300,_Bertolt_Brecht.jpg
(Foto: Jörg Kolbe, 1954, Digitales Bildarchiv des Bundesarchivs, http://www.bild.bundesarchiv.de/)

Cervantes:
http://de.wikipedia.org/wiki/Miguel_de_Cervantes#mediaviewer/Datei:Cervates_jauregui.jpg
(Porträt: vermutlich von Juan de Jauregui y Aguilar)

Collodi:
http://de.wikipedia.org/wiki/Carlo_Collodi#mediaviewer/Datei:Carlo_Collodi.jpg

Dahl:
http://de.wikipedia.org/wiki/Roald_Dahl#mediaviewer/Datei:Roald_Dahl.jpg

Defoe:
http://de.wikipedia.org/wiki/Daniel_Defoe#mediaviewer/Datei:Daniel_Defoe_Kneller_Style.jpg (Porträt aus dem 17./18. Jahrhundert)

Dostojewski:
http://de.wikipedia.org/wiki/Dostojewski#mediaviewer/Datei:Fyodor_Mikhailovich_Dostoyevsky_1876.jpg (1876)

Droste-Hülshoff:
http://de.wikipedia.org/wiki/Annette_von_Droste-H%C3%BClshoff#mediaviewer/Datei:Droste-H%C3%BClshoff_2.jpg
(Gemälde von Johann Joseph Sprick, 1838)

Dürrenmatt:
http://de.wikipedia.org/wiki/Friedrich_D%C3%BCrrenmatt#mediaviewer/Datei:Friedrich_duerrenmatt_19890427.jpg
(Foto: Elke Wetzig, 1989)

Funke:
http://de.wikipedia.org/wiki/Cornelia_Funke#mediaviewer/Datei:Cornelia_Funke.JPG (Foto: Cruccone, 2008)

Gaarder:
http://de.wikipedia.org/wiki/Jostein_Gaarder#mediaviewer/Datei:Jostein_Gaarder.jpg (GAD, 2009)

Goes:
http://www.elk-wue.de/fileadmin/mediapool/elkwue/bilder/gedenktage/Goes_Albrecht_print.jpg
(Quelle: Württembergische Landesbibliothek)

Goethe:
http://de.wikipedia.org/wiki/Johann_Wolfgang_von_Goethe#mediaviewer/Datei:Goethe_(Stieler_1828).jpg
(Gemälde von Joseph Karl Stieler, 1828)

Golding:
http://de.wikipedia.org/wiki/William_Golding#mediaviewer/Datei:William_Golding_1983.jpg
(Holländisches National-Archiv, Den Haag, creative com-mons, 1983)

Gombrich:
http://yalebooksnetwork.org/littlehistories/wp-content/uploads/sites/3/2013/03/Ernst-Gombrich-001.jpg

Gotthelf:
http://de.wikipedia.org/wiki/Jeremias_Gotthelf#mediaviewer/Datei:JeremiasGotthelf.jpg (Bildnis von Johann Friedrich Dietler, um 1844)

Grahame:
http://i.telegraph.co.uk/multimedia/archive/01183/arts-graphics-2008_1183809a.jpg

Haddix:
http://de.wikipedia.org/wiki/Margaret_Peterson_Haddix#mediaviewer/Datei:Margaret_Peterson_Haddix.jpg
(Kyle Kesselring, creativ commons, Flickr images, 2007)

Hauff:

http://de.wikipedia.org/wiki/Wilhelm_Hauff#mediaviewer/Datei:
Behringer_-_Wilhelm_Hauff_1826.jpg
(Behringer - Wilhelm Hauff, 1826)

Hofmannsthal:

http://de.wikipedia.org/wiki/Hugo_von_Hofmannsthal#mediaviewer/
Datei:Nicola_Perscheid_-_Hugo_von_Hofmannsthal_1910.jpg
(Foto: Nicola Per-scheid, 1910)

Hong: http://wp.stolaf.edu/kierkegaard/files/2014/03/hongs03.jpg

Hunt:

http://3.bp.blogspot.com/-9Jb3IVryl4o/Te6nJW-Weol/AAAAAAAACkQ/
DnDRBi8K2dU/s1600/Angela+Hunt.jpg

Huxley:

http://therevealer.org/wp-content/uploads/2012/01/Huxley__photo_
reading1.jpg

Ingalls-Wilder:

http://de.wikipedia.org/wiki/Laura_Ingalls_Wilder#mediaviewer/Datei:
Laura_Ingalls_Wilder.jpg (im Alter von 23 Jahren)

Jünger:

http://de.wikipedia.org/wiki/Ernst_J%C3%BCnger#mediaviewer/Datei:
Bundesarchiv_B_145_Bild-F073370-0006,_Bad_Godesberg,_Ernst_J%C
3%BCnger,_Philipp_Jenninger.jpg
(Bundesarchiv B 145 Bild-F073370-0006, Bad Godesberg, Ausschnitt)

Kafka:

http://de.wikipedia.org/wiki/Franz_Kafka#mediaviewer/Datei:Kafka19
06_cropped.jpg (1906)

Kehlmann:

http://de.wikipedia.org/wiki/Daniel_Kehlmann#mediaviewer/Datei:
Daniel_Kehlmann_-_Nestroy-Theaterpreis_2012.jpg
(Daniel Kehlmann beim Nestroy-Theaterpreis 2012 im Museums-Quartier in Wien. Foto: Manfred Werner, creative commons)

Kerner:

http://www.hier-
luebeck.de/wp-content/uploads/2011/09/CHARLOTTE-KERNER_1611_
anjadoehring10-247x320.jpg (Foto: Anja Döhring)

Kipling:

http://de.wikipedia.org/wiki/Rudyard_Kipling#mediaviewer/Datei:Colli
er_1891_rudyard-kipling.jpg (Porträt von John Collier, 1891)

Kruse:

http://www.derwesten.de/img/incoming/crop6086215/2463702473-
clmg0134_530-w992-h740/31576325-424-198x148.jpg
(Foto: Carlsen Verlag)

Kuhn: zur Verfügung gestellt von M. Hageböck

Lagerlöf:
http://de.wikipedia.org/wiki/Selma_Lagerl%C3%B6f#mediaviewer/Datei:Selma_Lagerl%C3%B6f.jpg (1909)

Lechner:
http://www.michaelseeger.de/see/parzival/bilder/lechner.jpg

Leskow:
http://de.wikipedia.org/wiki/Nikolai_Leskow#mediaviewer/Datei:Serov_Leskov.jpg (Porträt von 1894)

Lessing:
http://de.wikipedia.org/wiki/Lessing#mediaviewer/Datei:Gotthold_Ephraim_Lessing.PNG
(Gemälde von Anna Rosina de Gasc [Lisiewska], 1767/68)

Lewis:
http://en.wikipedia.org/wiki/C._S._Lewis#mediaviewer/File:C.s.lewis3.JPG (Foto: Arthur Strong, 1947)

Manzoni:
http://de.wikipedia.org/wiki/Alessandro_Manzoni#mediaviewer/Datei:Francesco_Hayez_040.jpg (Porträt von Francesco Hayez, 1841)

May:
http://de.wikipedia.org/wiki/Karl_May#mediaviewer/Datei:KarlMay_Raupp.jpg (Foto: Karl Raupp, 1907,)

Meyer:
http://de.wikipedia.org/wiki/Conrad_Ferdinand_Meyer#mediaviewer/Datei:Conrad_Ferdinand_Meyer.gif

Nansen:
http://de.wikipedia.org/wiki/Fridtjof_Nansen#mediaviewer/Datei:Fridtjof_Nansen_LOC_03377u-3.jpg (Foto von 1897)

Nesbit:
http://de.wikipedia.org/wiki/Edith_Nesbit#mediaviewer/Datei:Nesbit.jpg

Orwell:
http://de.wikipedia.org/wiki/George_Orwell#mediaviewer/Datei:George_Orwell_press_photo.jpg (1933)

Palacio:
http://www.literaturfestival.com/archiv/teilnehmer/autoren/2013/copy_of_raquel-j-palacio/kjl-palacio-r-j_portrait_c-russel-gordon-honorarfrei/image_column-one
(Foto: Russel Gordon, http://www.russellgordonphotography.com)

Poppe: http://www.alphabettinen.de/images/grit.jpg

Porter:
http://de.wikipedia.org/wiki/Eleanor_H._Porter#mediaviewer/Datei:EleanorH.Porter.jpg

Remarque:
http://de.wikipedia.org/wiki/Erich_Maria_Remarque#mediaviewer/Datei:Bundesarchiv_Bild_183-K1018-513,_Erich_Maria_Remarque.jpg (Bundesarchiv Bild 183-K1018-513, http://www.bundesarchiv.de/)
Reza: http://arlindo-correia.com/yasmina_reza.jpg
Sapper: http://gutenberg.spiegel.de/gutenb/autoren/bilder/sapper1.jpg
Schaper:
http://4.bp.blogspot.com/-3T-1YpnP1Jw/UBZr4wU40VI/AAAAAAAAAec/ms6Xlbp8DqY/s1600/Edzard-Schaper-1-kl.jpg
Schiller:
http://de.wikipedia.org/wiki/Friedrich_Schiller#mediaviewer/Datei:Friedrich_schiller.jpg (Porträt von Ludovike Simanowitz, 1794)
Schilling: Foto (Schilling, privat)
Shakespeare:
http://de.wikipedia.org/wiki/William_Shakespeare#mediaviewer/Datei:Hw-shakespeare.png (sogen. Droeshout-Porträt)
Sienkiewicz:
http://de.wikipedia.org/wiki/Henryk_Sienkiewicz#mediaviewer/Datei:Henryk_Sienkiewicz.PNG (Porträt von Kazimierz Mordasewicz, 1899)
Solowjew:
http://de.wikipedia.org/wiki/Wladimir_Sergejewitsch_Solowjow#mediaviewer/Datei:Vladimir-Solovyov.jpg
(Porträt von Ivan Nikolaevich Kramskoi, 1885)
Sophokles: http://images.zeno.org/Literatur/I/big/sophokle.jpg
St.John: http://d.gr-assets.com/authors/1254967285p5/298919.jpg
Stevenson:
http://de.wikipedia.org/wiki/Robert_Louis_Stevenson#mediaviewer/Datei:Robert_Louis_Stevenson_by_Henry_Walter_Barnett.jpg
(Foto: Walter Bar-nett, 1893)
Sutcliff:
http://rosemarysutcliff.files.wordpress.com/2010/03/rosemary-sutcliff.jpg?w=320&h=297
Swift:
http://de.wikipedia.org/wiki/Jonathan_Swift#mediaviewer/Datei:Jonathan_Swift_by_Charles_Jervas_detail.jpg
(Porträt von Charles Jervas, 1710)
Tolien:
http://upload.wikimedia.org/wikipedia/commons/e/e8/Jrr-tolkien-1.jpg
Tolstoi:
http://de.wikipedia.org/wiki/Leo_Tolstoi#mediaviewer/Datei:L.N.Tolstoy_Prokudin-Gorsky.jpg (1908)

Verne:
http://de.wikipedia.org/wiki/Jules_Verne#mediaviewer/Datei:F%C3%A9lix_Nadar_1820-1910_portraits_Jules_Verne.jpg (um 1890)
Wallace:
http://de.wikipedia.org/wiki/Lew_Wallace#mediaviewer/Datei:Lew_Wallace.jpg (um 1903)
Wallis: http://ankn.uaf.edu/IEW/BeforeColumbus/images/VelmaWallis.jpg
Wilde:
http://de.wikipedia.org/wiki/Oscar_Wilde#mediaviewer/Datei:Oscar_Wilde_Sarony.jpg (1882)
Zur Nieden:
http://www.erf-melodie.com/uploads/pics/E.zurNieden.jpg

Buchempfehlung

Hartmut Jaeger / Joachim Pletsch (Hrsg.)

Biblische Lehre für junge Leute

Das Arbeitsbuch für Bibelunterricht, Teenykreis, Schule und Familie

Gebunden, 15 x 22,6 cm, 376 Seiten

Ein grundlegendes Werk für den systematischen Bibelunterricht mit Teenagern. Das Programm umfasst 22 Themenkreise biblischer Lehre und aktueller Themen. Jede Lektion kann in 3-4 Unterrichtsstunden erarbeitet werden.

Die Themen: Von Gottes Wort / Von Gottes Wesen / Von Gottes Schöpfung / Der Mensch / Vom Gesetz und von der Sünde / Von den Verheißungen / Jesus Christus / Der Heilige Geist / Das Gebet / Von Bekehrung und Wiedergeburt / Vom Glauben und von der Nachfolge / Die neutestamentliche Gemeinde / Die Taufe / Das Mahl des Herrn / Von den zukünftigen Dingen / Die Heilsgeschichte Gottes / Prophetie / Sektenkunde / Evangelisation-Mission / Satan und Okkultismus / Weltreligionen / Bibel und Sexualität

Best.-Nr. 273.843

EUR (D) 19,90 EUR (A) 20,50 SFR 29,50

ISBN 978-3-89436-843-2